The Company Which is Kind to a Person
Management of Security, Relief and the Bond

Hiroji Tanaka & Junichi Mizuo

人にやさしい会社

安全・安心、絆の経営

田中宏司・水尾順一［編著］

東京 白桃書房 神田

はじめに

「人にやさしい」成長する会社

ハラスメントは、時代の遺物!!

「いやならやめろ!!」

「お前のかわりなんかいくらでもいるんだ!!!」

いきなりドキッとする言葉で恐縮だが、昔、多くの会社できかれた言葉だ。

いまこれをいえば、完全なパワハラ（パワー・ハラスメント）である。世の中の成長とともに社会の価値観も変化しているが、そのような変化に疎《うと》い管理職の姿が見え隠れする。

パワハラ以外にも性的ないやがらせや差別をするセクハラ（セクシュアル・ハラスメント）、飲めない社員に無理やり飲酒を強要するアルハラ（アルコール・ハラスメント）など他にも様々な差別やいじめが会社で問題になっている。

しかし、社員がイキイキとしていて、業績も順調な会社には、このようなハラスメントの問題は見あたらない。そんなことよりも、楽しく、面白く仕事ができる雰囲気で一杯である。

楽しく、面白い組織に変える「エンパワメント・リーダー」

社員がワイワイと冗談をいいながら、明るく元気に仕事を楽しむことができる。そうした快適な会社こそ、元気な会社だ。このような環境に、職場の雰囲気をつくりあげる、あるいは変えていく。そんなリーダーが、いま求められている。

そのようなリーダーの好事例を１つあげてみよう。

北海道は旭川市にある市立旭山動物園の小菅正夫園長（現・名誉園長）が、組織を甦らせ、復活のパワーを与えたその人だ。社員の活力を引き出し、自主性を尊重するとともに、自ら考え行動できる「考動力」を与えた指導者として、筆者らは彼をエンパワメント・リーダーと呼びたい。

エンパワメントとは、直訳すると「賦活させる」、即ちパワー（活力）を与えるという意味だ。面白い言い方をすれば、エンパワメント・リーダーとは「元気（木）と勇気（木）を接木（つぎき）して、なにくそ（糞）という肥料を与えればやる気（木）は育つ」、このような仕掛けができるリーダーである。

小菅氏は、逆境にあって職員の士気が落ち込んでいたときに、彼らと一緒になって共通の目標に向かい、その過程で元気と勇気を与えながら、職員を前向きにさせチャレンジさせた。

筆者の１人は２０１１年２月に旭山動物園を訪れた。その時の様子を、当時の小菅正夫園長が執筆した『〈旭山動物園〉革命』（角川書店、２００６年）を参考にしながら以下にまとめてみたい。

「動物の満足」が「顧客満足」へ

いまでこそ年間300万人規模の来園者で、上野動物園とその数を競い合う地位になった旭山動物園だが、1994（平成6）年には一時26万人にまで落ち込み、閉園状態に追い込まれたことがある。

小菅氏は、飼育員も含めて職員に危機を訴え、動物園の使命や役割などを現場の人たちとともに徹底的に議論した。その結果策定されたのが、復活に向けた3つの基本戦略「市民を味方につける」、「マスコミを味方につける」、「飼育員が打って出る」ことである。

小菅氏は飼育員の生の声を引き出し、動物の見せ方や様々な企画を彼らとともに考えた。飼育員や事務職員たちが自発的に動けるように現場に権限委譲をして、彼らにのびのびと行動する自由度を与え、飼育員のエンパワメントに結び付けた。

まず、手がけたのが動物園の使命の再確認である。お客である来園者に、「動物たちの何を見せ、何を楽しんでもらうか」、つまり自分たちがめざす顧客満足の追求である。それは、動物たちを単なる見世物とした動物園ではなく、エンタテイメントとして楽しむことができる劇場空間の演出と創造であった。そのコンセプトとなったのが動物たちの「行動展示」だ。小菅氏によれば、具体的な行動展示は次のようなものであった。

①飼育展示係による「ワンポイントガイド」
②えさを食べる瞬間をリアルに見せる「もぐもぐタイム」
③昼間はみえない夜行性動物が見学できる「夜の動物園」（8月の数日間開催）
④よちよち歩き（冬期）や、水中トンネルから真上に見られる「ペンギン行動」
⑤オランウータンの空中散歩

その他にもさまざまな行動展示が用意され、そのいずれもが動物自体をイキイキとさせている。いわば、ここには動物たちに対するやさしさがある。

「顧客満足」が「従業員（飼育展示係）満足」へ

次に飼育員の呼び名も変えた。動物たちに餌を与えて育てるだけでなく、彼らの行動展示を実践するキーマンを意味する「飼育展示係」としたのである。

たとえば、冬の「ペンギンのお散歩」ではペンギンが自由に楽しそうに雪道を散歩する。ペンギンは、自分たちを歓迎して喜んでいる人間がたくさん見物していることを、楽しんでいるみたいだ。

もともとペンギンは歩くことが好きな動物だが、冬場は泳ぐ時間が少なく、運動不足になるらしい。最初は彼らが「歩きたい」という意思表示を示したことで、飼育展示係がドアを開放し、雪道をつくって手を差し伸べたことに始まる。いまでは散歩の時間になると我先にと開閉扉の前に集まってくる。

旭山動物園のすごいところは、行動展示のコンセプトが飼育展示係によって実践されるという、「動物満足」「従業員（飼育展示係）満足」という2つのエンパワメントがなされたところにある。しかもそれらが「顧客満足」と結びついたことで、旭山動物園の復活劇となったのだ。

小菅氏はこのように、動物の目線で彼らの立場に立って動物園をかえた。環境をかえることで、動物本来の行動や本能をよみがえらせ、幸せを感じて生活ができるようにする試みである。動物園の世界ではこのような活動は「環境エンリッチメント」と表現される。

動物たちをイキイキとみせるように行動展示を考えていく、その実践者が飼育展示係であり、彼らのエンパワメントが動物園の活性化に結びついた。動物たちが喜々として飛び回り、戯れる姿をみて、来園者が喜ぶ。それがまた、従業員満足につながっていく。これこそ近江商人がめざした「三方よし（動物、来園者、従業員）」の動物園版である。

その結果、旭山動物園はマスコミや市民の間で高い評価を獲得し、基本戦略の2つである両者を「味方につける」こともできた。いまでは年間300万人もの観光客が訪れる、日本でも有数の動物園となったのである。

会社にも「環境エンリッチメント」が必要

筆者はこの様子を見たときに、動物も人間も全く同じだと感じた。自分の好きな、しかも得意な仕事をしているとき、その社員の目は輝き、仕事を楽しんでいるかのようだ。当然そこは、彼が最大限に能力を発揮できる場となる。

周りから評価もされるだろう。仕事にやりがいを見いだし、仲間たちと楽しくのびのびと仕事ができるような雰囲気作りができれば、彼だけでなく、仲間のモチベーションもあがることとなる。人間にも「環境エンリッチメント」があるというわけだ。

そして、部下がイキイキと仕事ができる、そのような仕掛けを生み出すのが、何よりもリーダーの役割であり、これこそが筆者らの言う「エンパワメント・リーダー」である。

エンパワメント・リーダーが職場の環境をかえて、面白く楽しい職場を作り上げていくが、その際にはリーダーの強い思いとあわせて、次のことが必要である。

それは、共通の目標に向かってともに歩む社員の一体感や相互の連帯感である。この気持ちが社員全員になければ、組織はバラバラで勝手気ままな会社になるだろう。ましてや「人にやさしい会社」とはいえない。このことについて以下に述べてみたい。

やさしさの原点は「絆、気づき、共感」の新3K

編著者の田中・水尾は、これまで一般社団法人経営倫理実践研究センター（Business

Ethics Research Center：ＢＥＲＣ）のＣＳＲ部会を主催し、また日本経営倫理学会ではＣＳＲ研究部会の部会長として多くの仲間たちと研究活動を繰り広げてきた（今回の出版もその1つである）。

毎月開催するこれら2つのＣＳＲの研究組織をつうじて、近年痛切に感じることは、組織の連帯感や一体感を醸成する「絆、気づき、共感」の新３Ｋのことである。これこそが「人にやさしい会社」の原点ともいえると思う。

特に2011年3月11日に起きた東日本大震災以降、その思いを強くしている。

人にやさしい会社の“新 3K”

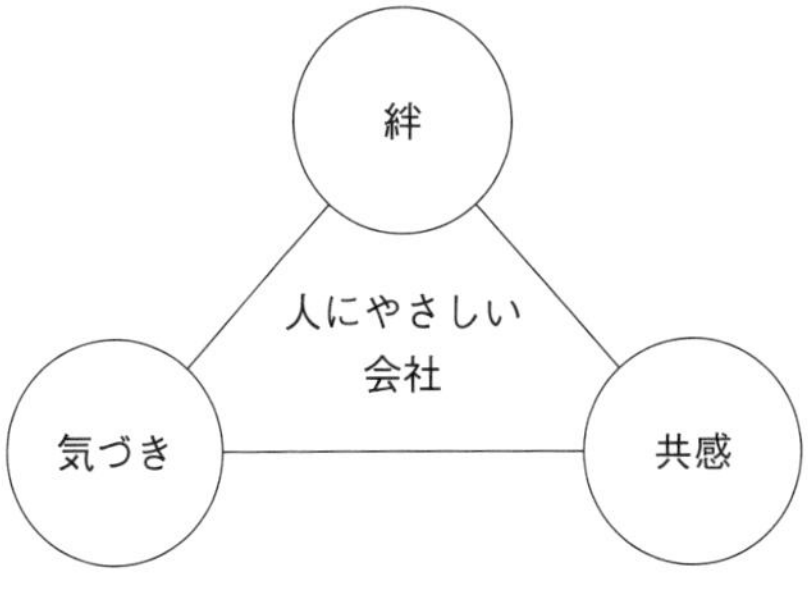

第1は、被災地との「絆」を重視した活動である。たとえば、ヤマト運輸が被災地に対する支援活動の一環として行った、「宅配便1個で10円」寄付をするといった企業行動だ。この活動は「コーズ・リレーティド・マーケティング（慈善運動協賛型活動）」と言われ、もともとはアメックスがニューヨークの自由の女神の修復活動で行ったものである。

第2は、社員の「気づき」を促進する活動だ。一例をあげれば、富士ゼロックスやNTTドコモが行った、新入社員を被災地に派遣し、ボランティア活動を体験させることで彼ら自身に肌で感じてもらい、新しい気づきを生み出させることである。

そして第3は、「共感」を生み出す活動である。コンビニエンスストアのローソンが、被災地の人々の生活の苦しみに共感し、少しでも早く出店することで現地に貢献する活動に結び付けた。また昭和電工もエネルギー・インフラ支援にあたって「共感」の視点から活動を展開した。

これらの3つに共通するのは、本業を通じて企業のコア・コンピタンス（中核となる競争能力）を活かす活動を行うことで、社会的課題の解決という現地の人々の利益につながることだ。これらも「人にやさしい」活動である。その結果、米国の経営学者のマイケル・ポーターがいう、会社と地域の人々の両者にとっての利益（価値）に結びつく「ＣＳＶ（Creating Shared Value：共益の創造）」がうまれたのである。

そして、この「絆、気づき、共感」という「新３Ｋ」が２０１１年の東日本大震災以降におけるＣＳＶのキーワードになってきた。このような新しい３Ｋを重視する組織が、「人にやさしい」会社として社会からの高い評価を得るだけでなく、社内に活力を与え、最終的には持続可能な発展にもつながるのだ。

以上のようなことを念頭においていただき、本書を読み進めていただければ幸いである。

2013年3月

編著者　田中宏司・水尾順一

目次

序章

世界の持続可能な発展を支える人権・労働

社会的責任に関する国際規格ＩＳＯ２６０００が発行され、企業をはじめあらゆる組織は、社会の持続可能な発展に貢献することが求められている。企業や組織を運営し、社会的責任を果たすのは「人間である」ので、人権と労働が注目されている。本章ではまず、ＩＳＯ２６０００で人権と労働がクローズアップされた経緯と社会的責任の内容を説明する。次に、人権と労働に求められ「デューディリジェンス」を経営戦略に生かす視点から、人権と労働の主な課題について具体的に分析する。

キーワード

・ＩＳＯ２６０００　・社会的責任７つの中核主題
・国連グローバル・コンパクト　・ラギー報告　・デューディリジェンス

第1節　ISO26000で人権と労働がクローズアップ

1-1　ISO26000の発行と特徴

社会的責任についての国際規格ISO26000が、2010年11月1日に発行された。国際標準化機構（International Organization for Standardization：ISO、以下ISO）における企業の社会的責任（corporate social responsibility：CSR）を規格化するための議論は、01年4月ジュネーブで「第68回ISO理事会」が開催され、CSRに関する国際標準を決議したことにはじまっている。

その後、2005年3月ブラジルでの第1回ISO／SRサルバドール総会から、10年4月デンマークにおける第8回ISO／SRコペンハーゲン総会まで、約5年の国際的な議論を経て国際規格が誕生している。

議論の過程で、CSRについては、「組織活動の経済、環境、社会的インパクトの相互関係を含む」、「対象となる組織を特定しない」。〝corporate〟との用語を用いず、〝social responsibility〟（SR）に統一する」としている。したがって、ISOでは、CSRについては、社会的責任（social responsibility：SR）として考えることになった。

わが国は、ISOの決定に基づき、消費者、政府、産業界、労働、NGO、SSRO（サービス、サポート、研究およびその他）の正式代表6名を中心に、ISO／SR総会において具体的な討議に積極的に参加してきた。

ISO26000の基本的な特徴は、次の通りである。

第1に、この国際規格は規模や場所を問わず、「全てのタイプの組織を対象とする、世界初の総合的な国際規格」である。 先進諸国や発展途上国を含む全世界における「企業、大学、病院、NGO／NPO、自治体、政府機関など」あらゆる組織のための規格となる。

第2に、この規格は、「ガイダンスを提供する国際規格」（ガイダンス文書＝手引書、指針文書）である。 規格には、〝shall〟（「～すべき」）ではなく、〝should〟（「～すべきである」）と記載されている。当初〝should〟は「～するのがよい」、「することが望ましい」と訳されたが、最終的に「～すべきである」となった。これは、国際労働機関（ILO）の国際労働基準において、〝should〟を「～すべきである」と訳していることによる。

第3に、適合性評価や第三者認証に供されることを目的としていない。 したがって、ISO9000（品質マネジメント・システム規格）やISO14000（環境マネジメント・システム規格）とは異なり、第三者認証を取得するための手続きや費用は必要ない。

第4に、マネジメント・システム規格ではない。 要求事項を含んだマネジメント・システム規格ではなく、PDCAサイクル（「Plan 計画⇒ do 実行⇒ check 評価⇒ act 改善」のサイクルを繰り返して改善していく管理手法の1つ）により実践することを要求せず、成果を期待する。

第5に、国際的に合意されたステークホルダーの期待を明示している。史上最大のマルチステークホルダー・プロセス（多種多様な利害関係者による討議）により開発された規格であり、ぞれぞれのステークホルダーの意見、提案を組み入れている。

経済産業省は、2011年2月のISO／SR国内委員会において、「国際規格ISO26000をJIS化する」と方針を表明した。これを受けて、「ISO26000 JIS化本委員会」が開催され、ISO／SR国内委員会が監修した日本語版をベースとして、ISO26000の〝国際規格一致規格〟となるJISとすることになった。基本的にJISの様式および要件を満たすための軽微な変更にとどめ、日本語訳の修正は最小限とした。

その後、JIS原案は日本工業標準調査会の標準部会において審議議決し、2012年3月21日づけで「JIS Z 26000」として制定され、官報に公示された。

1-2 組織にとっての社会的責任

ISO26000（以下では、JIS Z 26000を含む）では、「社会的責任」について、次の通り定義されている。

「社会的責任」

組織の決定及び活動が社会及び環境に及ぼす影響に対して、次のような透明かつ倫理的な行動を通じて組織が担う責任：

— 健康及び社会の繁栄を含む持続可能な発展に貢献する。

— ステークホルダーの期待に配慮する。

— 関係法令を順守し、国際行動規範と整合している。

— その組織全体に統合され、その組織の関係の中で実践される。

注記1　活動は、製品、サービス及びプロセスを含む。

注記2　関係とは、組織の影響力の範囲内の活動を指す。


これをいい換えれば「社会的責任とは、組織が決定し活動すると生じる社会と環境への影響についての責任を担う」ということである。その際、①社会の持続的発展に貢献すること、②ステークホルダーの意向を尊重すること、③法令遵守と国際行動規範を尊重すること、④関係するグループなど、組織全体で取り組むこと、が求められている。社会的責任の核心は、〝社会や環境問題など社会課題を解決するための取り組み〟と考えられる。

次いで、ISO26000では、「社会的責任の7つの原則」についての手引きを次の通り明示している。

①説明責任：組織は、自らが社会および環境に与える影響に説明責任を負うべきである。

②透明性：組織は、社会および環境に影響を与える自らの決定および活動に関して、透明であるべきである。

③倫理的な行動：組織は、倫理的に行動すべきである。

④ステークホルダーの利害の尊重：組織は、自らのステークホルダーの利害を尊重し、よく考慮し、対応すべきである。

⑤法の支配の尊重：組織は、法の支配を尊重することが義務であると認めるべきである。

⑥国際行動規範の尊重：組織は、法の支配の尊重という原則に従うと同時に、国際行動規範も尊重すべきである。

⑦人権の尊重：組織は、人権を尊重し、その重要性および普遍性の両方を認識すべきである。

これらの7つの原則を分類すると、①〜③は組織の行動様式に関する原則、④はステークホルダーに関する原則、⑤⑥は法規範に関する原則、⑦は人権に関する原則であると理解できる。

さらに、企業の実態に即してみると、コンプライアンス（③④⑤⑥）とコーポレート・ガバナンス（①②）を包含する「組織統治（ガバナンス）」（①〜⑥）と「人権」（⑦）が重要であることを示している。

1-3　社会的責任の、7つの中核主題

ISO26000では、7つの中核主題と課題を提示している。具体的には、第1番目にあらゆる組織は効率的な「組織統治」を共通基盤とした上で、以下の6つの中核主題「人権、労働慣行、環境、公正な取引慣行、消費者課題、コミュニティへの参画およびコミュニティの発展」に取り組むことが求められている（図表序-1参照）。

ISO26000の、7つの中核の内容を要約すると、次の通りである。

①組織統治（organizational governance）：組織統治とは、組織がその目的を追求する上で、決定を下し、実施するとき従うシステムのことである。また効果的な統治は、説明責任、透明性、倫理的な行動、ステークホルダーの利害の尊重、法の支配の尊重、国際行動規範の尊重および人権の尊重の原則を、意思決定およびその実行に組み入れることを基本とすべきである。

②人権（human rights）：人権とは、人であるがゆえに全ての人に与えられた基本的権利である。生得的で奪うことができず、普遍的、不可分で、相互依存的なものである。

課題としては、ⓐデューディリジェンス（due diligence：相当の注意）、ⓑ人権に関する危険的状況（JIS Z 26000では「人権が脅かされる状況」と表現を変更）、

図表序-1　7つの中核主題の一覧

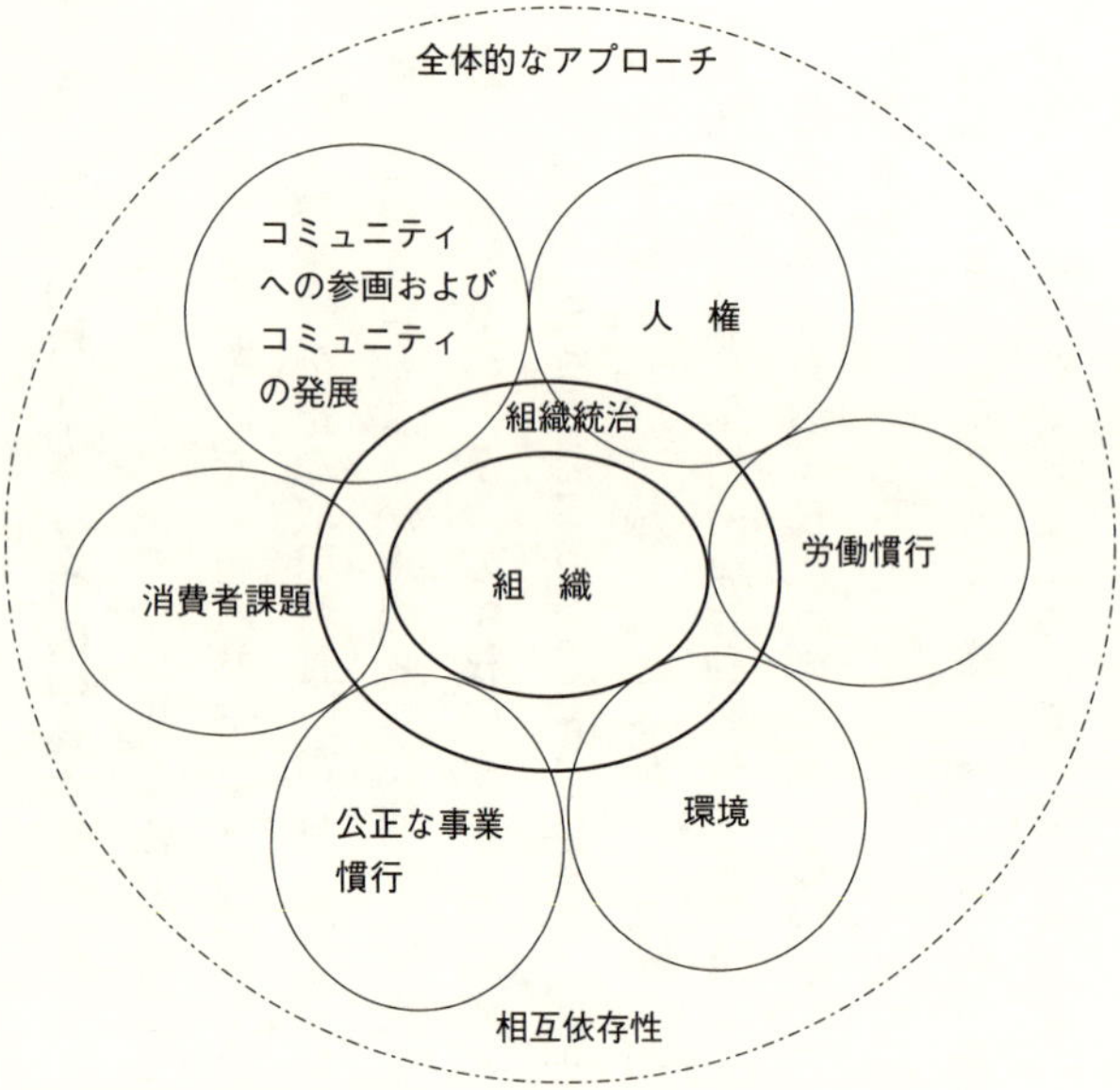

出所：ISO/SR 国内委員会監修（2011）p.81、図3を参考にして作成

ⓒ加担の回避、ⓓ苦情解決、ⓔ差別および社会的弱者、ⓕ市民的および政治的権利　ⓖ経済的、社会的および文化的権利、ⓗ労働における基本的原則および権利、がある（後述）。

③労働慣行（labour practices）

組織の労働慣行には、組織内で、組織によってまたは下請労働を含めその組織に代わって行われる労働に関連する全ての方針および慣行が含まれる。

課題としては、ⓐ雇用および雇用関係、ⓑ労働条件および社会的保護、ⓒ社会的対話、ⓓ労働における安全衛生、ⓔ職場における人材育成および訓練、がある（後述）。

④環境（the environment）　組織は、環境原則（環境責任、予防的アプローチ、環境リスクマネジメント、汚染者負担）を尊重し、促進すべきである。

その課題としては、ⓐ汚染の予防、ⓑ持続可能な資源の利用、ⓒ気候変動の緩和および気候変動への適応、ⓓ環境保護、生物多様性、および自然生息地の回復、がある。

⑤公正な事業慣行（fair operating practices）　公正な事業慣行は、組織が他の組織および個人と取引を行う際の倫理的行動に関係することがらである。

そして、課題としては、ⓐ汚職防止、ⓑ責任ある政治的関与、ⓒ公正な競争、ⓓバリューチェーン（製品またはサービスを提供するか、または受け取る、一連の活動または関係者の全体）における社会的責任の推進、ⓔ財産権の尊重、がある。

⑥消費者課題（consumer issues）　消費者に対する社会的に責任ある慣行の指針となる原則には、Ⅰ生活に必須なものが満たされる権利、Ⅱ安全の権利、Ⅲ知らされる権利、Ⅳ選択する権利、Ⅴ意見が聞き入れられる権利、Ⅵ救済される権利、Ⅶ消費者教育を受ける権利、Ⅷ健全な生活環境の権利、が認められている。さらに追加原則として、ⅰプライバシーの尊重、ⅱ予防的アプローチ、ⅲ男女の平等および女性の社会的地位の向上、ⅳユニバーサルデザインの推進、があげられる。

課題としては、ⓐ公正なマーケティング、事実に即した偏りのない情報、および公正な契約慣行、ⓑ消費者の安全衛生の保護、ⓒ持続可能な消費、ⓓ消費者に対するサービス、支援、並びに苦情および紛争の解決、ⓔ消費者データ保護およびプライバシー、ⓕ必要不可欠なサービスへのアクセス、ⓖ教育および意識向上、がある。

⑦コミュニティへの参画およびコミュニティの発展（community involvement and development）　組織は、自らがコミュニティの一員であり、コミュニティと切り離された存在ではないと考えるべきである。そして、コミュニティと交わるにあたってコミュニティの特性および歴史を認め、これを尊重すべきである。

課題としては、ⓐコミュニティへの参画、ⓑ教育および文化、ⓒ雇用創出および技能開発、ⓓ技術開発および技術へのアクセス、ⓔ富および所得の創出、ⓕ健康、ⓖ社会的投資、がある。

1-4　基軸となる人権と労働

企業をはじめあらゆる組織は、人間が労働することにより運営されている。それだけに、企業・組織活動およびCSR活動の面で、基軸となるものが人権と労働ということになる。

ＩＳＯ２６０００では、まず人権は「1人ひとりの人間に与えられている基本的権利である」と明言している。さらに、人権は、全ての人に属するという意味で〝固有なもの〟であり、人々から剥奪できない点で、〝絶対的なもの〟である。全ての人の地位に関係なく適用される点で、〝普遍的なもの〟であり、選択的に無視することができない点で、〝不可分なもの〟で、1つの人権を実現することが、他の人権の実現に貢献する点で〝相互依存的なもの〟であるとしている。

国家は、人権侵害に対して個人およびグループを保護して、その管轄内で人権を尊重し実現させる義務を負っている。一方、企業をはじめあらゆる組織には、全ての人権を尊重する責任がある。人権尊重の責任を果たすためには、デューディリジェンス（相当の注意）が必要である。

企業が人権問題に取り組まなければならない理由としては、国内法および国際法の順守、法の支配の促進、消費者がもつ懸念の解消、労働者の生産性向上とその維持、地域社会との良い関係の構築などが指摘されている。

次に、労働は、「商品ではない」という基本原則がＩＬＯのフィラデルフィア宣言（1944年）でうたわれている。生産の要素として「ヒト、モノ、金、情報」と一般的にいわれているが、労働は商品に適用するように市場原理の影響の下にあるものとして扱うことはできない。労働は、人が提供するものであり、労働者には基本的権利がある旨が、世界人権宣言およびＩＬＯの国際的規約に明記されている。すなわち、全ての人は自由に選択した労働によって生活の糧を得る権利があり、公正で好ましい労働条件を得る権利がある。

ＣＳＲの視点から労働の先進的な取り組み事例（「労働に関するＣＳＲ推進研究会報告

書」に掲載）を見ると、次のような特徴がある。
①人材育成では、企業戦略の達成と従業員のスキルアップを両立させていること。
②キャリア形成支援では、社内公募制度の充実を図ること。
③男女の均等推進では、女性管理職の積極的登用、非正規社員を正社員に転換すること。
④高齢者、障がい者雇用では、定年退職者の再雇用とエキスパートとしての活用、地元からの障がい者雇用と他の社員との一緒に働くことへの配慮をすること。
⑤安全衛生では、危機予知訓練や研修への参加、労災事故の発生の防止を図ること。

第2節　人権と労働に求められる「デューディリジェンス」

2-1　「国連グローバル・コンパクト」と「ラギー報告」

人権と労働を考える上で、重視すべきは、「国連グローバル・コンパクト」と「ラギー報告」である。

①　「国連グローバル・コンパクト」

1999年の「世界経済フォーラム」（ダボス会議）において、当時の国連事務総長コフィー・アナンが提唱した企業行動原則である。当初は、「人権」、「労働」、「環境」の3分野

図表序-2　国連グローバル・コンパクト

人権　企業は、
　原則1：国際的に宣言されている人権の保護を支持、尊重し、
　原則2：自らが人権侵害に加担しないよう確保すべきである。
労働基準　企業は、
　原則3：組合結成の自由と団体交渉の権利の実効的な承認を支持し、
　原則4：あらゆる形態の強制労働の撤廃を支持し、
　原則5：児童労働の実効的な廃止を支持し、
　原則6：雇用と職業における差別の撤廃を支持すべきである。
環境　企業は、
　原則7：環境上の課題に対する予防原則的アプローチを支持し、
　原則8：環境に関するより大きな責任を率先して引き受け、
　原則9：環境に優しい技術の開発と普及を奨励すべきである。
腐敗防止　企業は、
　原則10：強要と贈収賄を含むあらゆる形態の腐敗の防止に取り組むべきである。

出所：グローバル・コンパクト・ジャパン・ネットワークのホームページをもとに作成

の9原則であったが、2004年6月に「腐敗防止」に関する原則が追加され、現在は4分野・10原則となっている。

近年、わが国の企業も「国連グローバル・コンパクト」（United Nations Global Compact）に参加して、人権などの原則を守る取り組みを推進している。参加する企業は、これらの原則を支持し実践する。2008年7月の日本語訳の改訂に際して、4分野のそれぞれに、「企業は」という主語が明記されている。

なお、「国連グローバル・コンパクト公式ホームページ」（2012年11月30日現在）によれば、①日本の参加団体数（企業・団体）：381、②世界の参加団体数：約140カ国、1万670、③日本の順位：6位（参加団体数：第1位ス

ペイン1382、第8位中国299、第15位韓国227）である。

②「ラギー報告」

ハーバード大学のジョン・ラギー教授（国連事務総長特別代表、「国連グローバル・コンパクト」の設立に尽力）は、2008年6月に、第8回国連人権理事会に「保護、尊重および救済：企業と人権についての枠組み（フレームワーク）」の題する最終報告書を提出した。

本報告書では、多国籍企業およびその他の企業活動において、人権の擁護を促進するための上記「枠組み」を提示し、次の3つの中核原則を述べている。

①国家は、人権侵害から国民を保護する責任を負う。

②企業は、人権を尊重する責任を負う。

③人権侵害の救済措置の実効性を高める。

本報告書は、各国政府、企業と団体などに広く支持されたほか、社会的責任規格「ISO26000」における人権の記述に大きな影響を与え、「デューディリジェンス」、「加担の回避」などのコンセプトが取り入れられた。さらに、2011年に改訂された「OECD多国籍企業行動指針」にも取り入れられた。

ラギーは、国連人権理事会からこの「枠組み」を実施するための具体的な原則の策定を求められ、「ビジネスと人権に関する指導原則：国際連合「保護、尊重および救済」枠組実施のために」を提出した。この「指導原則」は2011年7月の国連人権理事会において全会一致で承認され、全ての国と企業が尊重すべきグローバルな基準と受け止められている。

2-2 「デューディリジェンス」を経営戦略に活かす

「デューディリジェンス」は、「相当の注意」とも訳されるが、ISO26000や人権などの分野では、「デューディリジェンス」とそのまま使用するのが一般的である。経営・財務用語おいても、「デューディリジェンス」が使用されているが、その意味は「精査、適正評価手続きなど」と訳され、ISO26000や人権分野とは異なる。

ISO26000における、「デューディリジェンス」の定義は、次の通りである。

「あるプロジェクトまたは組織の活動のライフサイクル全体における、組織の決定および活動によって起こる、実際のおよび潜在的な、社会的、環境的および経済的なマイナスの影響を回避し軽減する目的で、マイナスの影響を特定する包括的で積極的なプロセス」

デューディリジェンスが意味するところは、組織の活動による人権・労働に対するマイナスの影響を認識し、防止し、対処するために企業が実施するプロセスである。したがって、デューディリジェンスを経営戦略に活かすには、企業として次のように対応することが必要である（図表序-3参照）。

第1に、人権・労働方針・計画を確立すること。第2に、人権・労働方針を徹底させるため実践の手段を確立すること。第3に、事業活動に伴う人権・労働成果をチェックする体制

図表序-3　経営戦略にデューディリジェンスを活かす

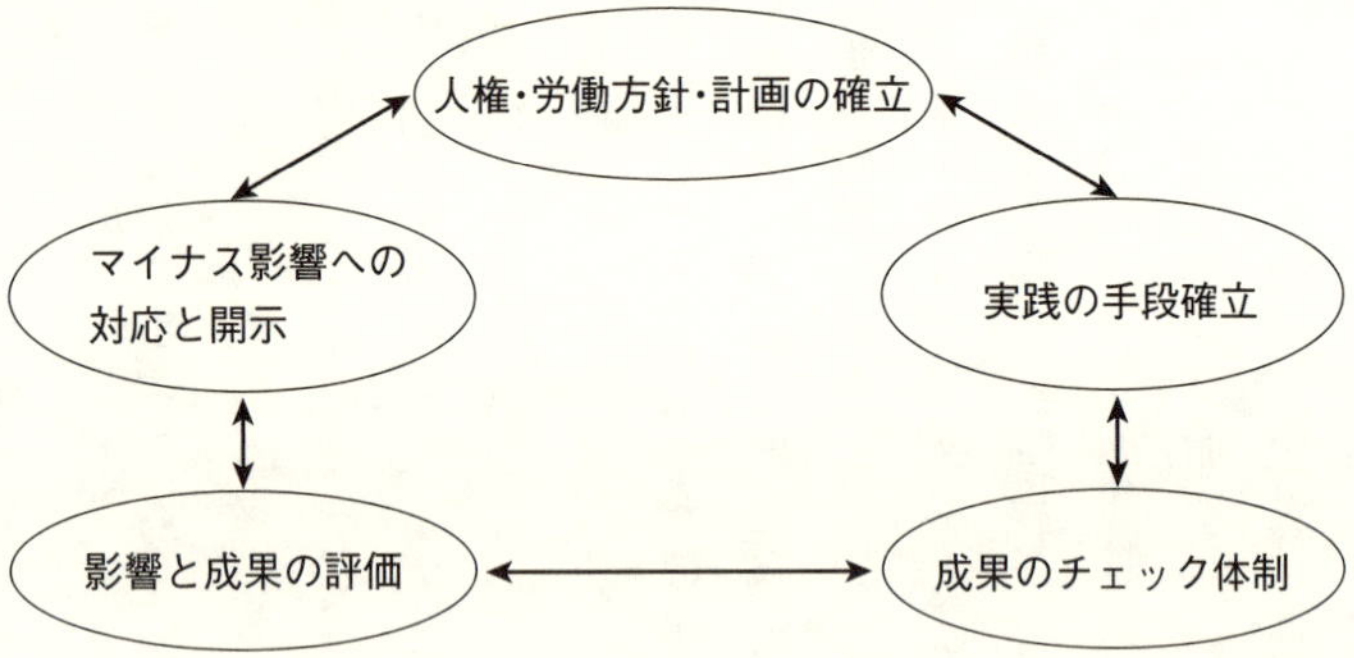

を確立すること。第4に、長期的に人権・労働の影響と成果を評価するための手段を確立すること。第5に、マイナスの影響への適切な対応行動を行い、情報を開示すること。

2-3　人権の課題への取り組み

ISO26000では、人権に関して8つの課題をあげて、具体な行動と期待を提示しているので、次の通り整理・要約する。

①デューディリジェンス：人権方針の明示、活動が人権に影響することを評価する手段、人権方針を徹底させるための手段、長期的にパフォーマンスを追跡するための手段、マイナスの影響への対応行動などである。

②人権に関する危機的状況：紛争・極端な政情不安、自然災害、天然資源とコミュニティを混乱させる搾取活動、児童に影響し巻き込む活動、汚職の文化などである。

③加担の回避：直接的な加担（意図的な人権侵害）、受

益的加担（他者が行った人権侵害から直接的に利益を得る行動）、暗黙の加担（特定グループへの差別に明快に反対しないこと、人権侵害を当局へ提起しないこと）などをしないことである。

④苦情解決：苦情対応の仕組みや救済を求めるための仕組みの確立などである。

⑤差別および社会的弱者：違法な差別の根拠には、人種、皮膚の色、性別、年齢、言語、財産、国籍（出身国）、宗教、民族的・社会的出身、カースト、経済的背景、障がい、妊娠、労働組合への加入、政治的所属などがある。

⑥市民的および経済的権利：生存権、身体の自由および安全性に関する権利、言論および表現の自由などに関する権利である。

⑦経済的、社会的および文化的権利：教育への権利、労働への権利、公正で良好な労働条件への権利、必要な社会的保護、宗教の権利などである。

⑧労働における基本的原則および権利：結社の自由や団体交の権利、児童労働・強制労働の禁止、機会均等と差別禁止などである。

このように、人権の課題への取り組みは、広範囲におよぶものであることから、1人ひとりを人間として尊重し、それぞれの能力を十分発揮し、幸福な人生を送ることができるように配慮することが、核心であると考えられる。

人権について、デューディリジェンスが重要なことから、「人権デューディリジェンス」

という用語が広く使用されている。この「人権デューディリジェンス」には、次の5つのステップが望まれる。

第1ステップ：人権に関する基本方針の確立　経営トップが、人権方針の策定に関して、専門家や第三者の意見を取り入れて策定し、その内容をメッセージとして明示する。具体的には、本社をはじめ、工場、営業所などの現場で人権方針が実践的ガイドラインとなることが重要である。

第2ステップ：企業活動が人権に与える影響の評価　事業活動に伴い、人権侵害や人権侵害への加担などが発生しないように、リスクマネジメントが行われて、全体が評価される手段が確立していることである。具体的には、自社をはじめグループ会社、関連会社など、自社の事業活動が人権におよぶす影響を評価することである。

第3ステップ：人権に関する基本方針を組織へ浸透　経営トップが、人権責任者を任命し、社内の意思決定に織り込み、予算、人的配置などを行う。人権尊重を監査項目に入れるなど、人権方針の周知徹底を行う。

第4ステップ：パフォーマンスを追跡する手段の確立　CSR報告者などに人権への取組事例報告を行うなど、人権への取り組みや課題解決のために優先順位の調整を図るなどの継続的な評価を実施することである。

第5ステップ：自社活動のマイナス面への対応　事業活動に伴いステークホルダーの人権

にマイナスの影響をおよぼす場合に、お客様相談窓口など相談・苦情処理メカニズムを確立し、適切な対応を機能させることである。

2-4 労働の課題への取り組み

企業としては、自社の労働者が、能力やかけがえのない個性を活かして日々働けるように配慮することは、当然の責務である。個別の労働問題は、労使の対話や協議を通じて、問題を解決することが基本である。

ＩＳＯ２６０００では、労働慣行に関して5つの課題をあげて、具体な行動と期待を提示しているので、次の通り整理・要約する。

①雇用および雇用関係：全ての労働が法的に認定されたものであり、正当な雇用関係であること、雇用に影響する組織運営の変更は、合理的な通知や適切な情報を与え、悪影響を可能な限り最小限にとどめること、労働者の個人データおよびプライバシーの保護すること、国際的な活動では、受入国の雇用、職業能力開発、昇進・昇格の推進などに努力することなどである。

②労働条件および社会的保護：労働条件は、国内法規制にしたがっており、関連する国際労働条件と整合性が取れていること、賃金、労働時間、休日、安全衛生、母性保護などについて、働き甲斐のある人間らしい労働条件であること、同一労働・同一賃金を支払うことな

どである。

③社会対話：社会対話は、政府、雇用主および労働者の代表者で行われるあらゆる種類の交渉、協議または情報交換を含む。具体的には、団体交渉のために組織の結成と参加する労働者の権利の尊重、団体交渉を行う労働者への報復行為、解雇、差別などの禁止などである。

④労働における安全衛生：労働における安全衛生は、労働者の身体的、精神的および社会的福祉を維持・促進し、労働条件によって生ずる健康被害を防止することに関係する。具体的には、個人保護具を含め業務上の傷害、疾病、不慮の事故の防止、非常事態への対応に必要な安全用具の提供すること、様々な労働安全衛生上のリスクを受けないように対処することなどである。

⑤職場における人材育成および訓練：人材育成により、人間の能力・職務能力が拡大することになり、人間として健康的な人生を送り、知識をもち、適切な生活水準を維持することが可能になる。具体的には、あらゆる労働者に対し平等に差別なく技能開発、訓練、実習の機会およびキャリアアップの機会を与えることである。

企業が労働について、デューディリジェンスの視点から取り組む課題をまとめると、正当な労使関係の維持、適正な労働時間管理、安全衛生の確保、労働者の職務能力開発、高齢者や障がい者の雇用促進、適切な待遇、人権尊重、差別の撤廃など、多種多様である。

これらに適切に対応するためには、コンプライアンス体制の確立や関係する社内規定・業務マニュアルの制定と遵守などに加えて、ＣＳＲの視点から組織全体のブランド価値の向上、優秀な人材の確保、労働者の企業への満足度・信頼度の向上などが望まれている。

参考文献

・国連グローバル・コンパクト　http://www.unglobalcompact.org/
・グローバル・コンパクト・ジャパン・ネットワーク　http://www.ungcjn.org/gc/principles/10.html
・ＩＳＯ／ＳＲ国内委員会監修・日本規格協会編（２０１１）『日本語訳　ＩＳＯ２６０００：２０１０社会的責任に関する手引』日本規格協会
・日本工業標準調査会（２０１２）『ＪＩＳ社会的責任に関する手引ＪＩＳＺ２６０００：２０１２（ＩＳＯ２６０００：２０１０）』日本規格協会、１１０頁
・労働に関するＣＳＲ推進研究会（２００８）『労働に関するＣＳＲ推進研究会報告書』
・ジョン・ラギーの報告書（２０１１）『ビジネスと人権に関する指導原理：国際連合「保護、尊重及び救済」枠組実施のために』国際連合人事理事会
・菅原絵美（２０１１）「提言：ＩＳＯ２６０００の人権課題が企業に求める行動とは？」ブレーンセンター　http://www.braincenter.co.jp/topics/suggestion07.html
・厚生労働省（２００８）『労働に関するＣＳＲ推進研究会報告書』労働に関するＣＳＲ推進研究会
・水尾順一・田中宏司編著（２００４）『ＣＳＲマネジメント―ステークホルダーとの共生と企業の社会的責任―』生産性出版
・田中宏司・水尾順一監修、経営倫理実践研究センター・日本経営倫理学会ＣＳＲ研究部会編（２００９）『ビジネスマンのためのＣＳＲハンドブック―先進企業の事例から用語解説まで―』ＰＨＰ研究所

第1章

地域社会と人を守る「協働・連携の経営」

２０１１年３月の東日本大震災の被害は、阪神淡路大震災の規模を大きく上回り、被災者支援のあり方には多くの課題が残された。企業による被災者支援の活動も過去最大の規模となり、行政やＮＰＯなどとの新たな協働の仕組みも芽生えてきた。第１章では被災地での取材を含めて、企業や協同体による支援活動の具体例を紹介するとともに、被災地の復興に向けて、まちづくりや産業振興にどのような課題があるのかを提起する。

キーワード

・推譲　・協働の仕組み　・スマート化　・ゆいまーる
・秩序の創造

第1節　地域コミュニティと安全・安心のしくみ

1―1　東日本大震災と企業の社会貢献活動

約2万人もの死者・行方不明者、阪神淡路大震災時の10兆円を大幅に上回る17兆円もの直接被害額――2011年3月11日に発生した東日本大震災の被害は、同時に発生した原子力発電所事故や社会インフラの喪失による社会経済的影響が世界にまで拡大し、まさにグローバル社会にインパクトを与えた大災害となった。

とりわけ被災後何日経っても被災者に生活物資が届かず、何十万人もの人々が避難を続けるという事態は、先進国であっても「板子一枚下は地獄」という認識を多くの人々にもたらした。かつてドイツの社会学者、ベック（1998）は「産業システムの内部に組み込まれた第二の自然がもたらす脅威に対しては、われわれはほとんど無防備である」と予言していたが、まさに我々はその「未来」見せられたのである。

一方、大自然の脅威の映像を通じて、世界各国の企業・個人からの支援も届いた。日本企業からは、発災からの半年間に約1000億円にのぼる金銭や現物での支援が行われた（日本経団連）し、同年12月までに国内の個人からも約5000億円の支援が行われた（日本ファンドレイジング協会推計)。このように、多くの企業・個人から過去最大の規模の支援が行われたが、生活者への「企業への信頼度」は2010年度の51%から11年度には43%へと低下してしまった(経済広報センターの調査)。

なぜなのだろうか。それは我々が、大災害の危険は誰にも平等に襲いかかるけれども、そのリスクは社会的な弱者により多く分配される、と様々な情報を通じて〝見てしまった〟からではないか。行政や社会経済システムが破壊されると、強者と弱者の格差は急速に拡大していく。必要な人に必要な物が届かない半面、ある場所では物余りになるといった現象が発生する。大災害の場合は急激に不確実性が高まるため、社会的弱者はその恩恵に与る可能性が低くなってしまう。この問題を公平・平等の原則で動く行政システムだけでカバーすることは難しい。物質や流通力を持つ企業の支援も必要だ。

東日本大震災で発生した被災地での生命や生活への脅威に対して、企業独自のネットワークやNPO/NGOとの協働によって、いち早く救援や復興に乗り出した会社がある。

1-2 報徳の理念で人をつなぎ漁村の自力復興を支える:報徳仕法

報徳二宮神社(草山明久宮司)がまちづくり推譲事業の推進を決めたのは、2010年9月のことだった。「推譲」とは、江戸時代末期の農政家・思想家、二宮尊徳の教えであり、天地や祖先など様々な恩徳に感謝し、自己の収入の中から分度(自分にあった生活設計)を立てて余財を生み、その一部を他人（社会）に譲ることを意味する。同神社では推譲をCSRと同義と捉え、地域資源の循環を通じて持続的発展が可能な地域社会づくりのための会社を設立した。それが報徳仕法社である。

小田原のまちづくり支援活動を進めていた最中、大災害を知った。しかし知り合いの気仙沼・早間神社（梶原忠利宮司）への電話がつながったのは、被災してから2週間後だった。聞けば、集落が大津波にのみ込まれ、高台にある境内にも車が5台上がり、1台は社殿に突き刺さった、避難所にはまだ食料さえ満足に届いていない、など惨憺たる状況だった。

まず市内の業者の協力も得て、支援物資を満載したトラックを気仙沼に走らせた。現地と往復する中で復興策を議論した。気仙沼市唐桑地区は漁業のまちである。復興の決め手は何か。尊徳の教えによれば、地域の核となる漁業・養殖事業の再開支援ではないか。こうして、地元の漁協関係者の参加も得た「復興支援協同体」の設立にこぎ着けたのは、被災から2カ月後の5月。近隣被災地の中で最も早い復興に向けた活動だった。

仕事の再開を通じて人をつくり、人づくりによってまちをつくる。個人個人では非力でも、人々の気持ちを組織としてカタチにし、自ら「復興しよう」という気持ちを行動に転換していく。自立を掲げる協同体は、2013年3月までの時限組織である。

協同体は、まず湾内のボランティアツアーや支援金の募集をはじめた。ガレキ撤去が進み、海水が澄み、小魚が泳ぐのが見えるようになると、漁師の目も輝きはじめる。小田原からはかまぼこ業者が売上1個に1円の寄付活動を続けている。NPOの協力によりボランティアの学生たちが牡蠣小屋を立ち上げる。第一生命からも社員ボランティアが参加する。

梶山宮司は、こうした復興支援活動が「一歩、一歩進んでいくと次が見えてくる」という。明治の大津波の時には、誰も支援に来なかったが、「いま私たちは多くの人に見守られている」と語る。復興支援の活動と並行して、ワカメや牡蠣の養殖が再開された。2012年春にはワカメが出荷され、夏には牡蠣やホタテも出荷できた。しかも、これまでの単価を上回る価格だった。

江戸の農村復興の仕法（物事を行う方法）が、津波で壊滅的な打撃を受けた漁村の復興を力強く支えたのである。

1-3 アウトドア義援隊と手のひらに太陽の家プロジェクト：モンベルグループ

3月11日、大阪本社内でモンベル社辰野勇会長は、巨大な津波の映像を見た。そしてただちに、社内にあるアウトドア用品を集めるよう指示した。翌日には阪神淡路大震災以来の「アウトドア義援隊」の再開を決断し、2人の社員を現地に先遣隊として派遣した。また販売店・取引先さらに顧客組織「モンベルクラブ」メンバー36万人に援助物資・援助金の協力依頼のメールを流した。

仙台に向けたトラック第1便は、市内の3支店の被害や従業員の安否を確認後、仙台店を義援隊現地本部と定めて支援体制づくりをはじめた。19日には山形県天童市の遊休工場を借り上げて援助物資集配センターとして設置。ここから毎日、行政の支援が届きにくい小規模避難所や限界集落へ物資輸送を続けた。5月の連休期間には、東松島市内にのべ500人のボランティアを派遣し、ガレキ撤去や民家の泥出し作業などを進めた。辰野会長自身も、ヤッケ姿で何度も被災地の人々を訪ね歩いた。

3月12日から5月末までの2カ月半に、モンベル社が被災地に届けた援助物資は約300トン、援助金は3300万円余りとなった。また現地ボランティアはのべ1500人、協力企業・団体はアメリカ・カナダ・韓国・台湾など海外を含めて約460社に上った（2011年5月末現在）。この支援内容といい、支援のスピードや支援ネットワークの規模など大手NPOを上回るほどの実力である。なぜこれほどの支援が、従業員600人の中堅企業でできるのか。

登山家・冒険家として知られる辰野さんが登山用品の会社を創業したのは1975年。インタビューの際に「あなたにとって会社とは何ですか」と尋ねた。「想いを実現する道具」、それが答えだった。「当時は一期くらい赤字でもいい、と覚悟しました。でも逆に赤字どころか、売上が上がって……」と苦笑する。

社員には「30年前はどうだったのかな、と振り返って社員にいうことがある」と語る。「これから30年先にも、社会からこの会社・製品があってよかったと思われているか、この活動と採算バランスがとれているか、です」。同社のアウトドア用品は防災用品にもなる——その実感を得たのは、目の前で発生した阪神淡路大震災の時だったという。その時、義援隊を立ち上げた記憶が「被災者支援はタイミングが大事」という信念を支えている。今回もモンベルのダウンウエアを着て助かったという人に会った。「3人の人から、津波にさらわれたけれど浮いて助かった、といわれたんですよ」。

復興に向けた中長期の支援も行っている。宮城県登米市に完成させた復興共生住宅「手のひらに太陽の家」である。「手のひらに太陽の家」は、床面積127坪の2階建て木造住宅。居室8室とリビング、キッチン、事務室などがあり、NPO日本の森バイオマスネットワーク（佐々木豊志代表）のスタッフが常駐する。同ネットワークは森林資源の活用促進などの理念を掲げ、地元の自然学校のメンバーが中心となって2009年に設立した。

3・11直後から、避難所へのペレットストーブの提供活動を通じて被災者との交流を続ける中で、従来の仮設住宅の基準では東北の気候に合わないことを痛感した佐々木さんが中心となって、東日本大震災で被災した子どもたちを支援するための復興共生住の建設構想を5月にまとめた。自然エネルギーを活用する国産材住宅づくりの提案書には40数社の協力が得られたが、土地代を含めれば億近い資金が必要となる。この要請にモンベル社の辰野会長が全面協力を申し出たことにより、2012年7月に太陽の家が完成した。

まず受け入れたのは、福島県の放射線量の高い地域の家族だった。2カ月半で39組136

図表1-1　復興共生住宅の全容

出所：手のひらに太陽の家ホームページ（2012年12月28日アクセス）

人の避難者が利用した（図表1-1）。

1-4　救援物資輸送協力隊を立ち上げた企業文化：ヤマトグループ

3月11日午後、ヤマト運輸気仙沼支店の、小山田剛支店長らは支店の屋根によじ上って難を逃れた。だが車両は水没。周りを黒い水が渦巻く。支店の片づけ・復旧作業をはじめたのは13日になってからだった。支店の社員は無事だったが、地元出身の社員たちは、避難所には食料も飲料も足りない、と訴えてきた。みんなの気持ちは「何か手伝いたい」だった。

3月18日。副島明宮城主管支店長ら3人で市役所を訪問し、手伝いを申し出たが、「人手は足りている」というにべもない回答。「本当だろうか、やはりもう一度行ってみよう」。3人は市役所防災センターに戻った。その行動が市役所を動かす。

当時の状況を加藤慶太前副市長は「普通だったら、そんな決断は出来ないのですが……」と話す。当時、救援物資集積所の担当は税務課グループ。職員が自衛隊の応援を得て120カ所の避難所への救援物資の集配作業を指揮していたが、慣れない作業で苦労していた。「そこにヤマトさんからの応援の話が来たのです。非常事態では役所のルールより市民の命が優先と判断しました」。ヤマト運輸「救援物資輸送協力隊」誕生の瞬間だった。

3月19日朝。集積所を訪ねると、非効率的な作業方法がいくつもあった。ヤマトのチームは改善提案を続けた。3日目、集積所責任者の税務課長が言った。「ヤマトさんの指揮の下でやりましょう」。こうして4月2日の宅急便再開までの間、ヤマト運輸は仕分けシステムや機材、車両から人手まで提供し続けたのである。

その時の経験を小山田さんは振り返る。「我々は地域のインフラなんだ、という実感でしょうか。地域の方からの期待も、要求もすごかった。本社の各部長からもドンドンやれ、と指示があり、支援という一点でみんなが協力してくれた」。困難であっても一歩前に出る社員、そしてそれを支える社員。そういう気持ちはどこから生まれ育ったのだろうか。

木川眞ヤマトホールディングス（HD）社長は「ヤマトの企業文化」だと言う。同社の社訓は「一、ヤマトは我なり　一、運送行為は委託者の意思の延長と知るべし　一、思想を堅実に礼節を重んずべし」。この社訓が「社員に染みついていたことで生まれた活動」とも言う。

この経験が、宅急便1個につき10円の震災地への寄付活動につながった。2011年度の寄付総額は年間純利益の4割にあたる約142億3600万円にも達した。山内継喜ヤマト運輸社長も鎌田實氏との対談で語る。「ヤマトHDの幹部朝礼会で、木川が発表すると満場の拍手になりました（中略）6月の株主総会で、株主様からもやはり満場の拍手をいただきました」。海外の機関投資家からも「良い判断だ」と賛同してもらえたという（日経マネー、12年4月号）。

1-5　復興のまちづくりに向けた構想と事業創出を支える：日本アイ・ビー・エム

被災した行政機関は、建物ばかりでなく多くの人材も失った。そこに何倍もの仕事が押し寄せてきた。避難所の支援から復興計画づくりまで、人手も知恵も求められる。むろん政府も全国の自治体も多くの応援職員を派遣した。民間のシンクタンクや企業の社員も派遣された。しかし日本IBM社はそれにとどまらなかった。

東京から毎週、石巻市役所に通う社員がいる。彼らが所属するのは日本IBM。IBMは2008年、ITと社会インフラを融合し、地球を賢く、よりスマートにしていくビジョン「スマーター・プラネット」を提唱し、全世界2000カ所以上の都市のスマート化プロジェクトを進める一方、10年11月には、3年間に世界100都市に対しての様々な課題解決に

図表 1-2　石巻復興協働プロジェクト協議会の体制

出所：石巻市ホームページ　(2013年2月22日アクセス)

向けて専門家を派遣する社会貢献プログラムを開始した。その支援対象として、日本から選ばれた都市の1つが石巻市である。

東日本大震災で最大の犠牲者を出した石巻市に、2011年8月、北城恪太郎日本IBM最高顧問（当時）が訪れ、亀山紘市長に「経済発展を通じた雇用の創出」について話をした。大災害からの復興をめざすには、生活・社会インフラの復旧だけでなく、事業や雇用の創出が欠かせない。我々IBMはすでに海外や日本でそうした支援の経験をもっている、と言うのだ。

新エネルギーや情報通信技術の

活用で復興を進め、いち早く安全・安心で環境にやさしいまちづくりを実現したいと願う石巻市にとって歓迎すべき内容だった。しかもＩＢＭは、提案書にとどまらず、ビジョンを実現していくための協力企業の組織づくりから事業開発のためのワーキング・グループの運営まで手伝うというものだった。

市役所内にＩＢＭを核とする、産学官コンソーシアムが誕生した。その名は「石巻復興協働プロジェクト協議会」。名だたる企業や団体が並ぶ体制は図表1−2にみるように、日本や地域を代表する組織だ。住居、交通・医療・福祉、再生可能エネルギー、産業高度化など4グループ10事業にわたる復興事業の検討と実施の提案内容の詰めを現在急いでいる。

1−6　安全・安心の社会づくり向けたCSR活動3つの視点

第1節では、東日本大震災支援活動における4タイプの企業事例を見てきた。まちの商店からグローバル企業にまで、これらの企業の業種・規模は様々だが、トップから現場の社員の行動には、次の特徴がある。それは第1に被災地に行き、現場で何が求められているのか、その実態をしっかり受け止めながら中長期の視点で支援のカタチを提案・実現していることである。柳田邦男がいう「二・五人称の視点」といっても良い。

第2に、自社が得意とする事業分野や活動スタイルで貢献するだけでなく、他社・他組織も巻き込む仕組みを創造し、単独ではなし得ない相乗的な効果をあげていることである。

そして第3に、そうした幅広い活動のプロセスや成果について、自社ウェブや報告書で積極的に情報開示するだけでなく、時には広報を通じてマスコミにも情報提供をしていることである。

現代はベックが指摘するように、一次災害が二次・三次災害にも拡大する「危険社会」である。今日の我々は、リスクは日常と考え、リスクを極小化するための仕組みを構築することが求められる。そのためには、企業は新たな協働や連携の仕組みを誰がどうつくり上げるのかが問われている。

第2節　住まいの安全・安心、心の絆

東日本大震災後、「安全・安心な住まい」への関心が高まってきた。また、一方、福島原発事故により、無意識に使用してきた電力が社会に大きなリスクをもたらすと、エネルギー問題への関心も高まった。この2つの問題に加えて、住民同士の助け合い、つまり「絆づくり」が、この大震災でいかに重要であるかが立証された。

この節では、この3つの問題について、CSRの観点から住宅業界ではどう対応している

のかを、俯瞰してみたいと思う。

2-1　安全・安心な住まいへ

まず「安全、安心の住まいづくり」では、震災後の考え方の大きな変化だけでなく、企業自体にも大きな変化が現れた。それは、東日本大震災での被災地への救援・支援活動や社員のボランティア活動の体験を通して、住宅業界に「本業を通じて、社会に貢献する」というCSR＝企業の社会的責任を果たすという思いが根づいてきたことである。

つまり、「安全・安心の住まいを提供する」という、本業を通じて、社会が求める課題を解決することで社会に貢献しようという理念が定着してきたのである。さらに、被災にあわれた住まいを再建する際、データの保存ひとつをとってみても、住宅を提供した企業が存続していること重要なのだと立証された。

①　住まいの技術面での革新

住まいを提供することで社会に貢献するという理念を基本に、多くの問題の解決をはかるために、技術面でのハードやソフトの革新がなされつつある。以下では、その状況をレポートしたい。

住宅専門誌、『ハウジング・トリビューン』を提供している創樹社が2012年8月発行したムック『安全保障住宅をつくる』からいくつか引用してみた。

図表 1-3　大震災後の住まいへの意識変化

Q. 安全・安心に住まうことの意識に変化はありましたか？（N=2660）

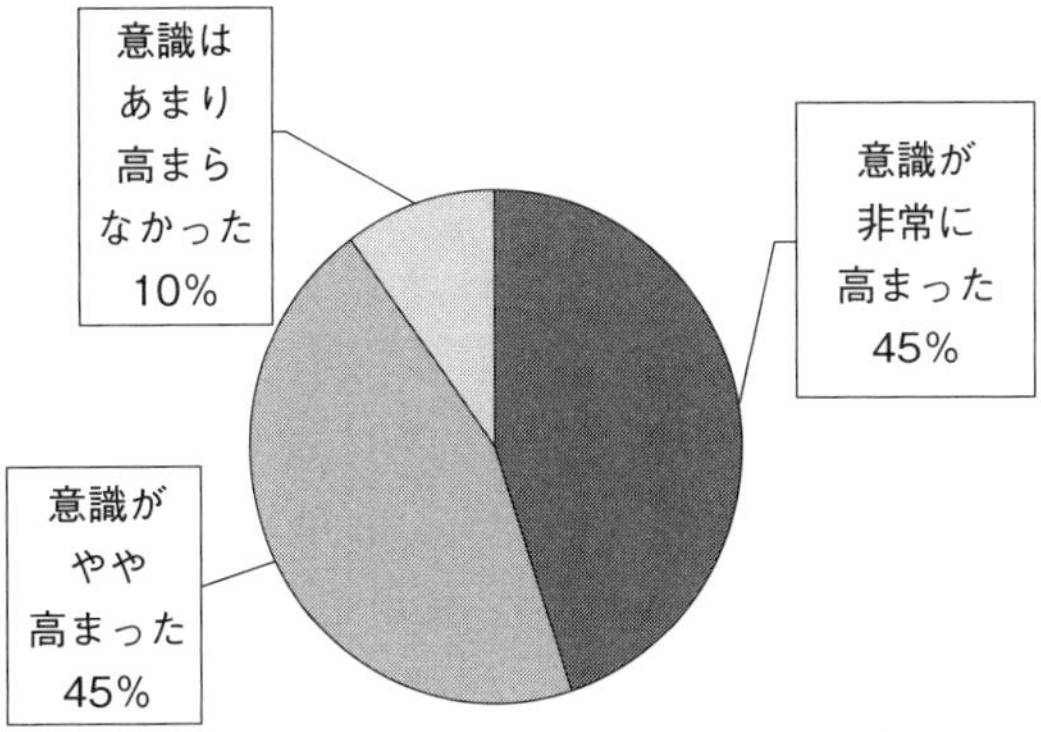

安全・安心への意識が更にアップ 90%

出所：長谷工エアーベスト WEB アンケート表

まず、耐震化では２００８年段階での耐震化率79%を１００%に近づけるべく、改正建築基準法を守った住まいづくりが進められている。同時に、制震工法や免震工法の技術も進歩した。たとえば、積水ハウスの制振装置「シーカス」の採用率は、大震災以降70%台と急進しているそうだ。また共同住宅では「3次元免震装置＝ハイパーエアサスペンション」も登場した。

②　住いは命・財産を守るシェルター

その中で注目されるのは、岐阜県のミドリ建築が提案している、災害に強いサッカーボール型住宅「バリア」である。これは、津波などの時、「水に浮く住宅」で、震災後に開発された「バリア４Ｓ」は、重心でバランスを保つので、転覆する心配がなく、外からの衝撃に強く、船舶用のソーラー発電システムをもち、災害時にはこの中に逃げ込んで、難が去るのを待つことで生存率のアップを図ることになっている。この「バリア4S」には震災以降問合わせが急増しているそうだ。同じように、愛知県の伊勢産業は、津波の時、高齢者が逃げ込む「方船」で命を守ろうと提案している。「伊勢の方船」である。

地盤・液状化対策としては、地盤工学会の「地盤品質判定士（仮称）」や東京都の「液状化対策アドバイザー（仮称）」など、安心して相談できる環境づくりと人材育成が考えられている。

その中で、ミサワホームが、減災のための新しい取り組みをスタートさせた。それは、減災を目的に、住宅を建てる予定の土地の災害リスクの状況を、契約前にお客様に示すもので、減災のためのリスクを情報開示することを、営業システムに組み込んだものである。

また、液状化対策として、より価格が安く、恒久的な対策が重要だが、東京電機大学の安田進教授と企業との研究チームは、住宅の周囲に鉄板を打ち込み、地盤を囲むことで土を閉じ込め、液状化しても住宅が傾かないようにする技術開発を共同で進めている。浦安市が中心になって行っているこれらの研究が実用化されれば、この問題の解決に大いに役立つと考えられる。

「住まいは、命、財産を守るシェルター」であるとの理念のもと、様々な技術やソフトの開発が進められているのである。

2-2 エネルギー問題への挑戦

次に、エネルギーの問題に移ろう。

ここに積水ハウスの『サステナビリティレポート2012』がある。そのCSRレポートには以下のようなことが書かれている。「最高の品質と技術をもって「お客様の生命と財産を守る」という使命を果たし、時代の要請に応える新たな価値を提供し続けることで、さまざまな社会問題を解決し、持続可能な社会の構築に貢献する」。

また「2011年に発売した「グリーンファースト ハイブリッド」は世界ではじめて3電池（太陽電池・燃料電池・蓄電池）を独自の制御システムで連動させ、日常の節電と非常時にエネルギー確保ができるスマートハウスである[1]。「エネルギーを消費する場から供給する場へと変化し、インフラとしての機能を果たしていく」、「住宅は情報、家電、太陽光発電、蓄電池、電気自動車を一元管理で制御するスマートハウスへ。そして、まちは個々のスマートハウスがつながり、地域で電力需給を最適化するスマートタウンとなる[2]」とも記述されている。

① スマートハウス・スマートタウン

この「グリーンファースト ハイブリッド」のスマートハウスは、創（造する）エネルギーの太陽電池、燃料電池と畜（積）エネルギーの蓄電池の3電池とHEMS[3]（ホームエネルギーマネジメントシステム）で構成され、エネルギーを供給する住宅なのである。そのスマ

図表1-4　積水ハウスのスマートタウン

「スマートグリッド」は、住宅やまち全体の「省エネ」を軸に、再生可能エネルギーによる「創エネ」、蓄電池による「蓄エネ」を進め、まち全体のエネルギーマネジメントにより、最適なエネルギー融通を実現し、社会全体のエネルギー負荷を下げる次世代のまちづくりの考え方です。我が国では分散型発電とエネルギーの地産地消はますます重要になってきます。
本格導入には、住宅やオフィス、プラントや公共施設をつなぐエネルギーサービス事業者が核となり、各戸のスマートメーターを導入するなど、社会を挙げた取り組みが必要です。

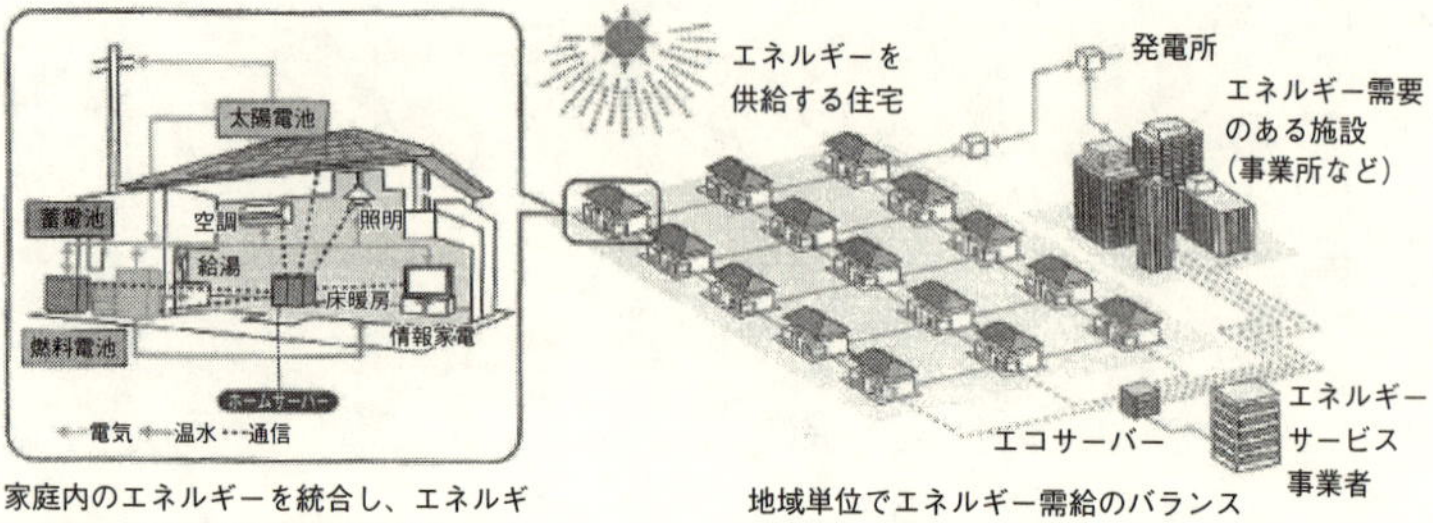

家庭内のエネルギーを統合し、エネルギーの需給バランスを最適化するスマートハウス

地域単位でエネルギー需給のバランスを最適化するスマートグリッド

出所：積水ハウスパンフレット

ートハウスがつながると、地域で電力需給を最適化するスマートタウンになる。

積水ハウスでは、東北復興の一環として、宮城県富谷町明石台に431戸の大型住宅団地「スマートシティ明石台」を建設し、2012年4月にまちびらきを行った。このタウンは、グリーンファースト ハイブリッド街区を中心に、街全体が発電所として、街の電力消費量の1・7倍の発電量をもち、近隣世帯へも電力供給が可能であり、大幅な節電とともに非常時（停電）での電力供給機能をもっているそうだ。

今後は、「スマートコモンステージけやき平」（茨城県古河市）、「照葉スマートタウン」（福岡県福岡市）など、全国各地にスマートタウンを展開していく予定だ。

② スマートグリッド

スマートタウンで問題なのは、現在の法律では（今後改められるはずだが）、地権地をこえた（たとえば、道路を越えた）電力供給は認められていないので、街区全体でのエネルギーマネジメントを行うスマートグリッドの構築までは踏み込んでいけないことである。

2013年に積水ハウスは、埼玉県のJR越谷レイクタウン駅南口で、日本初となるスマートハウスとスマートショップを結ぶ電力・情報通信網を構築するモデル街区「マイクログリッドゾーン」を始動する予定だ。これは、7棟のスマートハウスと2棟のスマートショップからなる同一展示場内での構築で、法的にも問題なく、電力・情報通信網として、街区全体で最適なエネルギーマネジメントができるのだ。

③ ゼロ・エネルギー・ハウス

実は、住宅・建築部門のエネルギー消費量は全エネルギー消費量の3割以上を占めている。その中で、環境にやさしい住宅づくりとして、ゼロ・エネルギー・ハウス構想が進んでいる。

ゼロ・エネルギー・ハウスとは年間の一次エネルギー消費量を収支ゼロ（ネットゼロ）にする住宅のことで、具体的には、断熱性、気密性の高い躯体と省エネ設備によりエネルギー消費を減らし、太陽光発電などの創エネ設備で住宅の使用するエネルギーを全てまかなえられる住宅のことである。

さらに、最終的な目標としてLCCM[4]（ライフ・カーボン・マイナス住宅）が掲げられている。これに対応して積水ハウスは2011年から大阪ガスと共同で開発した「スマートエネルギーハウス」で、LCCM住宅認定を取得している。これは前述の「グリーンファーストハイブリッド」をベースにして、高い断熱機能と長期耐久性を備えているものだ。

以上の企業以外の大手メーカーや中小工務店でもこのような動きが広がり、住まいの省エネ対策の一気加速が期待されている。これこそが、本業としてやさしい環境づくりに貢献する道である。

2-3 「絆」への再認識

さて、ここで3つ目の問題に移ろう。

東日本大震災で、日本人の美徳であり、またDNAとして伝承されてきた「絆」が、いかにこのような時に役立つかを再認識させられた。普段、近所づきあいを好まない集合住宅の住民の間に、ライフラインが遮断され、高齢者や障がいをもった方々が大変な目にあわれた時、どれだけお互いの助けが大切であり、近隣の公助が重要なのだとの認識が強まり、大地震以降、従来にはなかった住民同士の交流がはじまった。

高層集合住宅（マンション）では近隣の住民との間で摩擦が生じるケースが多かったが、最近では事情が変わってきている。神奈川県横須賀市で、総合地所が販売した「ルネ追浜」

（420戸）は、地元追浜の自治会・町会や観光協会に大歓迎されている。イベントや居住者の相談などで、長年まちにいる人で組織されているNPO法人「アクションおっぱま」を介して、お互いに協力しあうことで、街の活性化にマンションが役だっているからなのだ。

① ポラスグループの「絆づくり」

一方、戸建分譲地を開発し、販売する業者にも「絆づくり」の実例がある。埼玉県越谷市に本社をおき、そこを起点に半径40㎞圏内で地域に根ざした事業展開を行い、年間約2800戸の住宅を供給しているポラスグループの「絆づくり」である。

2007年11月から越谷市の西大袋地区で分譲した「越谷ゆいまーる」（2006年越谷市主催「住宅開発提案競技」優勝プロジェクト）がそれである。「ゆいまーる」とは、沖縄の方言で「縁を廻らす」、「仲間」、「支え合う」といった意味をもっている。この分譲地は全8棟からなる集住（人々が一定の場所に集まり住む）タイプで、各戸が敷地の一部を供出、共有スペースを充実させることにより、人と人、人と自然を豊かにしようとする分譲地で「えんのある暮らし」がコンセプトなのだ。

円がもつ求心性により、街区の中央には緑と水が集まり、そのネットワークが波紋のように広がっていく様をモチーフに、中核に井戸や植栽地、ベンチなどを配したコモン広場、ここを取り囲むように住民が暮らし、またそれぞれの入り口が向かい合っているようにも設計されている。昔の井戸端や路地といった、日本の伝統的なものを現代風にアレンジしたものだ。

このコモン広場は、各戸の敷地の一部を供出したもので、場合によっては、住民間のトラブルにもなる懸念もなかったわけではない。しかしながらポラスでは、早期販売や戸数を増やすなどの収益よりも、この分譲住宅のコンセプトを正しく理解していただくお客さまに販売することが生活の中から「真の絆」を形成できると信じて、お客さま1人ひとりに丁寧に説明を重ね、理解・賛同をいただける方のみに販売を行った。これは、ポラスの理念にある「お客様や地域社会のより幸せな暮らしづくりに貢献する」に基づいた事業活動なのだ。

② 「絆づくり」のワークショップ

住民相互がトラブルなく暮らしていくために、ルールや住民憲章をつくるとともに、入居後のサポートも充実させた。住民のみなさんが参加するコミュニティづくりのための2年間にわたるワークショップである。具体的には以下の8つがあげられる。


ⓐ緑のワークショップ。居住者全員でコモン広場にモザイクタイルを埋め込む。

ⓑセミパブリックゾーンの植栽地への草花植えつけや草抜き。

ⓒビオトープづくりをＮＰＯ集住ネットワークと協同で進める。

ⓓコモン広場の中にある植物を使ったクリスマスリースやドングリを使ったトトロの置物づくり。

ⓔゆいまーるの樹木に樹名札をつける。

図表1–5　ゆいまーる　コモン広場

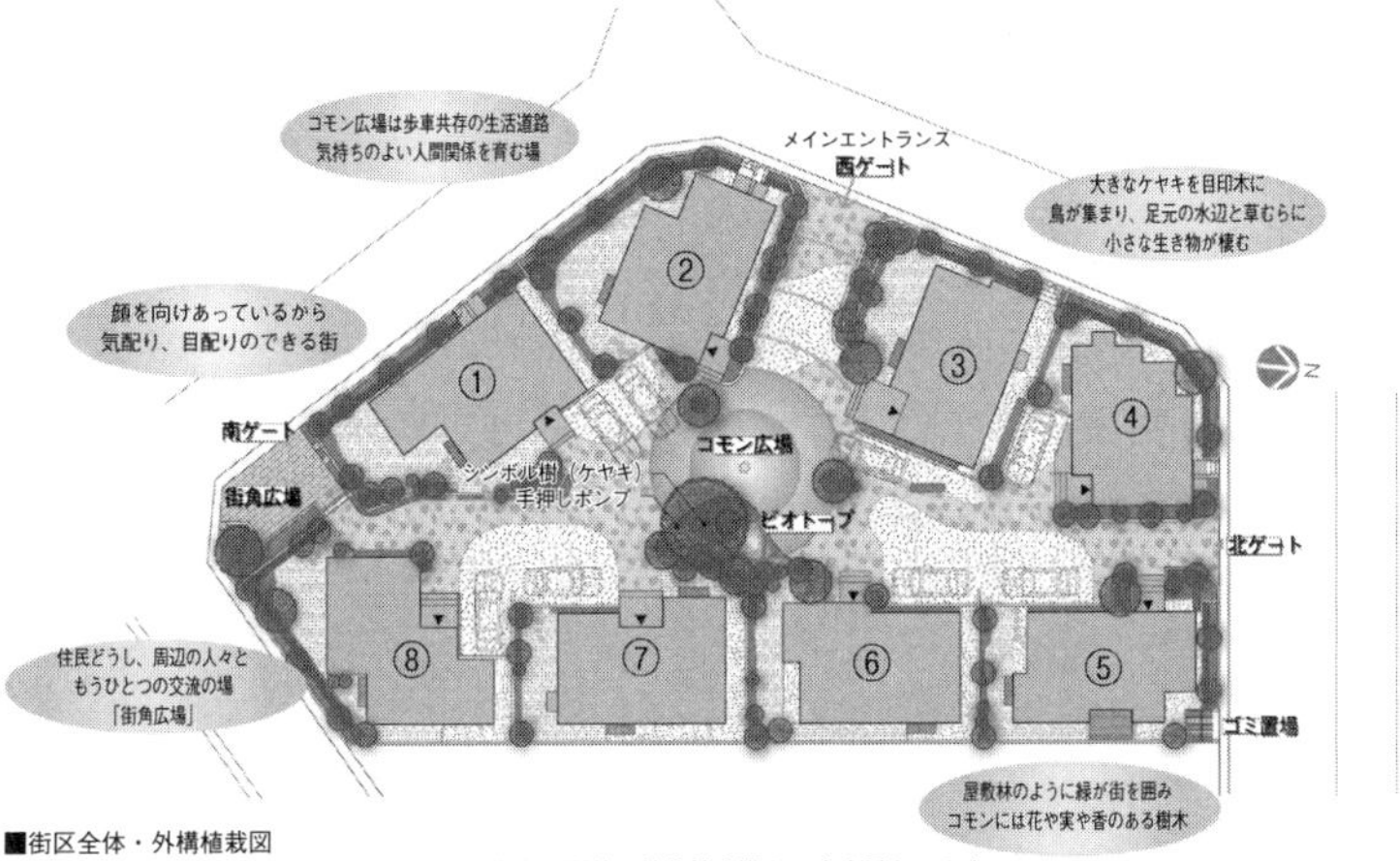
コモン広場は歩車共存の生活道路
気持ちのよい人間関係を育む場
メインエントランス
西ゲート
大きなケヤキを目印木に
鳥が集まり、足元の水辺と草むらに
小さな生き物が棲む
顔を向けあっているから
気配り、目配りのできる街
①
②
③
④
南ゲート
コモン広場
シンボル樹（ケヤキ）
手押しポンプ
街角広場
ビオトープ
北ゲート
⑧
⑦
⑥
⑤
住民どうし、周辺の人々と
もうひとつの交流の場
「街角広場」
ゴミ置場
屋敷林のように緑が街を囲み
コモンには花や実や香のある樹木

■街区全体・外構植栽図
※イラストは計画図面を基に描いたもので、色彩・形状・植栽等実際とは多少異なります。
出所：ポラス「ゆいま〜る」リリース

ⓕミニコンテナによる寄せ植えづくり。
ⓖアサガオやゴーヤなどの緑のカーテン（エコライフ）づくり。
ⓗ植木屋体験。

もともとそういった意識の強い居住者たちだっただけに、あっという間に住んでいる方々の「絆」ができ、イベントでも住民が主体的に動き、ポラスの担当者はむしろお手伝い役にしりぞくほどだったそうだ。

東日本大震災のとき、この「絆」がしっかりといかされたことは疑いようがない。

③　今後への課題

ここまで、「住まいは命・財産を守るシェルター」だという認識のもと、本業で社会に貢献する実例を紹介してきた。そこで働く1人ひとりがその理念を共有し、より暮らしやすい社会をつくっていくために、地震・津波対策、非常時生活支援、健康維持増進、コミュニティデザインなどの様々な分野で、また自宅でヒートショックにより風呂場でなくなる方が交通事故死者より多いという現実への対策も含め、技術やソフトの開発・革新に最大の努力をし続け、社会に貢献することが1人ひとりに望まれている。

〈注〉

1 1980年代にアメリカで提唱された住宅の概念で、家電や設備機器を情報化配線などで接続し最適制御を行うことで、生活者のニーズに応じた様々なサービスを提供しようとするもの

2 スマートメーターなどの通信・制御機能を活用して停電防止や送電調整のほか多様な電力契約の実現や人件費削減などを可能にした電力網スマートグリッドの主要な技術（分散型発電システム、再生可能エネルギー、電気自動車による交通、高効率なビル・家庭の電気使用など）を使って、都市全体のエネルギー構造を高度に効率化したまちづくり

3 センサーやITの技術を活用して、住宅のエネルギー管理を行うシステムで、表示（見える化）と制御（自動的にエネルギー使用量を最適化する）が実現できる

4 住宅の建築・運用・廃棄・再利用などのライフサイクル全体を通じてCO2排出量をマイナスにする住宅

第3節　安全・安心〝景観まちづくり〟――景観マーケティング

3-1　神話となった安全

2011年3月11日の東日本大震災による原発事故により、「安全神話」という表現が人口に膾炙した。原子力エネルギーは生態系に壊滅的ダメージをもたらす核廃棄物を生み、レーチェル・カーソンの『沈黙の春』に至らしめる最悪な地球環境問題であり、これらは倫理的に破綻していることを意味する。安全・安心な社会を考える場合、地球環境問題をひき起こさない持続可能な社会システムを考案する必要があり、そして今、人類史上おそらく大変革になるエネルギー革命がはじまろうとしている。

さて、まちづくりにおける安全・安心を考察するにあたって、景観と日常生活の関係を考えてみたい。良き景観の中に生きるとは、具体的にどのようなことであるのか。景観問題はあくまでも主観的問題であり、客観的判断は不可能であるという悲観的見解もあるが、「景観権」が最高裁で認められた以上、身近に降りかかる景観問題に立ち上がらざるを得ない住民の現状を鑑みれば、いまや景観問題は環境問題と同等に取り扱わざるを得ないであろう。

3-2 景観マーケティングの背景

① 誰のための住環境か

我々は誰もが安全・安心で豊かな社会に生きる権利がある。しかし、そのことが「豊かな住環境」に生きる権利を有することであるとはあまり議論されて来ず、水俣病問題のように環境問題は物質的影響として人的被害が出てはじめて「公害」となった。このように、住環境問題は日照権問題のような物質的問題が生じてはじめて問題化されるのだが、それ以前に、住民にとって精神的影響や問題が生じてはいないのだろうか。「安全・安心」が確保された住環境に生活を営むということは、本来の持続可能な豊かな社会に生きるということではないであろうか。

② 豊かな社会とは

宇沢弘文によれば、豊かな社会を構成している要素は5つあるという。第1に、美しい豊かな自然環境が安定的持続的に維持されていること。第2に、快適で清潔な生活を営むことができるような住居と生活的文化的環境が用意されていること。第3に、全ての子どもたちが、それぞれのもっている多様な資質と能力をできるだけ伸ばし、発展させ、調和の取れた社会的人間として成長しうる学校教育制度が用意されていること。第4に、疾病や障害に際して、その時々における最高水準の医療サービスを受けることができる社会システムであること。最後に、以上の目的を達成するために、様々な希少資源が最も効率的かつ衡平に配分されるような経済的・社会的制度が整備されていること。以上のことは、社会的共通資本の問題となり、「豊かさ」を単にGDP指標のみでは推し量ることはできないということである。

③　社会的共通資本

それでは、豊かな社会を実現するための社会的共通資本とは何か。宇沢の指摘によれば、第1に、全ての人々が豊かな経済的生活を営み、すぐれた文化を展開し、人間的に魅力ある社会を持続的かつ安定的に維持することを可能にする社会的装置。第2に、1人ひとりの人間的尊厳を守り、魂の自立を支え、市民の基本的権利を最大限に維持するために、不可欠な役割を果たすもの。そして第3に、分権的市場経済制度が円滑に機能し、実質的所得分配が安定的となるような制度的諸条件を前提とする。そして、社会的共通資本の具体的な三側面としては、まず自然環境（大気、水、森林、河川、湖沼、海洋、沿岸湿地帯、土壌など）であり、それをベースにした社会的インフラ〈社会資本〉（道路、交通機関、上下水道、電力、ガスなど）、そして市民社会を維持するための制度資本（教育、医療、金融、司法、行政など）があげられる。以上のことを鑑みると、良き景観の中に豊かさを感ずるということは、以上の社会的共通資本が整備されていることが必要条件にならないだろうか。

3-3　景観マーケティングとは何か

①　マーケティングとは

P・コトラーによれば、マーケティングとは、個人と組織の目的を満たすような交換を生み出すために、アイデアやサービス（製品）の考案から、価格設定、プロモーション、そして流通に至るまでを計画し実行するプロセスである。マーケティングの4PとはProduct（製品）、Price（価格）、Promotion（販促）、Place（流通）となる。

②　景観マーケティングとは

景観マーケティングとは社会的共通資本を公平かつ効果的に活用する持続可能な循環型社会を志向する「場所・サービス・ソサイエタル（社会性）マーケティング」のことである。ソサイエタルマーケティングとは、コトラーの定義よれば、顧客と社会の幸福を維持向上させるマーケティングを意味する。そして、景観マーケティングの志向する社会像とは企業演出型マーケティングから住民演出型マーケティングへと移行し、大企業がもたらす紋切り型豊かさよりも、時間を重視する住民優先の製品を重んじるスローライフにのっとったスローフード（プロダクト）を享受できる持続可能なマーケティングを念頭におく。そこでの住環境はバリアフリーはもとより、全ての人に生活しやすいユニバーサルデザインを前提にしたもので、〝もったいない〟という「知足」とか〝みっともない〟という「羞恥心」を重んじる倫理観を大事にする良識を有し、そして、ITを活用した知価社会を実行し、伝統的文化財の価値を高め、そのための交流を大切にする社会を志向するものである。

③　景観マーケティングの４Ｃ

通常のマーケティング活動のプロセスは4つのPを有するが、景観マーケティング活動は以下の4つのCを志向する。景観にはまずCosmos〈秩序〉を物質的・精神的に活動の中心概念とする。次にCivilization〈文明〉として社会的共通資本の物質面をあげ、Culture〈文化〉が社会的共通資本の精神面を支えることになる。そして最後のCとしてCommunication〈交流〉がある。良き景観に住む住民には良き交流が必然的に存在する。

④　景観マーケティングの４Ｃマトリックス

この4Cマトリックスを用いて、それぞれ景観マーケティングとして活動分析が可能となる。ⓐ〈秩序〉は便利さと変化の多寡、ⓑ〈文明〉は効率と環境負荷の大小、ⓒ〈文化〉は多様性と新旧の割合、ⓓ〈交流〉は公平とその密度の関係。以上から、良き景観マーケティングとはA象限に存在するであろう（図表1-6）。

景観まちづくりを考察する場合、まず秩序ある住環境に住むことが日常生活において物質的・精神的に持続可能な生活の基盤であり、安全・安心な生活の場としての景観を担保していることを意味する。安全・安心の社会を前提とする場合、〈秩序〉を景観マーケティングの中心概念とするのは当然であろう。

図表1-6　景観マーケティングのマトリックス

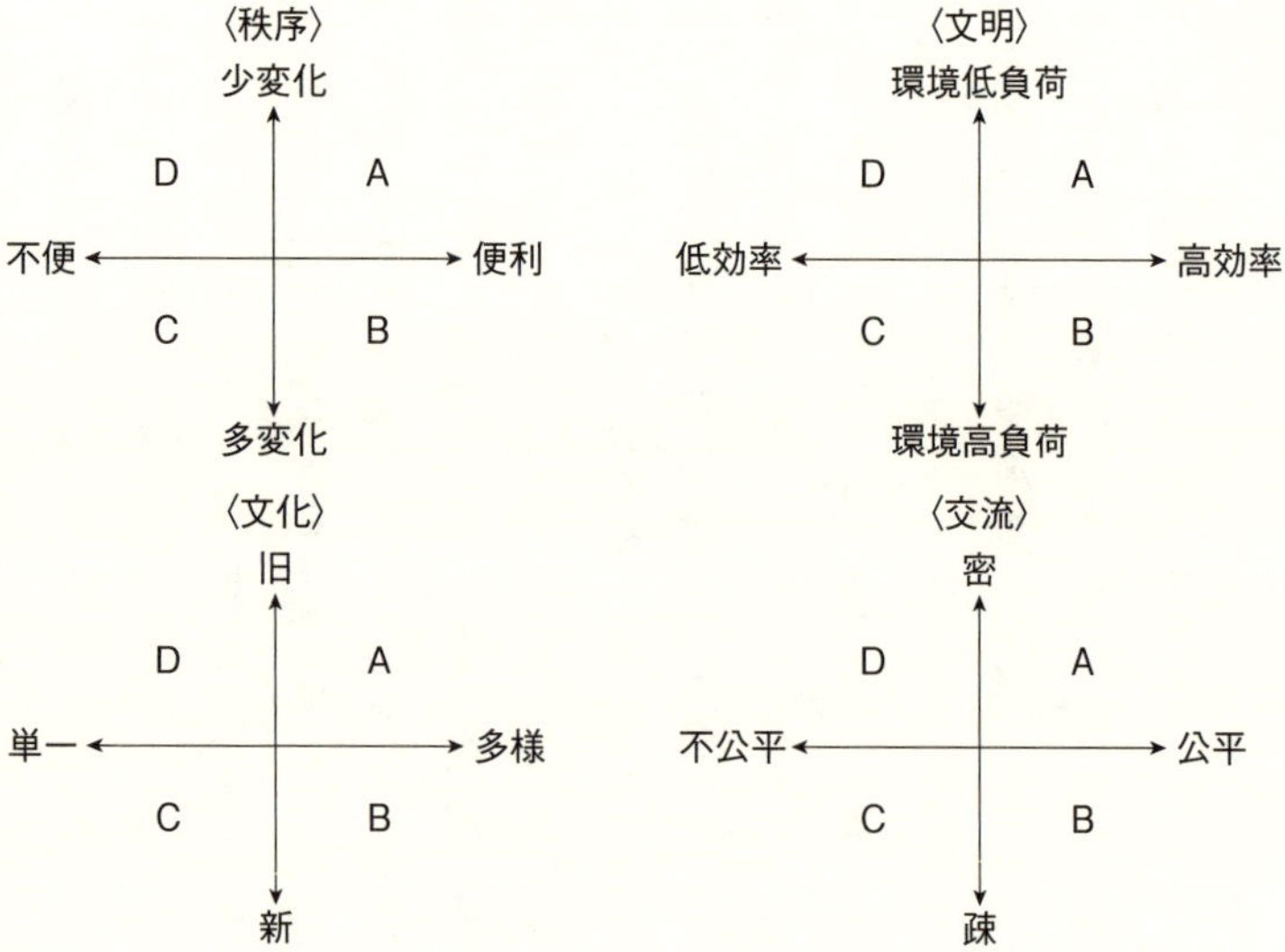

3-4 〈秩序〉における4象限の解析

① 秩序D象限

住環境の変化が少なく不便なところといえば、まず我々の念頭にのぼるのは過疎地区であるといえる。ところが、人間があまり住まなくなったということは、動植物にとってはむしろ好ましい環境であり、結果的には良好な自然が保存されているということになる。このように人間にとっての不便さとは人間が生活するための一方的な価値観の現れであり、H・Dソローの観点からすれば、人類を含めた大自然の生態系にとって〈経済的〉ではないということになる。さて、「変化」とは人間の日常生活を運営するために現れる諸現象の変遷という意味ではあるが、昼夜や春夏秋冬が生み出す大自然の変化を大前提とする。したがって、この場合の変化とは人間社会が作り上げた時間観念に関わる変化という意味であり、そこでは人間社会を支える量的並びに質的変化を前提としている。このD象限においてその生活スタイルは職住接近であり、一次産業が多く見られる場所であるが、専業農家として生きていくには困難な地域になりつつある。21世紀の現在、日常生活における生きるための根源として、自給自足という労働が何とか維持されてはいるが、健全な社会生活を営むための社会資本と制度資本とのアンバランスな関係が喫緊な課題となっている。

② 秩序C象限

変化が目まぐるしく生じ、不便な日常生活を送るような場所とは、どのようなところを想像できるであろうか。

たとえば、政令指定都市から若干外れたところに、戦後日本のそここで見られるまち並みがある。有名ではないが過去にはそれなりのコミュニティを維持してきた地域であるのだが、戦後の急速なライフスタイルのアメリカ化に侵食され、過去には繁盛したであろう商店街はシャッター通りと化している。この地区の人口は減少の一途を続け、もはや諸々のまちおこしプロジェクトも一向に効果を示していない。先祖が興した旧来の商業などはその運営が困難になり廃業せざるを得なくなり、生業としては郊外に建設された巨大ショッピングセンターにサラリーマンとして勤めることとなる。過去には小さな商店を覗き込むようにしてショッピングを楽しんだであろう商店街の通りは、頻繁に行きかう車のための車道と化している。そして、そこに後づけされたような歩道は申し訳程度の幅しかなく、人と人とが擦れ違うのがやっとである。本来の人の生きる空間を無視した車のためのまちと化し、この手の弱小なまちは車が通り過ぎるだけの空間と化してしまったかのようである。過去の景観は徹底的に破壊され、新旧が混在する落ち着きのない空間を生んでいる。

③ 秩序B象限—街人（まちびと）が生きる空間

住環境に変化が多く発生し、かつ日常生活を送るに際し便利なまちを想像してほしい。首都圏を取り巻く衛星都市並びに政令指定都市に多く見られる現象であり、現代日本の各地に見られる一見繁栄したまち並みの体を呈している。鉄道路線を縦横に使い生活圏は広く、職住接近ではなく1時間半ほどの通勤圏に生活している戦後の典型的な生活者を代表するライフスタイルである。職場は都心にあり、夜ともなると人工的に散りばめられた自然もどきの中にある持ち家のマンションまたは一戸建ての家に帰る。平日は首都圏と自宅との大量交通手段による往復だが、週末は自宅周辺で買い物とかテニスなどのレジャーを楽しむ。この日常生活のライフスタイルにおいては、レジャー並びに衣食に関するほとんどの消費形態には自動車が必須であり、一家に一台の自家用車が必需品となる。また、交流は首都圏への志向が強く、隣人とか地域への関心はきわめて薄い。駅前付近には、どこでも見かけるファーストフードレストランが立ち並んでいる。そこここに立ち並ぶ高層マンションは無個性でコンクリートの機能性のみを追求した景観を呈し、また、大手住宅メーカーがつくった、やはり無個性な建売住宅と称する家は、自動車のような既製品を購入するような感覚で家を所有できる手軽さがある。駅から住まいまでの間には、危険で見苦しい電線電柱の下に商店街が立ち並び、その中に全国チェーンのコンビニエンスストアなどがひときわ照明を強め存在感を示している。これらの景観は、戦後高度経済成長がもたらした日本の豊かさの現象そのものであり、なぜか不揃いなディズニーランドを連想させる。

④　秩序A象限―良き景観の下に良きコミュニティが生き良き景観を創造する

景観マーケティングでは、住環境の変化が少なく日常生活が便利な環境に住む、ということのA象限を〈秩序〉の中で最も高い価値があるとして位置づけている。住環境の変化が少ないということは、スローライフを実践できるという意味であり、変化がなくなってしまったというゴーストタウンというイメージとは全く異なり、むしろ住民の多様な生活観を感じさせる個性あるまちである。これはヨーロッパのあちこちで散見される、中規模程度の人口を抱えたまちを想像してほしい。これらのまちには地下鉄はなく、まちの大量交通手段のほとんどは路面電車が主役で、パークアンドライドが実践されている。地下鉄は開発に大量な資源と時間とエネルギーを消費し、使用利便性において路面電車と比較した場合、乗り降りに大変時間と労力を必要とする。即ち路面電車は、季節の変化をまちにいながらにして楽しめ、便利さを追求したために時間を犠牲にするようなことのないライフスタイルを提供する。秩序A象限における高層建築はほとんどヒューマンスケールの公共建造物が占め、基本的に建築物のデザイン（伝統と芸術性を重んじた高さ・形状・色彩など）が統一されている。これは当然、このまちの自治会の総意により建物のデザインが決められており、新たな建築物さえ既存の建築物に調和させるように建設される。建築許可は厳密を極め、最終的には自治会が選んだ景観の専門官の意見を仰ぎ、まちづくりの細部にわたり決定される仕組みになっている。

3-5　秩序が安全・安心と本来の豊かさをもたらす

便利さと変化という観点から〈秩序〉がどのように景観にかかわりをもつかを考察してきた。景観問題において〈秩序〉の創造は、良き景観創造の第一歩であることが認識されるべきであり、本来の持続可能な「安全・安心と豊かさ」を取り戻すことが可能となる。

参考文献

・J・アプルトン（1996）菅野弘久訳『風景の経験』法政大学出版会
・宇沢弘文（2000）『社会的共通資本』岩波書店
・G・エクボ（1969）久保他訳『景観論』鹿島出版会
・大橋照枝（2005）『「満足社会」をデザインする第3のモノサシ』ダイヤモンド社
・経済広報センター（2012）『第15回生活者の〝企業観〟に関する調査報告』
・E・F・シューマッハー（1973）小島慶三・酒井懋訳『スモール・イズ・ビューティフル』講談社

・フィリップ・コトラー（2003）『マーケティング原理　第9版』ダイヤモンド社
・U・ベック（1998）東廉・伊藤美登里訳『危険社会』法政大学出版会
・H・D・ソロー（1854）飯田実訳『森の生活』岩波書店
・樋口忠彦（1975）『景観の構造』技報堂出版
・W・G・ホスキンズ（1955）柴田忠作訳『景観の歴史学』東海大学出版会
・ルイス・マンフォード（1966）生田勉訳『都市の文化』鹿島出版会
・水津一朗（1987）『景観の深層』地人書房
・中川理（2008）『風景学―風景と景観をめぐる歴史と現在』共立出版
・レイチェル・カーソン（1962）青樹簗一訳『沈黙の春』新潮社
・山野正彦（1998）『ドイツ景観論の生成―フンボルトを中心に』古今書店
・NPO法人日本景観フォーラムホームページ　http://keikan-forum.com/

第2章

安全・安心、絆の経営

企業や組織において問題となるセクシュアルハラスメント、パワーハラスメントとはどのようなものか。ここではその具体例をあげて説明するとともに、近時各企業において導入の進んでいるヘルプラインに関し、その生まれた背景や、ヘルプラインの利用によってあぶりだされたハラスメント問題を含む企業の悪弊について紹介する。

さらに、ハラスメント防止・ハラスメント紛争の解決のためのマネジメントの具体的な方法についても紹介していく。

キーワード

・セクシュアルハラスメント　・パワーハラスメント
・企業倫理ヘルプライン　・ハラスメント防止　・ハラスメント紛争の解決

第1節　ハラスメントは時代の遺物

1-1　セクシュアルハラスメント、パワーハラスメントとは

近年、ハラスメント（harassment：嫌がらせ、の意）という言葉は一般的にもよく利用されるようになっている。その中で、企業や労働の観点から特によく利用されるのは、「セクシュアルハラスメント」（セクハラ）と「パワーハラスメント」（パワハラ）の2種類である。

① セクシュアルハラスメントとは

男女雇用機会均等法第11条において規定され、「職場において行われる性的な言動に対するその雇用する労働者の対応により当該労働者がその労働条件につき不利益を受け、または当該性的な言動により当該労働者の就業環境が害されること」と定義されている。

この定義の中には、2つのセクハラの類型が含まれており、1つは「対価型セクハラ」、もう1つは「環境型セクハラ」である。

対価型セクハラとは、労働者がその意に反する性的行為を拒絶するなどした場合に、配置転換や降格、解雇などの不利益を与えられることをいう。

図表2-1　セクシュアルハラスメントの類型

対価型セクハラ	環境型セクハラ
労働者がその意に反する性的行為を拒絶するなどした場合に、配置転換や降格、解雇などの不利益を与えられること	性的な言動がもとで仕事に集中できないなど、就業環境が害されること

具体的には、事業主から交際求められたことからこれを拒絶したところ解雇される、上司に性的な言動をやめてくれるように抗議したところ降格をいいわたされる、上司に身体に触られることを拒んだところ配置転換などを命じられることなどが対価型セクハラにあたるものである。

一方、環境型セクハラとは、性的な言動がもとで仕事に集中できないなど、就業環境が悪化するセクハラのことである。

具体的には、同僚が体を触ってくるため仕事に集中できない、周囲で性的な冗談を言う上司がいるため会社に行くのが億劫になる、事業主がヌードの画像を仕事中にパソコンで見たりすることから苦痛に感じて仕事に身が入らなくなる、などが環境型セクハラにあたるものである。

②　パワーハラスメントとは

「パワーハラスメント」という言葉は、セクシュアルハラスメントと異なり、法律上定義が明確化されているわけではないことから、これまでに種々の団体や裁判例などによりその定義づけが試みられていた。

後に詳述する、厚生労働省が設置した「職場のいじめ・嫌がらせ問題に関する円卓会議」のワーキンググループの報告では、「職場のパワーハラスメントとは、同じ職場で働く者に対して、職務上の地位や人間関係などの職場内の優位性を背景に、業務の適正な範囲を超えて、精神的・身体的苦痛を与えるまたは職場環境を悪化させる行為をいう」と定義づけがなされている。

この定義によれば、パワハラは、上司から部下に行われるものだけでなく、同僚間や、先輩と後輩の間、場合によっては部下から上司にであっても、様々な優位性を背景に行われるものが含まれるということになる。

パワハラの問題においては、法律上定義が明確にされていないという点に加えて、職場においては上司から部下などに対する指導や叱咤はつきものであることから、適正な指導とパワーハラスメントとの区別が明確にしにくいという難しさがある。

1-2 ハラスメントに対する認識の高まり

① セクシュアルハラスメントに対する認識の高まり

1980年代後半に、駅のホームで泥酔した男性に絡まれた女性が男性を手で突き、これによりホームに転落した男性が電車とホームの間に挟まれて死亡するという事件が生じ、この裁判の報道に際し、「セクシュアルハラスメント」という言葉が広く国民の注目を浴びるようになった。

さらに、1996年に入り、自動車製造会社のアメリカ子会社が、セクハラの問題を放置していたことにより提訴され、高額な賠償金を支払う結果になったことから、日本国内におけるセクハラに対する関心がさらに高まり、企業や組織に、セクハラに対応することの必要性の認識が高まるに至った。

その結果、平成10年の男女雇用機会均等法の改正により、セクハラ規定の整備が行われた。さらに平成17年の男女雇用機会均等法の改正においてセクハラ対策の強化がなされ、事業主は、職場においてセクハラが行われないように、雇用上必要な措置を講じることを義務づけられるに至っている。

事業主が雇用管理上措置すべき事項は、厚生労働省が定めた指針により以下の通り9項目に分けられている。

ⓐ職場におけるセクハラの内容・セクハラがあってはならない旨の方針を明確化し、管理監督者を含む労働者に周知・啓発すること。

ⓑセクハラの行為者については、厳正に対処する旨の方針・対処の内容を就業規則などの文書に規定し、管理・監督者を含む労働者に周知・啓発すること。

ⓒ相談窓口をあらかじめ定めること。

ⓓ相談窓口担当者が、内容や状況に応じ適切に対応できるようにすること。また広く相談に対応すること。

ⓔ事実関係を迅速かつ正確に確認すること。

ⓕ事実確認ができた場合は、行為者および被害者に対する措置を適正に行うこと。

ⓖ再発防止に向けた措置を講ずること。
ⓗ相談者・行為者などのプライバシーを保護するために必要な措置を講じ、周知すること。
ⓘ相談したこと、事実関係の確認に協力したことなどを理由に不利益な取り扱いを行ってはならない旨を定め、労働者に周知・徹底すること。

男女雇用機会均等法においては、これらの必要な措置を実施せず、厚生労働大臣が勧告をしてもこれにしたがわなかった場合その旨を公表すること、また、報告を求めたのに報告しない場合または虚偽の報告をした者は20万円以下の過料に処することが定められている。

② パワーハラスメントに対する認識の高まり

パワーハラスメントに関しても、使用者あるいは上司によるいじめが問題となる例は古くから存在したが、ⓐ昨今、メンタルヘルスのトラブルが増加の一途をたどり、その原因としてパワハラ問題の存在があること、ⓑパワハラを原因として精神障害を発症、あるいは自殺に至った事例などにおいて、労災の請求がなされたり、裁判が行われる件数が増加傾向にあること、ⓒ労働相談についても、職場のいじめに関する相談が増加していることなどから、企業や組織においてパワハラに対応することの必要性の認識が高まるに至った。

2007年には、パワハラを背景に自殺した従業員の遺族が労災遺族補償の不支給の決定を不服として提起した裁判において、不支給の処分が取り消されるという事例が続けて発生し、これを受けて、09年には労災の認定の際に利用される「心理的負荷による精神障害など

図表 2-2　精神障害等に係る労災請求・決定件数の推移

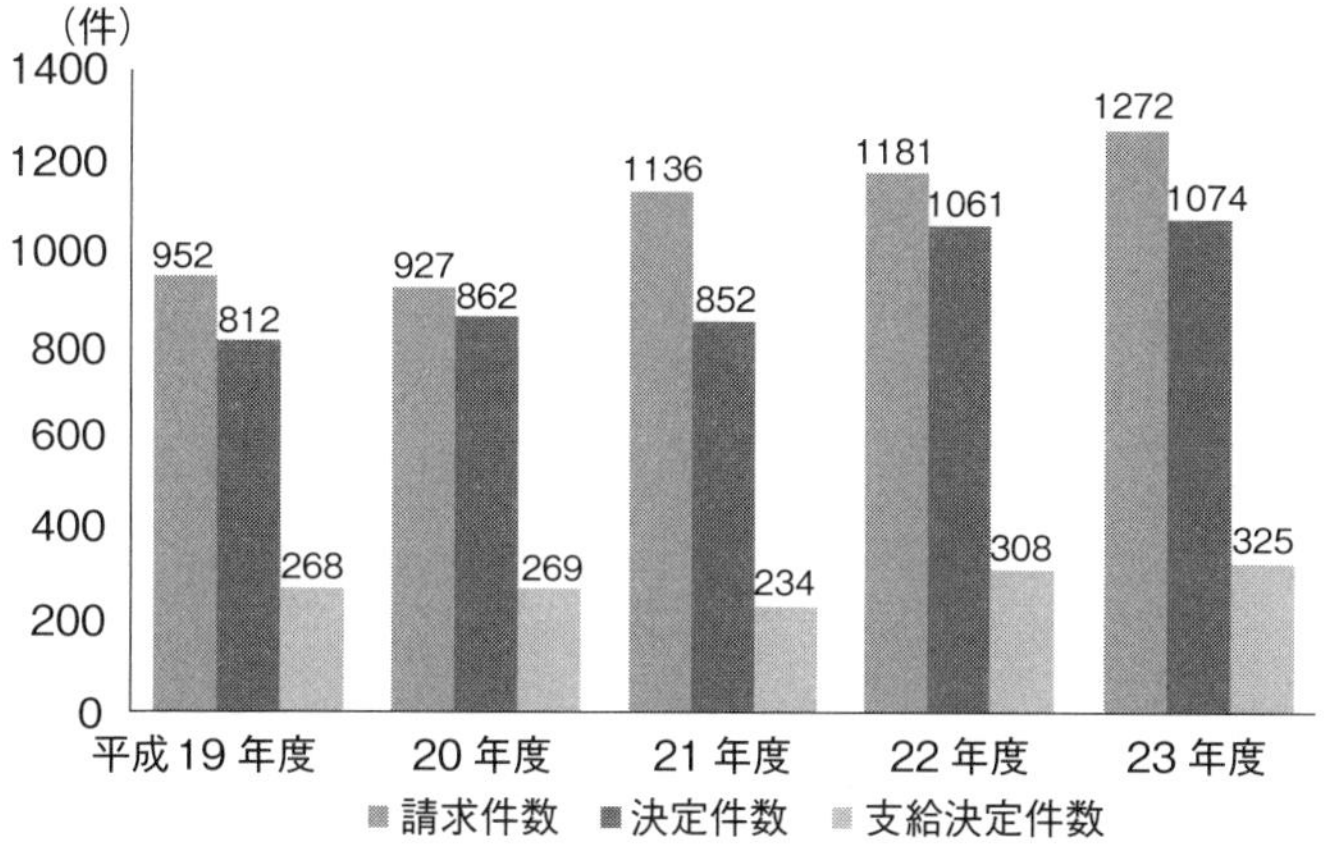

出所：厚生労働省ホームページ「平成23年度「脳・心臓疾患と精神障害の労災補償状況」まとめ」より引用

に係る業務上外の判断指針」が一部改正された。

これにより、労災の認定の場面において、職場におけるひどい嫌がらせ、いじめまたは暴行を受けたものが精神障害を発症した場合に、改正前に比して労災が認定されやすい状況となった。

1－3　厚生労働省による提言の公表

厚生労働省は、これまでに述べたようなパワハラの問題が増加傾向にある現状をふまえ、その防止・解決に向けて、パワハラ問題への取り組みの在り方などについて、労使、有識者および政府による検討を行うため、平成23（2011）年7月から同24年3月にかけて3回にわたり「職場のいじめ・嫌がらせ問題に関する円卓会議」（座長：堀田力・さわやか福祉財団理事長。以下、円卓会議）を開催した。

円卓会議のワーキング・グループでは、有識者からのヒアリングなどを経て、平成24（2012）年1月30日に報告を公表している。同報告では、ⓐ職場のいじめ・嫌がらせ問題、パワハラに取り組む必要性を明らかにしたうえで、ⓑ「職場のパワーハラスメント」の定義について提案し、さらにⓒ職場のパワーハラスメントの行為類型をあげて、ⓓ職場のパワーハラスメント問題を予防・解決するための労使の取組例を提案している。円卓会議では、この報告を受けて、同年3月15日に「職場のパワーハラスメントの予防・解決に向けた提言」を発表した。

同提言でのポイントは以下の通りとなっている。


【提言のポイント】（職場のいじめ・嫌がらせ問題に関する円卓会議）
1．はじめに～組織で働くすべての人たちへ～
○暴力、暴言、脅迫や仲間外しなどのいじめ行為に悩む職場が増えている。
○業務上の注意や指導なども、適正な範囲を超えると相手を傷つけてしまう場合がある。
○こうした行為は「職場のパワーハラスメント」に当たり、誰もが当事者となり得ることを、組織で働くすべての人たちが意識するよう求める。
2．職場のパワーハラスメントをなくそう
○職場のパワーハラスメントは許されない行為。放置すれば働く人の意欲を低下させ、時には命すら危険にさらす場合がある。
3．職場のパワーハラスメントをなくすために
○企業や労働組合はこの問題をなくすために取り組むとともに、その取組が形だけのものにならないよう、職場の1人ひとりにもそれぞれの立場から取り組むことを求める。
○トップマネジメントは、こうした問題が生じない組織文化を育てるために、自ら範を示しながら、その姿勢を明確に示すなどの取組を行うべき。
○上司は、自らがパワーハラスメントをしないことはもちろん、部下にもさせてはならない。ただし、必要な指導を適正に行うことまでためらってはならない。
○職場の1人ひとりに期待すること
・人格尊重：互いの価値観などの違いを認め、互いを受け止め、人格を尊重し合う。
・コミュニケーション：互いに理解し協力し合うため、適切にコミュニケーションを行うよう努力する。
・互いの支え合い：問題を見過ごさず、パワーハラスメントを受けた人を孤立させずに声をかけ合うなど、互いに支え合う。
○国や労使の団体はこの提言などを周知し、対策が行われるよう支援することを期待する。
4．おわりに
○提言は、働く人の尊厳や人格が大切にされる社会を創っていくための第一歩。
○組織は対策に取り組み、1人ひとりは職場を見つめ直し、互いに話し合うことからはじめるよう期待する。

第2節　お互いに思いやる姿勢が大切

2-1　セクハラ・パワハラの具体例

前節においては、セクハラおよびパワハラの定義について説明をしたが、具体的にはどのような行為がセクハラ・パワハラとなるのであろうか。

①　セクハラの具体例

セクハラの態様としては、大きく、ⓐ性的な内容の発言を伴うもの、ⓑ身体的な接触を伴うもの、ⓒその他の行為にわけることができる。

ⓐの性的な内容の発言を伴うものの具体例としては、「おばん」、「くそじじい」などとの侮辱的な呼び方をすることや、「結婚しろ」、「子どもを産め」などの性的関心に基づく話をすること、性的な冗談をいったり、「○○さんはお盛んらしい」など異性関係が乱脈であるかのように意図的に性的な噂を流して相手を不快にさせることや、望まない相手に対して執拗に食事やデートに誘うことが考えられる。

ⓑの身体的な接触を伴うものの具体例としては、強姦や強制わいせつにあたるような、相手の望まない性交渉や接吻、抱きつくなどの行為はもちろんのこと、マッサージなどと称し

図表 2-3　東京労働局における男女雇用機会均等法の施行状況（H23 年度）

（件）

相談事項	（均等法の条文）	平成 21 年度	平成 22 年度	平成 23 年度
募集・採用	（第 5 条）	197	192	169
配置・昇進・雇用形態の変更等	（第 6 条）	94	88	78
間接差別	（第 7 条）	18	21	12
妊娠・出産等を理由とする不利益取扱い	（第 9 条）	510	564	612
セクシュアルハラスメント	（第 11 条）	2416	2285	1882
母性健康管理	（第 12・13 条）	406	478	458
ポジティブ・アクション	（第 8 条）	52	58	29
その他（※）		185	144	210
合　計		3878	3830	3450

注：その他は深夜業に従事する女性労働者への措置（均等則第 13 条）、各労働条件関係等を含む

出所：厚生労働省ホームページ「平成 23 年度男女雇用機会均等法及び育児・介護休業法の施行状況について」より引用

て手や肩を触る、髪に触る、チークダンスを強要することなどが考えられる。

ⓒその他の行為の具体例としては、職場において、卑猥な画像のポスターを貼ったり、パソコンのスクリーンセーバーにするなどの行為、卑猥な雑誌の記事などを無理やり同僚にも見せる行為、合理的な理由もなく異性の更衣室やトイレに入り込むような行為が考えられる。

セクハラにおいては、

男女雇用機会均等法の改正によりにおいて、被害者は女性のみならず男性も含まれることが明確となっている。したがって、女性から男性に対するセクハラ、同性同士のセクハラも成立しうることになる。

このようなセクハラの具体例としては、女性が、男性部下を「ちゃん」づけで呼ぶ、男性上司が男性の部下に対して性的な体験談を話すことを強要する、女性が同僚の女性について「○○さんは、たくさんの男性と交際している」などの噂を流す、などが考えられる。

② パワハラの具体例

円卓会議ワーキンググループ報告によれば、パワハラの行為類型には、ⓐ暴行・傷害（身体的な攻撃）、ⓑ脅迫・名誉棄損・侮辱・ひどい暴言（精神的な攻撃）、ⓒ隔離・仲間外し・無視（人間関係からの切り離し）、ⓓ業務上明らかに不要なことや遂行不可能なことの強制、仕事の妨害（過大な要求）、ⓔ業務上の合理性なく、能力や経験とかけ離れた程度の低い仕事を命じることや仕事を与えないこと（過小な要求）、ⓕ私的なことに過度に立ち入ること（個の侵害）があるとされる。

ⓐの類型の具体例としては、殴る、蹴る、頭を叩く、突き飛ばすなどの行為が考えられるほか、過去に実際に裁判となった例としては、喫煙する部下に向けて、嫌がらせの目的で扇風機の風をあてる行為を継続していた、というものもある。

ⓑの類型の具体例としては、「死んでしまえ」、「給料泥棒」などの暴言を吐く、身体や性

図表 2-4　年度別・職場の嫌がらせ労働相談件数

年度	平成 18 年	平成 19 年	平成 20 年	平成 21 年	平成 22 年	平成 23 年
労働相談件数総計	5万5700	5万4669	5万4933	5万5082	5万2196	5万2363
職場の嫌がらせ相談件数	4277（7.7）	5258（9.6）	5960（10.8）	7113（12.9）	7049（13.5）	7346（14.0）

注：（　）は全体に占める割合（%）
出所：東京都産業労働局「労働相談およびあっせんの概要」（平成 23 年度）より引用

格の特徴を取り上げてなじる、些細な失敗を執拗に非難する、「お前はどうしようもない」、「無能だ」などと皆の前で叱責し続ける、机を激しく叩いたり、ファイルや書類を投げつけるなどの威圧的な行為をする、ことなどが考えられる。

ⓒの具体例としては、会議に参加させない、発言を無視する、忘年会などの会社の行事に呼ばない、回覧をまわさない、合理的な理由もなく1人だけ別室で仕事をさせる、などが考えられる。

ⓓの類型としては、能力・経験に照らして明らかに実現できない量の仕事を短時間のうちに仕上げることを命じる、仕事をするにあたって必要な情報をわざと与えない、などが考えられる。

ⓔの類型としては、勤務年数が長く経験も豊富な従業員に合理的な理由もなく新人が行うような業務を行わせる、わざと仕事を全く与えないなどが考えられる。

ⓕの類型としては、私的な買い物など、仕事と関係のないことを強要する、配偶者のことについて必要以上に詮索した

り意見を押しつけたりする、などが考えられる。

このようなパワハラは、上司から部下に行われることが多いが、先にも述べたように、同僚同士、あるいは部下から上司に対してもパワハラが成立しうることには注意が必要である。

③ セクハラ・パワハラが問題となった裁判例

セクハラが問題となった裁判例では以下のようなものがある。

ⓐ和歌山青果卸売販売会社事件

勤務先の取締役らなどから継続的に「おばん、おばはん、くそばばあ」などと呼ばれ、身体に触られたり、性的に露骨な表現でからかわれたりしていた事件で、行為者のみならず、会社にも使用者責任が認められた事件。慰謝料などで合計110万円の支払いが命じられた。

ⓑ市役所損害賠償事件

公務員が部下の女性に対し「子どもを産め」と発言したり、嫌がっているにもかかわらず「膝の上に座れ」と引き倒すように座らせて「不倫しよう」と発言したりした行為を違法としたのみならず、当該職場のセクハラの相談窓口の担当者が、セクハラの事実について認識しながらも十分な調査をせず、被害者を保護するための措置を取らなかった点も違法とし、合計220万円の国賠請求が認められた事件。

パワハラが問題となった裁判例としては、以下のようなものがある。

ⓐ製薬会社事件

上司の「お前は会社を食い物にしている。給料泥棒」、「存在が目障りだ。いるだけでみんなが迷惑している。お前のカミさんの気がしれん。お願いだから消えてくれ」、「何処へ飛ばされようと、俺はAが仕事をしないやつだと言いふらしたる」、「髪にフケがベターとついている。お前病気と違うか」などの言動をともなう態度による部下の心理的負荷は社会通念上、精神障害を発症させる程度に過重なものと評価できるとして、部下の精神障害の発症および自殺につき業務起因性を認めた事件。

ⓑ電力会社事件

上司の部下に対する「主任失格」、「お前なんか、いてもいなくても同じだ」などの文言を使った感情的な叱責、複数回にわたって結婚指輪を外すよう命じていた行為を、「単なる指導の範疇を超えた、いわゆるパワー・ハラスメントとも評価されるべきものである」などとしたうえで、部下のうつ病の発症と自殺について業務起因性を認めた事件。

2-2 ハラスメントに関する使用者の責任、管理監督者の責任

男女雇用機会均等法により、事業主には、セクハラを防止するため、雇用管理上必要な措置を講ずる義務があることは先にも述べた通りである。

また、企業には、労働契約法上、労働者がその生命、身体などの安全を確保しつつ労働することができるよう、必要な配慮をする安全配慮義務を負っていることから、業務の遂行に

伴って従業員の心理的負荷や精神的疲労が蓄積して心身の健康を損なうことがないように注意する義務を負っているのである。

したがって、企業は、セクハラのみならずパワハラの問題が生じて、被害者となる従業員が心理的負荷を負うことのないように、その防止のための措置や、再発の防止に努めなくてはならないということになる。

また、従業員を管理・監督する立場にある者は、企業が安全配慮義務を履行するにあたっての履行補助者として、部下などの従業員に対して心理的負荷や精神的疲労が蓄積して心身を損なうことがないように注意し、その結果、部下の心身に変調がないかに留意してその言動を観察して、変調が認められればそれに対処する義務を負っているといえる。

この点、セクハラの被害者が、セクハラがあったことを会社に訴えたが、会社が「個人的」問題として本人自身解決するように求めた事例において、会社に慰謝料の支払いを命じた裁判例や、セクハラの被害を訴えた職員に対して不十分・不適切な対応しか取らなかった相談担当者の行為を違法とした裁判例もあることに注意が必要である。

2-3　ハラスメントのない職場にするための思いやり

①　ハラスメントの原因：認識の欠如

セクハラ、パワハラの原因としては種々のものが考えられるが、1つには、企業におけるハラスメントの認識が不足していること、また、行為者の加害者意識の欠如があげられるであろう。

ハラスメントの被害者たちは、メンタルヘルスのトラブルを抱えるなど、身体的・精神的に損害を受けるのはもちろんのこと、医療費や弁護士費用のみならず、仕事を継続できなくなることによる大きな経済的損害を受けることもある。しかしながら会社はその重大な結果に、事後的に気づくということが多く、場合によっては、被害者の退職の申し出を受けてはじめて知るということも珍しくはない。したがって、まずは企業・組織がパワハラ・セクハラなどの問題を認識するとともに、従業員自身がそれぞれが認識を深めるということが必要となる。

企業のマネジメントの点にてついては節を改めて説明するところであるが、企業・組織は、ハラスメントを許さないという姿勢を明確に打ち出すべきである。そのうえで、それぞれの従業員は、まず「これぐらいは大丈夫」という思い込みを捨てる必要がある。

セクハラの場合には、加害者本人は、純粋に恋愛の感情の発露であると考えていたり、相手も許容してくれていると思い込んでいたり、時には猥褻な冗談を職場を盛り上げるためのツールとして認識している場合などもみられる。しかしながら、セクシュアルな言動により相手が不快と感じて職場環境が害されればセクハラとなる可能性があるので、当該性的な行動や言動について、自分がどう感じるかではなく、相手がどう感じるかを考えなくてはならない。また、その際に、感じ方の基準には大きく個人差があることも忘れてはならないのである。

そもそも職場においては、セクシュアルな言動・行動は不要なはずであって、この点からも、職場におけるセクシュアルな言動・行動は慎むべきであるということが認識される必要がある。

また、パワハラの場合には、強度にあるいは執拗に部下などを責めることも、相手に非があることだからやむを得ないと考えている場合がある。しかしながら職務・業務に関係のある言動だとしても、相当性を欠く言動であり、かつ繰り返し行われている場合には、パワハラとなりうる点に注意が必要である。

相手の人格を否定したり、中傷、揶揄するような言葉を選択していたり、必要以上に相手が恥ずかしいと感じるような状況をつくり出している場合などは、パワハラとなる可能性が高くなる。

さらには、パワハラの加害者は、被害者が加害者の言動を受けて落ち込んでいる様子を見ても、自らの行為を顧みることなく相手の性格の弱さのせいにしてしまう場合がある。この点については、過重労働の場合の判例ではあるが、「うつに親和的な性格であったとしても、企業などに雇用される労働者の性格が多様のものであることはいうまでもないところ、ある業務に従事する特定の労働者の性格が同種の業務に従事する労働者の個性の多様さとして通常想定される範囲を外れるものでない限り、その性格及びこれに基づく業務遂行の態様などが業務の過重負担に起因して当該労働者に生じた損害の発生または拡大に寄与したとしても、そのような事態は使用者として予想すべきものということができる」と述べているものがある（電通事件）ことが参考になる。

この判例の考え方からすれば、パワハラの被害者が精神障害を発症したような場合に、被害者の性格を理由に加害者や使用者が責任を免れるのは相当に限定された場合になるといえるであろう。したがって、自分自身で「これぐらいは大丈夫」と評価して納得していしまうのは非常に危険だということになる。

② ハラスメントの原因：人権を尊重する意識の欠如

セクハラ、パワハラを含むハラスメントの最大の原因は、企業などの組織または加害者に、相手の人権を尊重する意識が欠如しているところにある。人権を享有することは誰にも妨げることができず、侵すことはできないものであり、また、すべての人間は個人として尊重され、生命、自由及び幸福追求に対する国民の権利については、公共の福祉に反しない限り、立法その他の国政の上で、最大の尊重を必要とする（憲法第11条、13条）。

このような人権については、個人と国家の間を考えるときにのみ論じられがちであるが、企業・組織も、人権を尊重する義務があることは明らかである。

すべての人が人権を有し、尊い命を全うするために生きていることを、企業や組織、そこで働く者たちの1人ひとりが十分認識することができれば、ハラスメントの問題の発生は限りなく減少させることができるはずのものである。

自らに家族があり人生があるのと同様、周囲の人間1人ひとりが大切な家族を有し、かけがえのない人生を送っているというあたり前のことを、企業・組織・管理監督者・従業員それぞれが認識し、常に相手の気持ちを思いやり、相手の立場に自分を置き換えながら、行動していくことがセクハラ、パワハラを含めたハラスメント問題の解決にためには何よりも重要なのである。

第3節 「困ったときはヘルプラインへ」の実現

いじめや差別は神代の昔からあった筈だが、困っても通報できない事情がかつての職場にはあった。利益第一主義や権威主義の裏側で、弱者や少数派の声が抑圧され隠蔽される状況が続いた。大ボス小ボスや新人いびりのお局様が幅を利かすような企業体質が職場に蔓延していたのは、そう遠い昔のことではない。そうした企業の裏側の悪弊は、ヘルプラインの導入によって大きく変わらざるを得なくなった。「困ったときにはヘルプラインへ」が従業員に認知されてきたからだ。今ではヘルプラインは、ほとんど全ての大手企業に制度として採用されている。日本経団連が2008年はじめに発表した調査によれば、企業倫理ヘルプライン（企業倫理に関する相談・通報窓口）の設置の時期は、03年～06年の間に集中しており、06年4月の公益通報者保護法の施行に備え、回答企業の68・4％がこの時期にヘルプラインを設置している。また、企業倫理ヘルプラインを設置している企業は、96・6％におよぶことが示されている。

ヘルプラインが制度としてほぼ全ての大企業に採用されているだけではなく、この制度が次第に多くの職場で実質的に機能するようになってきていることに注目したい。これは大変すばらしいことだが、ここに来る道のりは決して平坦ではなかった。わが国にはもともと、密告や告げ口ははしたないとする文化があった。会社から給料をもらっている身でありながら、会社や仲間の告げ口をするのを潔しとしない風潮もあって、制度ができても利用がためらわれる時期が何年か続いた。さらに、告げ口やタレコミをした者に対する周囲の目が厳しく、白い目で見られるだけでなく、時には組織からの制裁や復讐が待っていたからだ。ヘルプラインの初期の段階では、受付者が会社側と内通し、通報者にひどい不利益を与え、ヘルプラインの信用を落とすなどの事例もみられ、導入の当初は、「制度はあれど利用者なし」で開店休業状態が続いた。こうした障壁を乗り越えてヘルプラインを円滑に機能させるためには、企業側の理解と組織を挙げての努力が必要であった。会社としてヘルプラインをどう位置づけ、どう対応するのかを明確にして従業員に示さねば、従業員は安心できないし、へルプラインへの信頼も生まれない。それも単に、文書や言葉で示すだけでなく実績で示さねばならない。そうした地道な活動の積み上げにより、はじめて従業員の信頼を得ることが可能になるからだ。

「困ったときはヘルプラインへ」を実現するために、どのような法的措置と企業努力が払われ、その結果何が実現したのか過去にさかのぼって概観してみよう。

3-1 ヘルプライン導入を促した2つの要因：法的措置と企業努力

BERC（経営倫理実践研究センター）が2004年に会員企業に対して行った調査（対象企業66社、回答47社、回答率71・2%）によれば、会員企業がヘルプラインを導入した時期は、1999年と2002～03年に集中している。つまり先の経団連の調査に見られた公益通報者保護法以前に、もう1つの山があったのだ。それは、1999年に改正された、改正男女雇用機会均等法によるものである。この法律により、社員の募集、採用、配置、昇進を含む全面的な女性差別の禁止がうたわれ、「対価型セクハラ」と「環境型セクハラ」という2つの概念が登場したのは周知の通りである。事業主は、これらのいずれに対しても配慮しなければならなくなった。何よりも「セクハラは犯罪だ」という意識が浸透したことが、セクハラ被害に泣く女性のヘルプライン通報に大きな力を与えた。この法律はさらに見直され、06年に改正・男女雇用機会均等法が成立した。ここでは、女性差別だけでなく、男性に対する差別の禁止も盛り込まれた。事業主はセクハラ防止措置を具体的に講じなければならないことが義務づけられ（改正法第21条）、これまで事業主に対して「配慮義務」しか課されていなかった「差別の禁止」が「措置義務」とされた。こうした法律の制定は、間違いなく企業の対応を後押しした。

その一方、企業の対応も真剣に熱心に進められたことを強調したい。ＢＥＲＣでは、早くからヘルプライン研究会を実施してきた。２００２年に研究会がスタートしたときには、参加企業が15社であった。何をどう進めればよいのか、手探り状態の研究会が続いたが、参加した企業の担当者は熱意と意欲にあふれていた。ここでは主に仕組みの研究がテーマとなった。受付窓口はどうつくればよいか、どのような通報手段を確保すればよいか、受付専用場所をつくるべきか否か、匿名の相談をどう扱うべきか、調査をどのように実施すればよいのか、社内ではどこへどう報告するのがよいのか、通報者にどうフィードバックすればよいか、相談内容を社内に公表すべきか否か、ヘルプラインの存在を関係者にどう周知すればよいのか、そして何よりも、困った時にヘルプラインが頼りにされるにはどうすればよいのかが研究の焦点となった。各企業は自社の取り組み状況を開示し、成功事例失敗事例を率直に公開し、取り組みのレベルアップに寄与した。こうした地道な研究活動の成果は、その都度成果物の報告書としてまとめられ、後に続くヘルプライン導入企業の道標として役立ってきた（『ＢＥＲＣのヘルプラインを学ぶ』、２００４：『ＢＥＲＣで学ぶヘルプライン』、２００７）。

2008年度からBERCのヘルプラインの研究会は、通報を直接受ける担当者間の自主運営形式へと進化し、相談者にどう寄り添えばよいのか、職場の異端者やメンタル面で問題をもつ社員にどう対応すべきかなど、さらに深く掘り下げた研究が進められている。こうした企業努力の成果が明るい職場の雰囲気醸成に貢献していると確信している。

3-2　ヘルプラインが職場風土を変えた：あぶり出された3つの悪弊

企業組織の裏側にひそむ隠れた悪弊をヘルプラインがあぶり出した。ヘルプラインの導入はある意味でわが国の企業文化のありようを変えたといっても過言ではない。「泣く子と地頭には勝てない」、「長いものには巻かれろ」など、かつてのサラリーマンの「ガマン、ガマン」の処世の常識は、今の職場には通用しない。ヘルプラインという強い味方がいるからだ。それでも、ヘルプラインの導入当初はヘルプラインに通報するには大変な勇気を必要としたため、匿名が相次いだ。しかしそうした段階を経て、ようやく企業組織の裏側にひそむ悪弊があぶり出されてきた。

その主要なものは、「セクハラ」と「パワハラ」と「公然の秘密（法令違反や規則違反の隠蔽）」の3つだ。いずれもが、常識をくつがえす大きな問題だった。

第1番目に、「セクハラ」概念の登場は、職場における男女間の立ち位置を大きく変えた。男尊女卑が常態化していた男社会の職場にとっては、大きな価値観の転換だ。

男性の考えるセクハラと、女性が考えるセクハラは大きくかい離していた。筆者は、当時社内の意識調査を実施し、女性がセクハラ行為として嫌がっている行為（挨拶代わりに体を触る、体重やスリーサイズを聞く、なぜ結婚しないのかを聞く、など）について、男性側にはそれがセクハラ行為だという意識がほとんどないことを知り、男性側の意識改革の必要性を痛感した。また、職場の上司からのそうした行為が意外に多いという事実にも驚かされた。まず何がセクハラにあたるのかをお互いに理解することが必要だった。

セクハラ概念の登場によりヘルプラインへの通報が急速に増えた。ＢＥＲＣの２００４年の調査によると、ヘルプラインで相談件数の多い案件は、第1位セクハラ、第2位人事労務問題、第3位不正行為の順になっている。こうした状況が数年続いたところで、大手の企業からセクハラに対する理解が進みはじめ、今では多くの企業で職場風土が大幅に改善された。言葉の使い方、話題の取り上げ方など、敏感すぎるほど敏感になっているのではなかろうか。逆に、セクハラだと訴えられるのを嫌って女性に声をかけるのをためらう男性が増え、男女間のコミュニケーションが、希薄になっていないかという懸念が指摘されるほどになった。

第2番目に大きなテーマとして登場してきたのが「パワハラ」である。先の調査で第2位の人事労務問題のという言葉の裏側に、実はパワハラが隠れていたといってもよいのではなかろうか。詳細は次節で論じられるのでここでは省略するとして、「パワハラ概念」の浸透とともに問題が大きくクローズアップされ、ここ数年ヘルプライン相談案件のトップに躍り出てきた。

セクハラと同様パワハラもグレーゾーンの幅が広く、線引きが難しいのが特徴だ。だが、セクハラもパワハラもこうした概念が浸透することによって、人々の感度が高まり、ハラスメントに対する抑止力が格段に向上した。その背景には、人権意識の高まりと、マスコミの報道などを通じて、社会がそれを許さなくなったという事情があることはいうまでもない。

第3番目にあげたいのは、「公然の秘密」が守り通せなくなったことだ。かつての企業には、内部の関係者はみな知っているが、それは企業の外には漏らさないという暗黙の掟が存在した。それが、談合やカルテル、はては贈賄や差別などの温床になっていた。しかし、企業行動の透明性が強く求められている現在では、それは許されない。違反に対して、「見て見ぬふりをするな」という行動規範を多くの企業が掲げているからだ。不祥事の多くが内部告発によって発覚していることが経営側の自覚につながった。特にヘルプラインの重要性をトップが理解し関与している場合、それだけで職場におけるハラスメントへの抑止力は一層高まった。

ヘルプラインの導入に際しては、「社外に内部告発される前に、社内で抱える問題点を自主的に改善し、問題を芽のうちに摘み取る為の自浄機能」であるという位置づけにより、企業への浸透が加速された。

かくして、10年前に比較すると、社員の意識の向上とヘルプラインの浸透・定着によって、就業者にとって職場環境は格段に向上したといえるだろう。

3-3　ヘルプラインの今後の課題

以下に、ヘルプラインの今後の課題をいくつか列挙しよう。

①「ヘルプラインに対する信頼感」にまだ課題が残ること

いろいろな処方箋やノウハウが研究され積み重ねられてきているが、就業者への信頼を高めるという課題に対しては、まだまだ十分とはいい難い。

②「メンタル不調者」への対応と「世代間のコミュニケーションギャップ」

社内うつとか新型うつという名称でマスコミをにぎわしているメンタル不調者について、企業では臨床心理士や産業医、専門医とも連携しながら対応を進めているが、不調者は近年増加傾向にあり、セクハラ問題、パワハラ問題に次いで今後の大きな課題となる可能性が高い。また、メンタル不調者の背後に潜むより大きな問題として、意識の世代間ギャップの問題が浮かび上がってきている。若手の考え方が分からないなどという、世代間ギャップをどう埋めるか、世代間のコミュニケーションの取り方が大きな問題となりつつある。

③合併統合による「グループ会社のヘルプラインの運用」

グループの子会社で不祥事が発生しても、本社の責任が問われる。管理が行き届かない関係会社、子会社、孫会社でのヘルプライン運用が課題となる。
④グローバル化の進展による「海外ヘルプラインの運用」
異なる文化圏への進出に際し、異なる法律、生活慣習と企業風土の中で生活している就業者の声にどう対応していくか、その仕組みと運用が課題となる。
⑤中小企業、オーナー企業へのヘルプライン普及
この領域に対するヘルプラインの普及は正確には把握されていない。今後の課題として残されている。

ヘルプラインへの信頼感を高め、「困った時にはヘルプラインへ」が組織に働く全ての人々に安心して受け入れられ、明るい職場づくりに寄与する時代がくることを心から願っている。

第4節　パワハラ防止と紛争解決のマネジメント

4-1　パワハラ問題はなぜ厄介なのか

第1に、パワハラといっても程度と範囲がとてつもなく広い。「人前で上司に罵倒されて

不愉快な思いをした」という軽度のものから、「お前は給料泥棒。死んで会社にお詫びしろ」などと自殺を迫る重篤なもの。一方、殴る、蹴るなどの刑罰対象行為、休みを取らせない、残業代を払わないなどの明確な違法行為から、まともな仕事を与えずただ相手を無視し続けるというような陰湿で不明確なものまで、パワハラの範囲は広い。はたしてパワハラという一言で括っていいものなのかどうか。

第2に、部下は「パワハラだ」というが上司は「業務上の指導だ」といって両者のいい分がかみ合わないことがまことに多い。これに関連するが「パワハラが良くないことはわかるが、パワハラ防止をあまり声高にいわれると部下の指導がやりにくくなる」として、これまで多くの会社がパワハラ対策に消極的だった（2005年中央労働災害防止協会による「パワーハラスメントの実態に関する調査研究報告書」）。また最近では部下にパワハラだといわれるのが怖くて部下を叱れない管理職が増えているとの現象が指摘されている（12年9月4日放映、NHK「クローズアップ現代」）。そもそもパワハラか指導か二者択一的に決められるものなのかどうかである。

指導とはいい換えれば業務命令権の行使であり、職務として合理性がある限り本来正統なものだ。しかしこれが適正な範囲を逸脱して法律や人権を侵害した時にパワハラとなる。したがって、パワハラ問題のマネジメントには、「業務命令権を中心とする職務上のパワーの行使が、刑法や労働法など国の法律あるいは人間としての普遍的な権利である人権を犯さない範囲に収まるように仕分けすること」が前提となる。しかしその仕分けはなかなか複雑で、白か黒かはっきり断定できない場合が少なくない。

筆者は2009年にBERCで「パワーハラスメント研究会」を立ち上げ、以降毎年同研究会を開催。これまでのべ100社以上の参加を得て、パワハラ問題についての有効な対策を参加企業とともに研究してきた。また10年11月には厚生労働省の担当官や専門家、先進企業の担当者を招請して「パワハラ問題と人財育成の課題」と題するシンポジウムも企画した。それらの経験と成果をふまえ、パワハラ問題に対するマネジメント必須項目として、「パワハラ防止の環境整備」、「パワハラ防止教育」、「紛争発生時の対応」、以上3点に絞って述べる。

4-2 パワハラ防止の環境整備

第1の作業はパワハラ行為の禁止を行動規範に盛り込む。改正男女雇用機会均等法の効果もあって、現在上場企業の大半がセクシュアルハラスメントの禁止を行動規範などに記載しているが、パワーハラスメント禁止も行動規範に盛り込む。その際、パワハラとは何か、必ず自社定義を明記する。この自社定義を明確にしていないとその後のマネジメントが難しくなる。行動規範への掲載例を示す。

『パワーハラスメントの禁止』

私たちは、職場でのいじめ・嫌がらせなど、いわゆるパワーハラスメントを許しません。意見の違いがあっても、健全なコミュニケーションを保つように努め、明るく自由闊達な職場環境を維持します。

パワーハラスメントとは、『職務上の地位または職場内の優位性を背景に、本来業務の適正な範囲を超えて、継続的にまたは執拗に、人格と尊厳を侵害する言動を行うことにより、就労者に身体的・精神的苦痛を与え、就労者の働く環境を悪化させる行為』です（岡田康子氏の定義を参考にした当社定義）。

職場でパワーハラスメントを受けて困ったときは、ヘルプラインまたはコンプライアンス室、人事部などに相談しましょう。相談を受けた関係部署は当社規程に基づき、問題解決に向けて助言や調査、指導などを行います。

パワハラについての当社定義とは、パワハラについての全社統一基準のことである。全社統一基準であるから、役員も管理職も一般社員も等しくこれにしたがわなくてはならない。第2の作業として、懲戒規程の見直しを行う。悪質なパワハラに対して懲戒をするようになっているかチェックし、必要なら改定しなくてはならない。その際重要なのは、「パワハラは懲戒対象」といわず具体的な行為を明記する。先に触れたように、一般にパワハラという言葉は曖昧で極めて広範囲な行為を指すので、何が不適切な行為かを特定しておく必要があるのだ。たとえば、「職場における暴力行為や脅迫行為など刑罰の対象となる行為、または労働基準法などに反する違法行為」、「他人の尊厳や人格を傷つける行為、あるいは職場秩序を乱し、職場環境を悪化させる行為」などとする。

第3の作業として、相談窓口を整備する。パワハラについて社員が安心して相談・通報できる窓口の設置は非常に有効である。なぜならパワハラ被害者は多くの場合、職場で自分を助けてくれる人がおらず、理不尽な環境に置かれている。相談窓口が信頼できる機関であり、適切なアドバイスをしてくれ、場合によっては調査の上、加害者に対し是正措置をとってくれるとしたら、これほど頼りになる機関はない。そのためのヘルプライン運用規程は公益通報者保護法のようなハードルの高いものではなく、社員の悩み事など幅広く受けつける敷居の低いものでなければならない。窓口の具体的対応については「紛争発生時の対応」の項で示す。

4-3　パワハラ防止教育

パワハラ防止の教育では「パワハラとは何か」、「パワハラ防止のコミュニケーションスキル」を教える。コミュニケーションスキルについてはほかの章で扱うので、ここでは「パワハラとは何か」についてのみ述べる。

研修ではまず「パワハラとは何か」をしっかり教育して、役員も含め社員全員の認識のレベルあわせを行う。パワハラの定義はすでに全社統一基準である行動規範に盛り込まれているが、十分な理解を得られているわけではない。最初はどうしても集合研修が必要であろう。そのタイミングであるが少なくも役員、管理職、中堅社員、新入社員など昇格時に他の研修メニューなどと合わせて行うのが効率的である。

その際筆者は「パワハラ判定表」を用いて、個々のパワハラ事例についてパワハラ度を評価する方法をおすすめしている。この手法はパワハラ研究会の会員企業をはじめとして、一般企業や一部の病院などで取り入れられ大きな成果をあげている。

何故なら、ともすればパワハラかパワハラでないか二者択一的議論になりやすいパワハラ問題に対し、パワハラ判定表の利用で定量的な評価が可能となり、公平で説得力ある判定ができるからである。さらに判定表で不適切部分が明確になり、その後の指導や改善に役立つ。また被害者加害者の自己チェックとしても有効である。

集合研修では提供されたパワハラ事例に対し、グループ単位でパワハラ判定表を用いてパワハラ度を評価してもらい、グループリーダーが発表する。最初はグループ間でばらつきが出るが、研修講師が評価ポイントを伝授して2～3回事例の評価を行うと、平均値プラス・マイナス1以内に収まるようになる。

以下に、評価ポイントとして①～⑦の項目別に補足説明を加える。

図表2-5　パワハラ判定表

評価項目	評価（○、△、×）	備考
①　明確な違法行為または違法行為の強要か		レッドゾーン
②　職務上の地位また優位性を背景にしているか		イエローゾーン
③　本来の業務の適正な範囲を超えた行為か		
④　継続的で執拗な行為か		
⑤　人格と尊厳を侵害する言動か		
⑥　就労者に身体的・精神的苦痛を与えているか		
⑦　就労者の働く環境を悪化させているか		
合計		

注：岡田康子氏のパワハラ定義を参考にパワハラの定量的評価を試みたもの。レッドゾーンは1つでも該当すれば違法なパワハラと認定。イエローゾーンは該当：○＝1.0、半分程度該当：△＝0.5、該当せず：×＝0.0として評価。4.0以上を「パワハラを疑うレベルで対策が必要」、3.5〜1.5は「パワハラとまではいえないが不適切なところは是正すべき」、1.0以下は「パワハラにあたらず」とする。ただし、あくまで目安的なもの

①暴力行為や脅迫行為、違法行為の強要など刑罰に触れる行為。また残業代を払わない、休みを取らせないなど労働基準法に反する行為。

②業務命令権など職位の上下関係からくる優位性が大部分であるが、上下関係とは別に業務に関する経験や専門的スキルからくる優位性もある。

③私用など業務と関係ないことを命じる。また業務に関係していても仕事の分量、納期、難易度が適切でない。ここで注意す

べきは、業務上必要な叱責は適正な範囲にある限り指導の一部でありパワハラではないことを明確にしておく。

④相手が嫌がっているのに継続的で執拗にやるところがハラスメントの本質。

⑤暴行や傷害、脅迫などに加え、言葉による侮辱、または無視など差別的な扱い。

⑥被害者が受けている心身のダメージを見る。ダメージは人によって異なるので被害者について正しく評価する。

⑦職場の他の社員への影響。他の社員が不愉快な思いをしていれば該当。指導の範囲で合理的なものと受け止めていれば該当しない。

「パワハラ判定表」は岡田康子氏の定義を参考に筆者が項目別評価の定量化を試みたものだが、厚労省主催の「円卓会議提言」の定義では、④と⑤が入っていない。④の継続的で執拗であることがハラスメントのハラスメントたるところであるから、これを外してはならない。また⑤は人権侵害を具体的に説明したもので、人権侵害をパワハラ定義から外すことは甚だ不適切である。さらに⑤は⑥、⑦の原因となる行為である。原因となる不適切行為をまずカウントして、結果であるダメージの程度もカウントすることが定量的評価として公平である。たとえば、ひどいパワハラ的言動をする人がいても、相手は鈍感または強靭な人で特にダメージがなかった場合、パワハラ的言動は許されるのか。そうではない、人権侵害行為は被害者がでていようがいまいが会社として許してはならない。一方ストレス耐性の弱い人はちょっとした叱責でも大きく傷ついてしまう。それはそれとして会社は事実を受け止め対処しなければならない。

4-4 紛争発生時の対応

以上は平時の対策であるが有事の対策はさらに難しい。つまりパワハラが起き、被害者と思しき人が通報してきた時どう対応するか。「円卓会議提言」をはじめ多くのパワハラ対策書ではこの点に触れているものは少ない。公平な評価方法を確立していないと評価、判定、指導はできないからである。パワハラ判定表を使って公平な評価ができれば紛争発生時の対策は自ずと決まってくる。

まず被害者と思しき人の想定される行動はどのようなものだろうか。

①ヘルプラインに相談（通報）する。
②加害者とは別の上司や同僚に相談する。
③人事部署に相談（通報）する。
④組合に相談（通報）する。
⑤行政機関（労働基準監督署など）に相談（通報）する。
⑥誰にも相談せず孤立する。

などが考えられるが、企業としては何としても⑥は避けたい。⑥の場合はうつ病などに発展する可能性が高い。人財を大切にする社風があり、十分な教育・啓発がなされておれば①②③になるであろう。パワハラ紛争の処理は人事部やラインの上級職がこれに当たることも少なくないが、ここではヘルプラインでの模範的な対応スキームを述べる。

第1段階：相談者へのアドバイス。相談者にまず話を聞き、自力で事態を改善できないか助言する。まず相談者には、パワハラ判定表に基づきパワハラかどうか自己診断してもらう。この段階でパワハラとまではいえない程度であったり、相談者にも不適切なところがあったりすることに気がつく場合が少なくない。中にはすでに相談者がうつ状態になっている場合があるが、その場合はメンタルヘルス・ホットラインへの相談や産業医との面接を勧める。

第2段階：調査と評価。相談者の話に基づきヘルプラインとしてパワハラ判定表で判定した結果、パワハラを疑うレベル（4・0以上）である場合は、相談者と合意の上で調査を行う。紛争当事者の同僚や上司など関係者にヒアリングを行い、パワハラの程度を確認する。調査にあたって関係者には守秘義務があることを宣言し、場合によっては誓約書を取る。また、通常ヘルプラインの人数は少数なため、調査を職場の上級管理職や人事部に委託する場合がある。委託された人がパワハラを理解しパワハラ判定表の運用に精通しておれば、ヘルプライン事務局でなくても調査と評価はできる。

第3段階：指導。パワハラ判定表はパワハラの定量的な評価ができるだけでなく、加害者のどこが不適切な行為なのかを明らかにしてくれる。指導は判定表で浮き彫りにされた不適切箇所を改めさせる、改善命令ということになる。

第4段階：処置・処分など。加害者が自分の非を認め、会社の改善命令にしたがって自分の不適切行為を改めれば問題解決となる。とはいえ感情のわだかまりは簡単に消えないことも多いので、加害者または被害者を納得づくで異動させることは現実的な解決方法である。加害者に非を認めさせないまま異動させると、異動先でまたパワハラ行為におよぶということがよくある。このような加害者には懲戒が必要となる。その際もパワハラだから処分だというのではなく、具体的な不適切行為に対して懲戒規程にのっとり公正な処分とする。

第5段階：事後フォロー。パワハラは一旦収まったとしても、加害者と被害者が同じ職場にいる場合はまた別な形でハラスメントが起きる可能性がある。ヘルプライン担当者は、解決後も3カ月、半年、1年と定期的に被害者、加害者、関係者にヒアリングをして、あらたな問題が起きていないかを確認する。

参考文献
・岡田康子（２００３）『パワーハラスメント』飛鳥新社
・岡田康子（２００４）『上司と部下の深いみぞ』紀伊国屋書店
・内閣府国民生活局企画課編（２００６）『公益通報者保護法』ぎょうせい
・日本経済団体連合会企業行動委員会（２００８）『企業倫理への取組みに関するアンケート調査結果』
・中野誠・中井智子編著（２０１２）『裁判例に見る企業のセクハラ・パワハラ対応の手引き』新日本法規

出版
・中野麻美編著（2010）『ハラスメント対策全書～職場における人権保障と活性化のために～』エイデル研究所
・ヘルプライン研究会（2004）『BERCのヘルプラインに学ぶ』経営倫理実践研究センター
・マリー＝フランス・イルゴイエンヌ（2003）高野優訳『モラル・ハラスメントが 人も会社もダメにする』紀伊國屋書店
・水谷英夫（2009）『職場のいじめ・パワハラと法対策（第2版）』民事法研究会
・宮本一子（2002）『内部告発の時代』花伝社
・2006年度倫理ヘルプライン研究会（2007）『BERCで学ぶ倫理ヘルプライン』経営倫理実践研究センター
・㈶21世紀職業財団（2011）『増補版 わかりやすいセクシュアルハラスメント裁判例集』財団法人21世紀職業財団
・㈶21世紀職業財団（2011）『増補版 わかりやすいパワーハラスメント裁判例集』財団法人21世紀職業財団

第3章

労使の絆とメンタルヘルス

株式会社の成立とともに所有と経営の分離が進行した。これにより、企業経営者は、従業員の意見や働きがいを尊重した経営を推進する必要がでてきた。ＣＳＲから従業員を見ると、経営者と従業員の間の絆ともいえるコミュニケーションを充実し、経営内容を改善していくステークホルダーエンゲージメントの実践が求められている。そこで、経営者と従業員の信頼関係の構築につながるコミュニケーション手法とは何かを具体的に考えてみる。また、従業員が仕事と生活の調和を図るためのワーク・ライフ・バランスに関連して、従業員の長時間労働に伴う健康障害の実態や問題点を明らかにする。

キーワード

・株式会社　・コミュニケーション　・ステークホルダーエンゲージメント
・ワーク・ライフ・バランス　・メンタルヘルス

第1節　CSRと労使（経営者・従業員）の関係

1-1　経営者と従業員の関係の起源

①　企業と株式会社の起源

企業の起源は、メソポタミア文明の時代までさかのぼる。人類史上、2番目に古い成文法といわれるハンムラビ法典には商法が存在し、その条文に企業の原型を確認できる。その後ローマ時代になると、組合契約による取引がなされ、現在の企業概念に近い活動が行われる。中世のヨーロッパでは、商人の組合的な団体であるハンザ同盟ができた。また、大航海時代になると、イタリア諸都市では、地中海貿易に際して、船舶所有者と出資者が相互に契約を締結し、海上企業活動を行っていた。1航海ごとに資金を出資して、その航海で得られた資金を分配する制度がとられた。これにより、ハイリスク・ハイリターンという海外交易のリスク分散を図っていた。

オランダでは、1602年、イギリスやスペインなどの諸外国に対抗して、東南アジア地域の香辛料や絹の取引をすることを目的に連合東インド会社が設立された。ここでは、複数の投資家を募り、船を建造し、食料その他必要物資を調達し、船員を確保して航海に出て行き、現地において香辛料や絹を入手する。その船がオランダに無事に帰国すると、出資金額に応じてその調達品を分配するしくみがとられた。現在の株式会社は、このオランダ東インド会社を起源とする。その後企業は、資金があり、その拡大をもくろむ出資者と、資金はないものの企業経営の才能ある経営者のニーズがかみ合い、株式会社のしくみが全世界に広まっていく。株式会社の大規模化に伴い、いわゆる所有と経営の分離が進展し、企業は長期に永続的に存在する対象に変化していく。

② 企業と従業員

企業の生産活動に関連する自然、資本、労働を「生産の3要素」という。企業とは、この3要素を取り入れ、商品、サービスに変換し、消費者に提供して販売し、利益を得る生産活動単位とみなせる。ここでの労働は、技術力・生産力をもつ労働者を指す。企業の経営者から労働者に対して報酬を与えて労働への従事を約束させることで雇用が成立する。企業経営を推進するにあたり、短期的に労働者を雇用して賃金を支払う状況では、その都度、新しい労働者に技術やノウハウを教える必要があったり、個々の労働者の能力の差による事後的対応を余儀なくされたり、といった問題に直面してしまう。経営者は、長期的かつ継続的な労働者の雇用が全体として大きな費用削減に結びつくことに気づく。そこで、期間を定めないで雇用する正社員、いわゆる従業員の概念が生まれてきた。

経営者と従業員との関係を見ると、短期的な雇用の場合、労働に対する賃金のみの支払いでよかった。他方、長期的な従業員の場合、賃金、福利厚生など幅広い対応が求められるようになった。この際、株式会社であれば、できる限り高い利益を獲得したい株主の存在もあり、経営者には、従業員と株主のそれぞれの要求を踏まえ、うまく調整する役割が必要となってきた。

③　従業員の経営参加

ドイツでは19世紀に、株式会社の成立に際し、企業経営の意思決定の最高機関としての株主総会、経営を執行する経営役会、そして、経営役会を監視する監査役会という3つの組織が規定された。1919年のワイマール憲法第165条では、「労働者が企業者と共同して、対等に、賃金および労働条件の規律、ならびに生産力の全体的・経済的発展に参与する資格を有する」と規定している。また、ライン川流域にあるルール炭田の開発が進むと、鉄鋼・機械などの重工業が著しく発達し、同国経済の発展に大きく貢献した。この間、地下ではたらく坑夫の労働環境を改善することが産業振興にも直結することになると、51年、石炭・鉄鋼共同決定法を制定した。これにより、石炭・鉄鋼業では、労使同数の監査役会を置くことが可能になり、従業員の地位が向上した。さらに76年、共同決定法が制定された。これにより、従業員2000人以上の企業では、労使同数の監査役の設置が行われ、全監査役の3分の2以上の多数決で取締役の任免を決めることになった。経営者が従業員を意識して経営するしくみが整備されてきた。

日本では、明治初期、前述のドイツをはじめとするヨーロッパにならって株式会社が設立される。そして、ドイツを手本とした株式会社に関する規定としての商法が制定された。その後何度かの改正を繰り返し、平成17（2005）年には会社法の内容の現代化とともに、口語化、単行法化という形式面の改正が行われ、現在の会社法になっている。

日本企業の場合、ドイツをはじめとする欧米と比べ、従業員の終身雇用や年功序列、企業内組合と関連し、従業員の中から経営者になることが多い。また、会社法には、解散、合併、更生時に従業員の意見を尊重すると記述されている。加えて、会社更生法において労働組合の意見尊重も規定されている。他方、株主総会の形骸化といわれるように、株式の持ち合いがあり、これまで株主の意見や主張が少ないと指摘されてきた。そのため、日本企業の経営では、経営者が従業員と株主の間で中立的な裁定者となる。株価・所得の安定的成長をめざす、いわゆる日本的経営が指向されてきた。

1-2　日本における企業と従業員の関係

①　企業と従業員の関係の経緯

日本における企業と個人の関係について、明治時代以降の法制度面の動向を中心に整理してみる。その結果が図表3-1である。これを見ると、日本型経営における企業と従業員の関係の基本となる家族主義や集団主義といった「組織との一体感」は、長い年月を経て培われてきたとわかる。そして、終身雇用に代表されるように、それが今まで個人の仕事に対するインセンティブを与えてきたと読める。ただし、個人の価値観が多様化し、労働市場が拡大していく中で、「従業員全員が一体感をもって企業に貢献する」という意識も変わりつつある。従来と異なり、企業には、何をすれば従業員のインセンティブを喚起できるかを真剣に考える必要性が高まってきている。

性別や子どもの有無に限らず、従業員が、仕事と生活の調和を図り、充実した生活や人生を送ることをめざし、仕事と生活の調和のとれた働き方のことを「ワーク・ライフ・バランス」という。このワーク・ライフ・バランスの実践では、代表的な制度として育児・介護休業制度、短時間勤務制度、在宅勤務制度などがある。

ワーク・ライフ・バランスをはじめとする企業と従業員の望ましい関係に関連し、時短やゆとりの問題に対する法制度面の整備は、昭和62（1987）年の労基法改正による40時間／週制の導入にはじまり、平成4（1992）年の時短促進法を経て、平成22（2010）年の労基法改正でほぼできあがった。他方、創造性の発揮や能力主義といった個人の自主性を育成する制度については、昭和62年以降、フレックスタイムや裁量労働制、高齢者雇用といった形で枠組みが提供されてきている。

②　組織活性化による経済再生

景気低迷の長びく現在、従業員の生産性向上や創造性発揮が、今後の日本経済復活に大き

図表3-1　企業と従業員の関係の変遷

時期	企業と従業員に関連する法律	企業	従業員	社会的背景
		女工哀史 激しい労働移動	封建的忠誠観 身分制度	
M44 (1911)	工場法 （最低限度の給与、労働条件を保障）	実力主義		
大正		終身雇用の芽生え		大正デモクラシー 競争経済
		労働運動の高まり 終身雇用の確立	家族主義 集団主義 温情主義	
S20 (1945)	(旧) 労働組合法	年功賃金制		GHQの占領政策
21	日本国憲法（労働基本権） 労働関係調整法	企業別労働組合		
22	労働基準法			
				ドッジライン不況 高度経済成長
33	職業訓練法	若年、技能労働者不足		
34	炭鉱離職者特別措置法			所得倍増
41	雇用対策法			いざなぎ景気
44	(新) 職業訓練法		エコノミックアニマル	GNP世界第2位
46	中高年者の雇用促進に関する特別措置法	中高年の就職難		
				オイルショック
49	雇用保険法	インフレなき完全雇用	会社主義	低成長
52	特定不況産業離職者臨時措置法		一億総中流	
53	特定不況地域離職者臨時措置法		窓際族	第2次オイルショック
58	雇用機会均等法			

60 (1985)	労働者派遣法		高齢化、高学歴化	プラザ合意
	職業能力開発法	新しい展開制度	会社離れ、仕事離れ	
61	男女雇用機会均等法 高齢者の雇用の安定等に関する法律			
62	地域雇用開発等促進法 労働基準法改正	国際性 労働市場の構造変化	個人主義	
H元 (1989)	雇用保険法改正	中途採用・退職	スペシャリスト志向	
2	高齢者の雇用の安定等に関する法律改正	能力主義	価値観の多様化	平成景気
4	時短促進法 育児・介護休業法	時短・ゆとり	創造性の発揮	バブル崩壊、複合不況
5	労働基準法改正 パートタイム労働法	労働市場の自由化	コンプライアンス	国際的協調
7	製造物責任（PL）法			金融破綻
10		企業倫理		
12		環境経営	少子化	企業倒産
13	個別労働関係紛争の解決の促進	非正規雇用		就職氷河期
15	労働基準法改正	CSR	女性の社会進出	イラク戦争
17	育児・介護休業法改正　個人情報保護法		ワークライフバランス	新型肺炎 SARS
18	高年齢者雇用安定法改正　新会社法			内部統制、格差社会
19	雇用対策法改正	ダイバーシティ	グローバル志向	年金問題
20	労働契約法パートタイム労働法改正 最低賃金法改正	メンタルヘルス 脱ゆとり		リーマンショック
21	障害者雇用促進法改正	リスク管理、高齢者雇用		
22	労働基準法改正			ISO26000
23		危機管理・BCP		東日本大震災
24				JIS Z 26000

出所：蟻生・丸山・井内（1994）をもとに作成

なカギをにぎるともいわれている。これは、従業員が主体性をもって企業や仕事と対峙するという意味で、経団連（2010）の企業行動憲章にある「従業員の多様性、人格、個性を尊重するとともに、安全で働きやすい環境を確保し、ゆとりと豊かさを実現する」企業と従業員の関係の正常化にもつながる。

全ての企業にとって、組織活性化は、最も重要な経営課題の1つに位置づけられる。ただこれまで活性化といえば、ことに不景気下では経済性重視のもと、従業員の主体性が欠如した単なる会社人間を助長する意味あいも強かった。しかし、今日的な企業と従業員の関係を鑑みると、従業員個人の意識や考え方を尊重する性格をもった活性化が不可欠といえる。すなわち、企業の中で自律した従業員の出現をうながしながら、個人生活を尊重する社会形成を強力に推進していく必要がある。脱会社人間のただ「脱」ばかりを強調して従業員の本業となる仕事を疎かにするのではなく、活性化によって、会社人間イコール社会人間、あるいは両者がシナジーを発揮できるような仕組みも望まれてこよう。

ここで、組織活性化とは、企業の永続的な発展を念頭にいれて人材育成や研究開発など長期的な戦略までを意識し、そこに所属する従業員の仕事、職場、会社、生活全体について満足度が高い状態をいう。これらは、企業という組織の中で、従業員個人の自発的な参画をうながし、モラール向上や生産性向上、創造性発揮、業績向上などの有意に関連した好循環の構図を生みだしている。

企業と従業員、さらに社会の関係では、従業員の仕事外の環境整備に加え、仕事への取り組みに対する評価や、個人の意識をいっそう大切にした本質的な議論をする段階にきている。こうした問題の解決には、制度面に対する従業員の意識と企業の取り組み状態を同時にとらえることが肝要である。

1-3 経営者と従業員のコミュニケーションの意義

ISO26000によれば、「健康および社会の繁栄を含む持続可能な開発への貢献のため、ステークホルダーの期待への配慮を行う」、「どのような組織も、この国際規格を活用し、ステークホルダーエンゲージメントを行い、適用されるべき国内法令を順守し、国際行動規範を尊重することによって、さらに社会的に責任をもつようになることが推奨される」という(ISO、2010)。CSR活動の推進に際しては、企業にとって、様々なステークホルダーからの意見、要請などを聞くとともに、どのような協力関係を維持し、活動に役立てるかが重要である。

企業とステークホルダーの関係では、ステークホルダーダイアログ(対話)やステークホルダーコミュニケーションなどの用語もある。これらは、図表3-2に示すように、情報の流れが片方向か双方か、経営への参画が小さいか大きいかによって、ⓐステークホルダーミーティング、ⓑステークホルダーダイアログ、ⓒステークホルダーコミットメント、ⓓステークホルダーエンゲージメントの4つに整理できる。

図表3-2　ステークホルダーアプローチの4類型

		経営への参画	
		小	大
情報の流れ	片方向	ステークホルダーミーティング	ステークホルダーコミットメント
	双方向	ステークホルダーダイアログ（対話）	ステークホルダーエンゲージメント（狭義）

企業とステークホルダーの間で、相互に受け入れ可能な目的を達成するために、意欲的な協力関係を維持し、企業活動に役立てることをステークホルダーエンゲージメントと呼ぶ。企業の経済的、環境的、社会的側面の活動について、それぞれのステークホルダーがどのような要請、期待をもっているか、意見交換や集会、電話応対など様々な対話をもとに相互理解を深める。その結果、企業とステークホルダーの間でバランスと調和のある良好な関係や信頼関係につながると期待される。

従業員の場合、長引く不況で、近年、倒産やリストラ、解雇、降格、減給があたり前になっている。企業のためという「忠誠心」や「帰属意識」など過去のものとなる懸念も指摘できる。しかし、2011年の東日本大震災を機に、多くの従業員が企業に対して単に給料や賃金だけではなく、「絆」ともなるコミュニケーションの充実を求めてきているともいえそうだ。

たとえば、制御機器・電子部品事業などを展開するオムロン（2012）では、「現場の従業員との対話を通じて相互理解を深めたい」という従業員の思いからスタートした、社長との対話である「The KURUMAZA」を継続的に実施している。2011年度には、14回開催され、142名の参加があったという。これは、社長が現場で頑張っている従業員の課題、悩み、意見を直接聞き、また従業員が社長の考えを直接知ることにより相互理解を深めることを目的とする。これもステークホルダーエンゲージメントの実践と見なせよう。いずれの企業にとっても、社会、従業員の多様な変化・要請などを確実に把握したうえで、従業員のエンゲージメントを常に心がける必要性がある。

第2節　CSRコミュニケーションマネジメントによる信頼関係

経営者と従業員のCSRコミュニケーションによる信頼関係は、CSRの取り組みを促進するための前提条件であり、またステークホルダーエンゲージメントの実践においても不可欠なものである。本節では、CSRコミュニケーションに求められるプロセスをふまえた、経営者と従業員との信頼関係の構築につながるCSRコミュニケーションマネジメント・フレームワークを提案する。

2-1　企業におけるコミュニケーション

①　コミュニケーションの目的と役割

コミュニケーションは、相手の知識や態度、さらには行動を変化させ、共通目的を達成するための企業が機能し活動する上で必要となる基本的な要素である（狩俣，1992）。すなわち、企業が経営方針を実践し、それに関する評価や要望などのフィードバックに基づき、様々な状況に対応しながら達成すべき目標とそれを実現するプロセスの調整ができるのは、コミュニケーションが行われているからである。また、企業におけるコミュニケーションは、従業員の活動をスムーズに進めるとともに、期待する行動を実践してもらうことを目的とする。

したがって、コミュニケーションによって、従業員に共通の意味や価値が形成・共有され、また企業の目的を達成するための取り組みが理解されることにより、自発的な協働とその調整が行われる（狩俣，1992）。CSRコミュニケーションでは、従業員による経営理念やビジョンの共有、自社のCSR方針や目標の理解、求められるCSRの取り組みや行動が促進されると考えられる。

一方、企業における意思決定は、一般的に従業員全員の合議や多数決にて行われるわけではない。また、従業員をはじめとするステークホルダーの期待や要望の全てに応え、合意形成をめざすものでもない。したがって、企業内ステークホルダーである多くの従業員は、企業の意思決定に直接参加することはできず、さらに従業員にとって最もよい決定がなされるとは限らない。そのため、企業活動の一端を担い、企業を代表して行動する義務を負う立場の従業員であっても、常に経営者の決定事項に納得し、自発的な協働がなされるとはいえないだろう。

そこで「かなめ」となるのが、経営者と従業員との信頼関係である。経営者に対する信頼は、コミュニケーションを通して醸成され、従業員の自発的な取り組みや行動を促進すると考えられる。

② 従業員とのCSRコミュニケーションの目的と役割

従業員は、CSRの取り組みを実践するだけではなく、社外ステークホルダーとのCSRコミュニケーションによってCSRの取り組みに関する意向を把握し、企業として取り組むべき施策の決定に必要な情報を経営者に伝える役割を担っている。そのことから、従業員とのCSRコミュニケーションは、社会の要請に適合したCSRの取組みを促進することができると考えられる。したがって、経営者は、従業員とのCSRコミュニケーションの仕組みを構築し、実践することが求められる。

2-2 CSRコミュニケーションのプロセス

① CSRコミュニケーションのプロセスのとらえ方

コミュニケーションは商品とは違い、その実践と成果を当事者以外に明示し理解してもらうことは難しい。そこで、コミュニケーションをプロセスとしてとらえ、そのプロセス全体をいくつかの「ステップ」(意味のある単位)で成り立つとみなす。次に、CSRコミュニケーションのプロセスとステップを検討し、各ステップの目的や内容(役割や意義)、ステップ間の相互関係などを明示する。このようにとらえ取り組むことで、企業はCSRコミュニケーションを一貫して適切にマネジメントすることが可能になり、従業員はCSRコミュニケーションの各ステップの目的や内容、全体の流れについて理解することができる。

② CSRコミュニケーションのプロセスに求められるもの

企業は、企業とステークホルダーの双方の視点に基づく体系的なプロセスによって、CSRの取り組みにおける重要課題を抽出し、取り組みの優先順位づけをすることが必要である。そのため、社外ステークホルダーの意向を把握している従業員の意見を収集する「場」(機会)を設け、活用することが不可欠となる。

また、取り組むべき重要課題の決定に際し、CSRに関するステークホルダーの関心や要請をどのように反映したのかについて、決定の根拠とともに明らかにすることが求められる。

さらに、CSRの取り組みに関する具体的な目標と、その達成方法や期限についても示すことが必要である。

しかし、経営者がCSRの取り組みを担う従業員に対し、CSR方針や目標、目標を実現するための取り組みについて、単に決定内容のみを伝えているとしたらどうだろう。従業員は、伝えた意見や要望が決定内容にどのように反映されたのか、代替案について検討したのだろうかと疑問にもつ。また、決定内容が自社や自身の業務に与える影響、求められるCSRの取り組みや行動、期待される成果やそれに伴う評価などについて十分な説明を望むと考えられる。

CSRの取り組み後は、ステークホルダーからの要請への対応状況も含め、取り組み内容と目標の達成度、社外からの評価や今後の取り組みなどについて説明することが必要である。実際にCSRに取り組んだ従業員にとって、全社、所属部門や各自の成果と伴う評価、今後の取り組み方針などは最も確認したい情報だと考えられる。

以上のようなプロセスを踏まえ、企業は従業員に対し、一貫したCSRコミュニケーションを実践することが必要である。

2-3 CSRコミュニケーションマネジメント

前述のCSRコミュニケーションのプロセスに求められる取り組みに基づき、4つのステップを設定したCSRコミュニケーションマネジメント・フレームワーク（井上、200

図表3-3　CSRコミュニケーションマネジメント・フレームワーク

	CSRの取り組み「前」				CSRの取り組み「後」
プロセス	第1ステップ 「場」の設定	第2ステップ 決定に至った経緯の説明	第3ステップ 目標（期待）の明確化	CSRの取り組みの実施	第4ステップ 結果のフィードバック
目的	◆意見や期待の収集と把握 ◆対応すべき課題の確認	◆意見決定のプロセス、根拠の明示	◆具体的な目標（期待）の明示		◆取り組み成果のフィードバック ◆今後の方向性の明示
内容	①従業員の意見を尊重・反映させる姿勢の明示 ②従業員が参画・関与できる「場」（機会）の設定	①意思決定に至るまでの経緯の説明 ②従業員の意見や期待の反映状況の説明	①取り組みの内容、目標とその達成方法の説明 ②期待される成果、伴う評価の説明		①取り組みの結果や社内外からの評価の説明 ②今後の取り組みや見通しの説明

9）を提案する（図表3―3）。あわせて、各ステップに該当するCSRコミュニケーションの取り組み事例を取りあげる。

第1ステップ：「場」の設定

経営者が従業員の意見を尊重・反映する姿勢を示し、それを実践できる仕組みを構築する。すなわち、従業員がCSRの取り組みに対する意見や期待などを伝えることにより、CSRにかかわる意思決定に直接・間接的に参画や関与することができる「場」（機会）を設定する。

第2ステップ：決定に至った経緯の説明

CSRの取り組みに関する意思決定に至るまでの経緯（取り組むべき重要課題の抽出や優先順位づけなど）、従業員や他のステークホルダーの意見や期待をどのように反映したのかについて説明する。また、従業員にかかわる取り組みに関しては、従業員が被る「負担や痛み」についても示すことが必要である。

第3ステップ：目標（期待）の明確化

ＣＳＲの取り組み内容、目標とその達成方法や期待される成果、それに伴う評価について説明する。目標は、成果を確認できる具体性が必要であり、目標値の根拠、達成の期限なども明確にする。ＣＳＲの取り組み目標、達成方法や期待される成果は、従業員1人ひとりが当事者意識をもって取り組むことができるよう、全社、各部門、各従業員について示すことが求められる。

第4ステップ：結果のフィードバック

ＣＳＲの取り組みの結果とそれに対する社内外の評価、今後の取り組みや見通しについて説明する。また、ステークホルダーからの要請への対応状況とその結果についても明示する。特に、ステークホルダーからの要請に対し十分な成果が出せなかった場合は、その理由と今後の対応についても説明することが必要である。

以上の4つのステップは、主に第1ステップがＣＳＲの取り組み計画の立案、第2・第3ステップがＣＳＲの取り組みの実施、第4ステップがＣＳＲの取り組みの評価に対応する。

これらに関する取り組みは、直接的手法と間接的手法がある。前者は、従業員の代表者と経営者との直接対話がある。たとえば、ＣＳＲについて議論する場であるＣＳＲ委員会への従業員代表者の参加（積水化学工業、２０１２）、労使協議会の開催（サントリーホールディングス、２０１２）が該当する。また、一般の従業員と経営者との直接対話集会やミーティングの開催（伊藤忠商事、２０１２）があり、各社様々なスタイルで実施されている。後者では、社内ポータルサイトにおけるホットラインの開設や投書箱の設置（コムシスホールディングス、２０１２）、従業員の意識調査の実施（東芝、２０１２）が該当する。従業員の意識調査については、ＣＳＲコミュニケーションやその他の施策の成果の確認にも活用されている。

また、第３・第４ステップについては、ＣＳＲマネジメントにおける重視する取り組みの目標を数値化し、現在値と到達点を明確化した自己評価指標を策定することで、成果や目標の「見える化」に取り組んでいる事例（大和ハウス工業、２０１２）もある。

ＣＳＲコミュニケーションの各ステップに関する取り組みは、企業の特性や従業員からの要請の程度などによって、取り組みの手法や重みづけが異なると考えられるが、一貫性の確保や信頼関係の構築のためには、どのステップも省略せずに実施することが必要である。

企業は、このフレームワークを活用することにより、各ステップの評価や改善、コストの配分の検討などＣＳＲコミュニケーションを包括的にマネジメントすることができる。一方、従業員は、ＣＳＲコミュニケーションの各ステップの目的や意義、プロセス全体をとらえることが可能となる。また、ＣＳＲコミュニケーションを通して、経営者のＣＳＲや従業員に対する姿勢や考え方について理解することができる。さらに、ＣＳＲコミュニケーションによるＣＳＲに関する意思決定への参画や関与、ＣＳＲの取り組みに関する説明や結果のフィードバックなどによって、CSRに関する意思決定のプロセスや取り組みの透明性、従業員への配慮などが評価されるとともに、従業員による経営者への信頼が向上すると考えられる。

2-4 フレームワークの適用事例

ここでは、前項にて提案したCSRコミュニケーションマネジメント・フレームワークを適用し、実際にCSRコミュニケーションの改善に取り組んだA社の事例について考察する。

A社の経営者によれば、図表3-4に示す取り組みを実践した。第1ステップとしては、経営者みずからCSRコミュニケーションにかかわる方針を宣言し、改善の取り組みについて社内に周知した。次に、従業員の意見を収集するための仕組みを構築した。第2ステップとしては、CSRに関する意思決定の経緯、従業員の意見の反映状況や従業員にかかわる事項に関し、経営者と直接対話をする機会を設けた。第3ステップとしては、CSRの取り組みに関する具体的な目標と達成方法、従業員に期待される成果や評価について説明した。第4ステップとしては、従業員にCSRの取り組み結果のフィードバックや詳細の説明、従業員との意見交換や疑問への回答を行っている。あわせて、従業員が情報を入手しやすい仕組みを活用し、社内の全員がCSRにかかわる情報を共有できるようにした。

また、改善の取り組みが終了した後に従業員の意識調査を実施し、その効果を確認している。さらに、継続的改善をめざして、従業員の意見を傾聴するための新たな取り組みを行っ

図表3-4：フレームワークの適用事例

プロセス	A社の取り組み内容
〈第1ステップ〉「場」の設定	【方針の宣言と取組みの周知】 ・従来はおざなりの印象があったが、CSRに関して従業員との信頼関係を大切にすることの必要性を感じ、CSRコミュニケーションの活性化、CSR経営計画策定への従業員の参画を新年度の重点方針とし、社内に周知した。
	【仕組みの構築】 ・新規CSR経営計画の立案に際しては、直接的・間接的に従業員の意見を吸い上げる仕組みを設けた。
〈第2ステップ〉決定に至った経緯の説明	【内容・決定プロセスの説明】 ・CSR経営計画が完成した後は、その内容とあわせて、計画の決定に至るまでの経緯や従業員の意見の反映状況、従業員の疑問への回答、また従業員が被る負担について、役員が手分けして全事業所での説明会を実施した。
〈第3ステップ〉目標（期待）の明確化	【期待事項の説明】 ・具体的な目標と達成方法、各従業員に期待される取り組みやそれに伴う評価について明示した上で、各部門長に従業員への十分な説明を指示した。
〈第4ステップ〉結果のフィードバック	【結果の説明】 ・CSRの取り組み後は、取り組みの結果と社内外による評価について、ビデオレターで従業員にフィードバックし、さらなる改善や今後の見通しについても説明した。
	【情報の共有化】 ・CSR報告書の完成後は、CSR担当部門による全事業所での「CSR報告書を読む会」の開催を指示した。そこでは、CSRの取り組みに関する詳細な説明と従業員からの質問や意見に対応し、この内容を全て社内イントラネットで公開することにより全社で共有できるようにした。

⬇

取り組みの効果	・CSRコミュニケーションの改善に取り組んだ後に実施した従業員意識調査によれば、以前よりもCSRの取り組みへの理解度・実践度が向上しただけではなく、経営層と従業員間の対話や情報の流れが促進され、信頼関係が向上したとの結果が得られた。この結果から、一貫したCSRコミュニケーション施策の効果を確信した。
今後の課題	・現在は、CSRコミュニケーションの継続的改善をめざし、一連の取り組みに関する改善案を従業員から募っている。

ている。

このようにA社は、CSRコミュニケーションマネジメント・フレームワークにのっとり、一貫したCSRコミュニケーションの施策を実施した。これらの取り組みにより、A社の従業員は、CSRコミュニケーションに対する経営者の姿勢や方針、意見を届ける手段、決定の経緯や内容、果たすべき取り組みや行動、CSRの取り組み結果、改善の方向性などについて理解することができたと考えられる。また、このようなことは、従業員への説明責任を果たし、社会の要請に適合したCSRの取り組みを促進させ、さらに従業員との信頼関係の構築につながると考えられる。実際に、一定の効果が確認されている。

これまで企業は、従業員に対し、概して個別・単発的なCSRコミュニケーションを行ってきた。それに対し、A社の事例は、マネジメント・フレームワークを適用し、全体の整合がとれた効果的なCSRコミュニケーションを実践したものである。この事例により、企業がCSRコミュニケーション全体を一貫してマネジメントする意識をもち、経営者と従業員にとってよりよい仕組みを構築し継続的改善に取り組むことは、相互の理解と信頼関係を向上させ、CSRの取り組みの促進にも寄与するといえるだろう。

第3節　長時間の労働と健康障害

先進諸国の中でも特に日本の労働者に顕著なことは、長時間の労働とそれによる疲労やストレスが慢性化していることである。本節では、第1項で日本の労働時間について概観し、仕事と私生活のアンバランスの問題について触れ、第2項では長時間の労働と健康障害の関係についてみていく。

3−1　仕事と私生活のアンバランス

まず、先進諸国における日本の労働時間の状況について確認しておこう。図表3−5は、ILO（国際労働機関）の研究者が各国の統計調査から、週あたり50時間以上働いている労働者の比率を計算したものである。日本では、調査当時ですでに短時間のパート労働者の比率が20％を超えており、18カ国平均の16％を上回っていたにもかかわらず、週50時間以上働く労働者の比率は最も高く、フルタイム労働者の3分の1以上がそれに該当する。アメリカ、またイギリスをはじめとするアングロサクソン諸国も先進国の中では労働時間が長いことで知られているが、それらの国々と比べてもやはり日本の労働者の労働時間は突出して長い。

図表3-5　週あたり労働時間が50時間以上の労働者の比率—国際比較

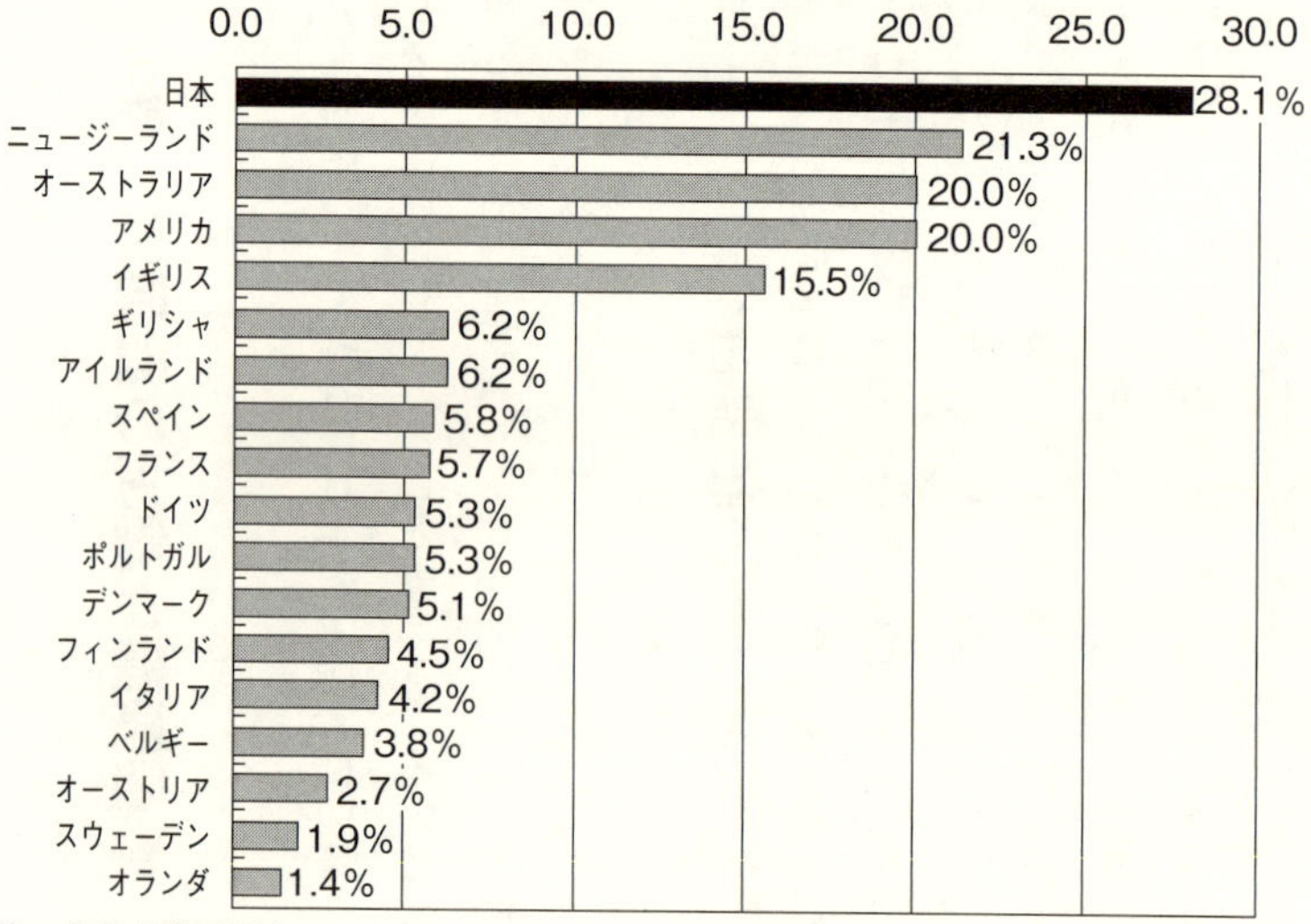

注：非農林業雇用者。ここで雇用者とは、企業や組織に雇われて給与を支払われている労働者のことを指す
アメリカのデータは1998年、他国のデータは2000年時点のもの
出所：Lee（2004），p.42

その一方で、日本人は以前よりも働かなくなったと国内のマスコミから指摘されることもある。本当にそうなのだろうか。国内のマスコミが引用に使用する厚生労働省「毎月勤労統計調査」の結果確報を時系列でみてみると、一般労働者（フルタイム労働者）とパートタイム労働者の区分が公表されるようになった１９９３年以降のデータ（事業所規模５人以上）からは以下のことがわかる。

①一般労働者・パート労働者の就業形態合計でみた１人あたりの平均年間総実労働時間は１９９３年の１９２０時間から２０１１年の１７４５時間

へと9・1％減少している。

②一般労働者と比べて労働時間の短いパート労働者の比率は1993年の14・4％から2011年の28・9％へと倍増している。

③パート労働者の年間総実労働時間は1993年の1184時間から2011年の1099時間へと7・2％減少している。

④その一方で、一般労働者の年間総実労働時間は1993年の2045時間から2011年の2006時間へとわずか1・9％しか減少していない。

マスコミで取り上げられる日本の労働者の年間総実労働時間は、労働時間の短いパート労働者比率も含めた就業形態合計から算出された労働者1人あたりの平均年間総実労働時間のことである。一方、パート労働者を除いた一般労働者の1人あたりの平均年間総実労働時間は減ったといえどもわずか1・9％であり、依然として2000時間超で高止まりしている。つまり、パート以外の労働者の労働時間は、過去20年間、ほとんど変化していないことになる。

では、一般労働者とパートタイム労働者の区分が公表されるようになった1993年より前はどうだったのだろうか。残念ながら、この点については、公開された統計データから確認する術はない。しかし、総務省が5年おきに実施している「社会生活基本調査」が開始された1976年から2006年までの日本人の個票データを分析した黒田（2009）の報告によれば、フルタイム雇用者[1]の週あたりの労働時間は、1976年時点の46・79時間から2006年時点の50・12時間へと、過去30年間で減少するどころか、むしろ増加している。なぜなら週休2日制の普及による土日の労働時間の減少分は、平日の労働時間の増加によって吸収されたからである。

このように、日本人のフルタイム雇用者の長時間労働の問題は、週休2日制の推進や年次有給休暇の付与日数の増加、祝日数の増加などの政府による時短政策にもかかわらず、時系列で見ると、さして改善されているとはいえない。

こうした恒常的な長時間労働は、人間の体にとって一体、何を意味するのだろうか。山崎（2007）によれば、働きすぎは、ただ単に労働の過重な負担を意味するだけではなく、人間にとって保養機能をもつ家庭生活や余暇生活の圧迫、スポーツ・趣味などの積極的休養や気分転換の阻害、睡眠不足や栄養・食生活をはじめとする生活リズムの乱れを招く。つまり、働きすぎとは人間の生活全体の中でとらえた場合、職業生活の時間的・心理的な肥大化だけを意味するのではなく、それによる余暇・家庭生活の圧迫や健康習慣の阻害という生活全般の歪みを意味するのである。ここで、職業生活の心理的肥大化とは、労働者の心と頭が仕事のことで一杯になり、私生活においても十分リラックスできない、よく眠れないなどの状態を指す。このような労働と余暇のアンバランス、仕事と私生活のアンバランスについては、日本は先進諸国の中で最も顕著であるため、ワーク・ライフ・バランスの推進が強く求められる。

3-2　長時間の労働と健康障害

本項では、これらの恒常的な長時間労働にはどのような健康上のリスクが潜んでいるのかについて具体的に見ていこう。

山崎（2007）によれば、まず最初にあげられるのは、過労死の原因となる脳出血・蜘蛛膜下出血・脳梗塞などの脳血管疾患や心筋梗塞・急性心不全などの心臓疾患に陥るリスクであり、次にあげられるのが、過労自殺の原因となるメンタルヘルスの悪化である。これらには、発症・憎悪・死亡に至る過程で労働の量的・質的な過重負荷とそれによる過労・過ストレス状態が強く関与している。量的な過重負荷は長時間の労働に代表され、質的な過重負荷は過大なノルマやプレッシャーに代表されるが、多くの場合、両者は密接に結びついている。人間の生活は、疲労と休養・リフレッシュ、ストレスとその解消・回復のサイクルから成り立っており、このサイクルが日周性で保持できれば翌日に疲労やストレスがもち越されず、朝は気持ちよく起きられる。しかし、疲労やストレスが強すぎたり、疲労やストレスからの回復が阻害されることで、それらの加わる度合いが回復の度合いを上回るようになると、サイクルの失調をきたし、疲労やストレスのもち越し・慢性化・蓄積が生ずる。こうした状態が長く続けば、過労や過ストレス状態が高じて心身の混乱や破綻をきたしやすくなる。

図表 3-6　長時間労働の健康影響メカニズム

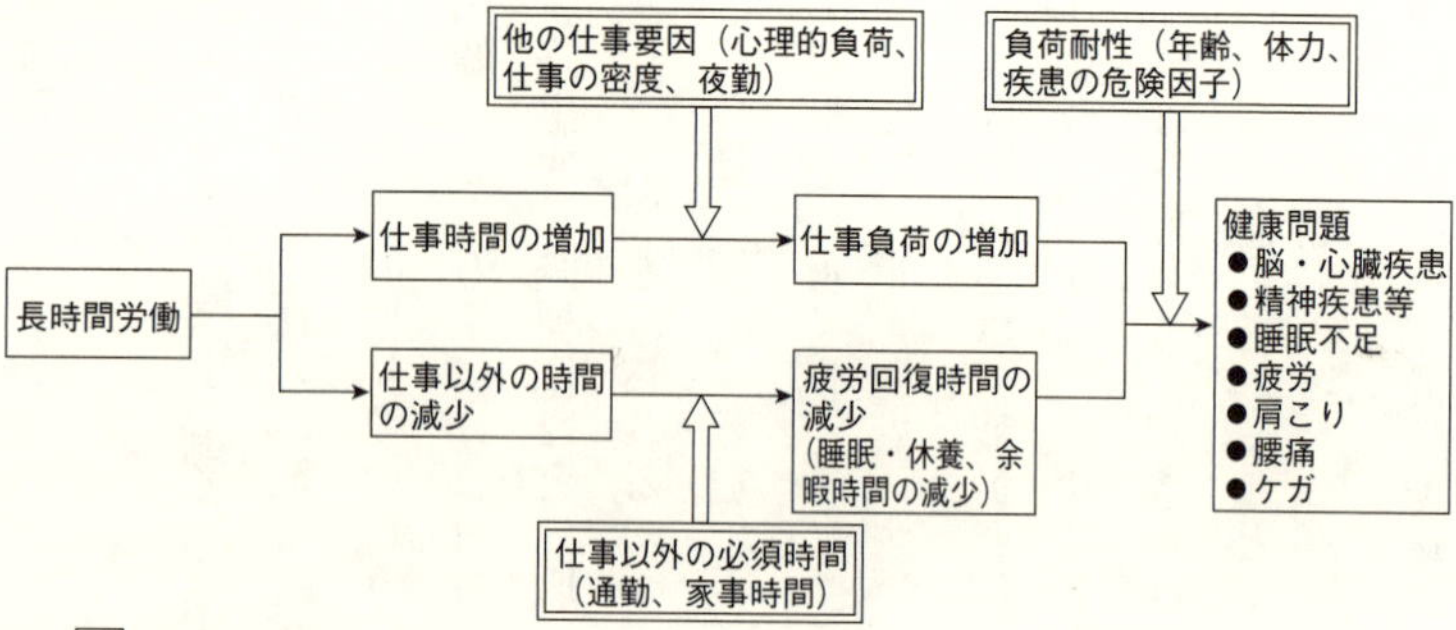

注：□内は健康影響の修飾要因
出所：岩崎（2008）、p.40

このように、恒常的な長時間の労働は、仕事負荷の増加と疲労回復時間の減少という2つの面から作用するため、健康への影響は極めて強い（図表3-6）。

では、これ以上働いたら健康に悪影響をおよぼしかねないような労働時間の水準とは、一体どれくらいの長さなのだろうか。もちろんこれは遺伝子・年齢・職種などの個人差にもよるが、全体として見た場合に目安となる水準もあろう。現在の過労死認定においては、月あたりの残業時間が45時間を超えると健康を害するリスクが徐々に高まるとみなされており、過労死の原因となる脳血管疾患・心臓疾患の発症前2～6カ月間で月あたり80時間、もしくは発症前1カ月間で100時間を超える残業をした場合に、業務と発症の関連性が強いとされている。

岩崎（2008）は、労働時間と脳・心臓疾患に関する医学研究の結果を総合し、週あたりの労働時間で55～60時間以上、月あたりの残業時間に換算して60～

80時間以上の長時間労働者は、そうでない者に比べて、脳・心臓疾患を起こすリスクが2～3倍になると指摘している。

和田（2002）は、長時間の労働が健康に負の影響をおよぼす理由として、特に睡眠不足と疲労の蓄積が強く関係していると述べている。睡眠は質だけでなく、時間もまた重要な要素であるが、長時間の労働は睡眠時間の減少につながるため、健康に悪影響をおよぼす。白川（2008）は、健康上問題のない睡眠時間とは1日7～8時間であり、7～8時間の睡眠時間の者と比べて、6時間未満の者が9年後に死亡するリスクは1・7倍になると報告している。睡眠不足は、集中力や活力の低下をもたらすだけではない。人間は、睡眠時間がその人の標準より2時間不足すれば弱度酩酊状態と同程度の脳の働きしかできないという実験結果や、睡眠不足は視野狭窄を引き起こし、注意が1点にしか向かなくなるという臨床報告もある。これらは、労働災害の発生や生産性の著しい低下につながるものであり、労働者のみならず、企業にとっても望ましいことではない。

次に、過労自殺の引き金ともなるメンタルヘルスの問題について労働時間との関係から見ていこう。恒常的な長時間労働は、睡眠不足を通じて労働者の疲労感を高め、脳・心臓疾患だけに限らず、メンタルヘルスの悪化を引き起こす原因ともなり得る。藤本（2005）によれば、1カ月あたりの残業時間が増えるほど、「1日の仕事でぐったりと疲れて、退社後は何もやる気になれない」人の割合が増え（図表3-7）、抑うつ得点傾向が上昇する（図表

図表 3-7　1カ月あたりの残業時間と過労の関係

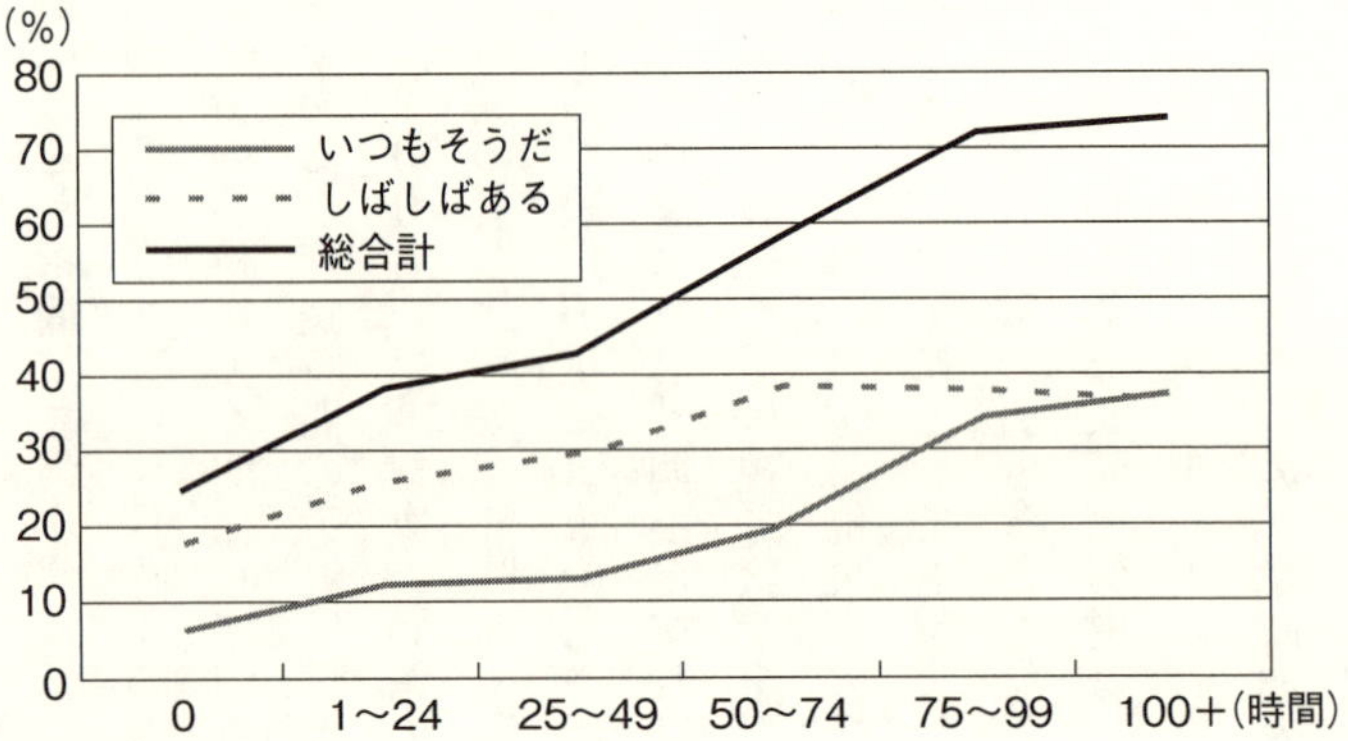

出所：藤本（2005）、p.41

図表 3-8　1カ月あたりの残業時間と抑うつ得点傾向の関係

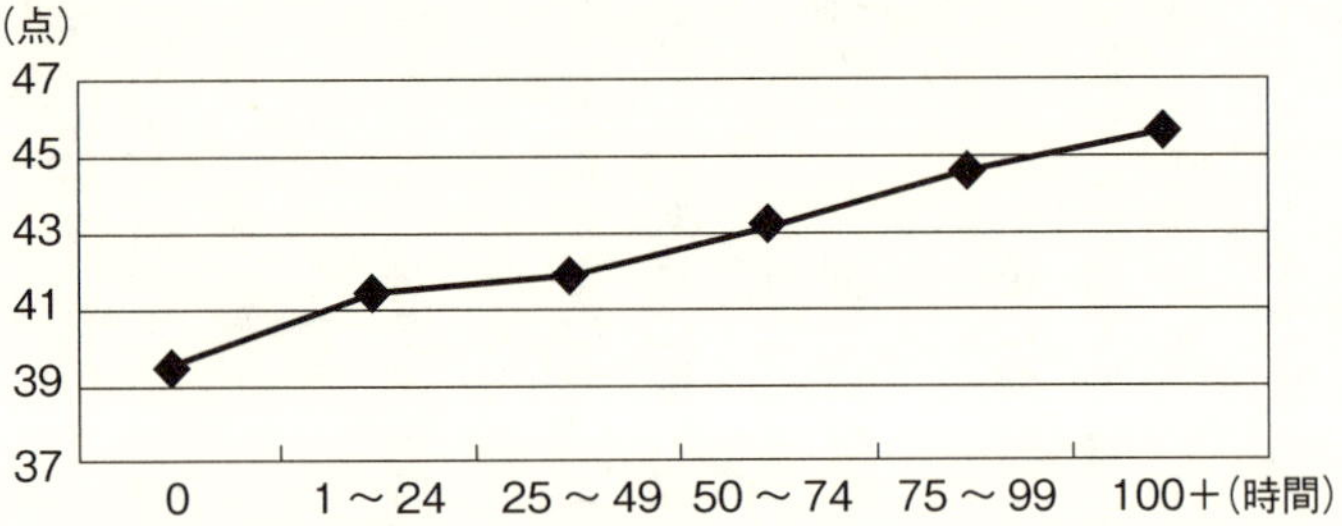

出所：藤本（2005）、p.43

3–8）。ここで、抑うつ得点傾向とは、アメリカの精神医学者ウイリアム・ツング博士によって提唱された抑うつ尺度の20項目を数量化して算出したものであり、80点満点で40点を超えると軽度の抑うつ傾向があると判定される。

　加えて、産業人メンタルヘルス白書（2005）は、1カ月あたりの残業時間が60時間を超えると家族との関係に負の影響をおよぼし、自殺念慮が増加するという傾向を報告している。このように、恒常的な長時間の労働は、人間が精神の健康を保つ上でも好ましいものとは言えないのである。

〈注〉

1　雇用者とは、企業や組織に雇われて給与を支払われている労働者のこと

参考文献

〈第1節〉

・オムロン㈱（2012）「従業員との対話」http://www.omron.co.jp/about/csr/society/employee/communication/（2012年12月5日時点）

・経団連（2010）『企業行動憲章実行の手引き（第6版）』日本経済団体連合会

・山中芳朗・蟻生俊夫（1990）「企業の社会的責任のあり方」『電力中央研究所報告』Y90005

・蟻生俊夫・丸山真弘・井内正直（1994）「電気事業の従業員満足度の現状と課題」『電力中央研究所報告』Y93011

・蟻生俊夫・尾身祐介（2009）「欧米企業におけるCSR推進の意義と取り組み動向」『電力中央研究所報告』Y08012

〈第2節〉

・ISO（2010）“ISO26000, Guidance on social responsibility,” ISO

・井上昌美（2009）「CSRコミュニケーションの信頼形成への影響―ステークホルダーとの関係について―」『広報研究』第13巻、94-111頁
・狩俣正雄（1992）『組織のコミュニケーション論』中央経済社
企業のCSR報告書
・伊藤忠商事㈱（2012）「伊藤忠商事CSR Report 2012フルレポート」
・㈱東芝（2012）「東芝グループCSRレポート2012」
・コムシスホールディングス㈱（2012）「COMSYS Group CSR REPORT 2012」
・サントリーホールディングス㈱（2012）「サントリーグループ CSRレポート 2012」
・積水化学工業㈱（2012）「積水化学工業CSRレポート2012」
・大和ハウス工業㈱（2012）「大和ハウスグループCSRレポート2012　ダイジェスト版」
〈第3節〉
・岩崎健二（2008）「長時間労働と健康問題」『日本労働研究雑誌』6月号（No.575）、39-48頁
・小倉一哉（2007）『エンドレス・ワーカーズ』日本経済新聞社
・黒田祥子（2009）「日本人の労働時間は減少したか？」『ISS Discussion Paper Series J-174』、32頁
・厚生労働省「毎月勤労統計調査」平成5年―平成23年の結果確報
・厚生労働省「就労条件総合調査」平成5年―平成24年の調査結果及び概況
・㈶社会経済生産性本部メンタル・ヘルス研究所（2005）『産業人メンタルヘルス白書2005年版』87-88頁
・白川修一郎（2006）『睡眠とメンタルヘルス：睡眠科学への理解を深める』ゆまに書房
・白川修一郎（2008）「睡眠改善学総論」、白川修一郎・堀忠雄編『睡眠改善学』ゆまに書房、5-15頁

・藤本隆史（２００５）「長時間労働が労働者に及ぼす影響」、小倉一哉・藤本隆史編『日本の長時間労働・不払い労働時間の実態と実証分析』労働政策研究報告書No.22、㈱労働政策研究・研修機構、33–68頁
・山崎喜比古（２００７）「成熟とエイジング」、山崎喜比古・朝倉隆司編『生き方としての健康科学（第四版）』有信堂、95–98頁
・和田攻（２００２）「労働と心臓疾患―〝過労死〟のリスク要因とその対策」『産業医学レビュー14』第4巻（通号55）、１８３～２１３頁
・Lee, S. (2004) "Working Hour Gaps: Trends and Issues", in J.C. Messenger ed., *Working Time and Workers' Preferences in Industrialized Countries: Finding the balance*, London, Routledge, p.42

第4章

未来を開くワーク・ライフ・バランス

ここではじめに高度成長時代とそれを支えた日本の社会経済システムについて述べ、その後の社会構造の変化と諸問題を概観する。次に男女の働き方の観点から女性の社会進出と就労実態より、ジェンダーによる性別役割分担、長時間労働等の課題を抽出。ワーク・ライフ・バランス施策、女性の活用施策の導入・運用と企業業績との関連につき述べ、日本企業の先進的な取り組み事例（4社）を示す。さらに、スウェーデン、オランダの取り組みを学ぶ。企業・国家の競争力獲得と新たな自己実現のため「滅私奉公の働き方からワーク・ライフ・バランスへの転換、さらにライフ・ワーク・バランスを目ざして」を提言していく。

キーワード

・社会構造の変化　・女性の活用　・ワーク・ライフ・バランス
・男女共同参画　・ジェンダー　・自己実現（ライフ・ワーク・バランス）

第1節　高度成長時代の光と影

本節では、1－1で高度成長時代と、それを支えた日本の社会経済システムについて触れ、1－2ではその後の社会構造の変化と、それに伴い顕在化してきた諸問題を概観する。

1－1　高度成長時代と社会経済システム

昭和30（1955）年代にスタートする高度成長期からバブル時代に至るまで、日本は、他の先進国と比較して高い経済成長率を記録した（図表4－1）。とりわけ、高度成長期は企業の旺盛な設備投資と家計の所得水準の向上により、一般消費者向けの耐久消費財の普及がめざましかった。昭和30（55～64）年代に三種の神器と呼ばれた「白黒テレビ、洗濯機、冷蔵庫」は昭和40（65～74）年代にはすでに普及率が80％を超え、新三種の神器「カー、クーラー、カラーテレビ（3C）」が普及しはじめた。

これらの旺盛な内需と輸出の拡大に支えられて、世界経済における日本の順位も急速に上昇した（図表4－2）。1968年、ちょうど明治改元から100年目を迎えたこの年に、日本の国民総生産（GNP）は自由世界においてイギリス、フランス、ドイツを抜き、アメリ

図表4-1　1人あたり実質GDP成長率の推移

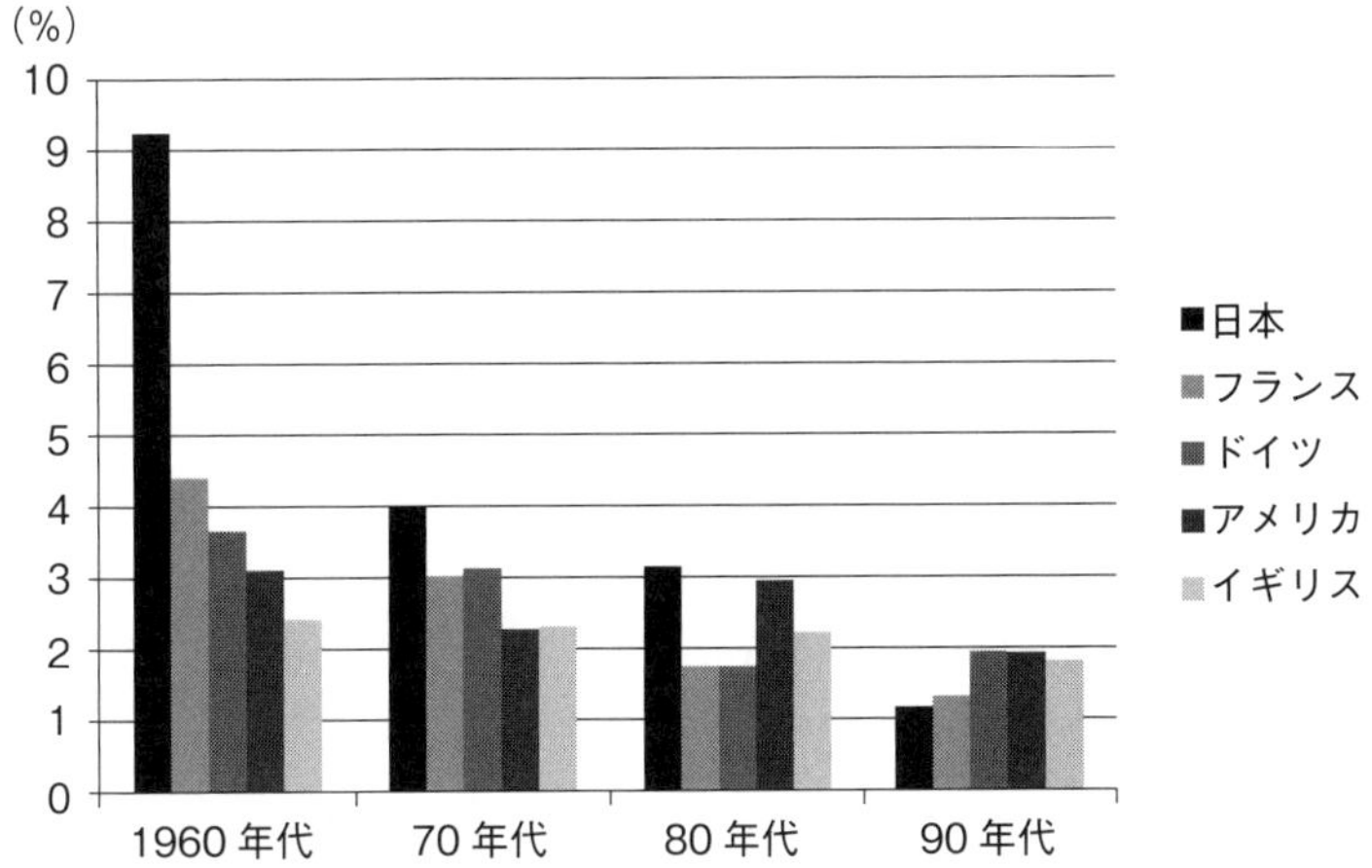

出所：内閣府（2008）、United Nations, Department of Economics and Social Affairs Database より筆者作成

カに次ぐ第2位に浮上した。日本が、戦後の復興期を経て、欧米先進国へのキャッチアップを果たし、経済大国としての地位を固めた象徴的な出来事であった。

高度成長期からバブル時代までの成長を支えた日本の社会経済システムの特徴は、以下の通りであると指摘されている（アベグレン&ストーク、1986：山田、2012ほか）。

産業においては、大企業加工組立製造業を頂点に、中小企業製造業や非製造業がサポートする重層構造の存在があった。大企業製造業は、高機能品の大量生産を行い、「よいものを安く」のビジネスモデルで世界市場を席巻した。その背景には、たゆまざる企業努力に加えて、世界経済が主として欧米先進国から構成されていたこと、国

たり国民所得の推移

（単位：GNP は億ドル、1 人あたり国民所得はドル）

1960 年			1965 年			1968 年		
国名	GNP	1 人あたり国民所得	国名	GNP	1 人あたり国民所得	国名	GNP	1 人あたり国民所得
アメリカ	5038	2294 (1)	アメリカ	6849	2900 (1)	アメリカ	8606	3543 (1)
西ドイツ	742	1079 (10)	西ドイツ	1132	1512 (8)	日本	1419	1110 (19)
イギリス	719	1117 (9)	イギリス	1001	1467 (10)	西ドイツ	1322	1567 (12)
フランス	604	1014 (11)	フランス	941	1446 (12)	フランス	1176	1644 (9)
日本	430	365 (23)	日本	883	707 (21)	イギリス	873	1583 (11)

内では若年比率の高い人口構成であり、欧米に比べて人件費が割安であったこと、大量生産によって1個あたりの製造原価を下げることができたことなどの要因がある。

労働市場では、男性正社員がコア労働力に位置づけられ、女性は事務員もしくは非正社員として周辺労働力とみなされた。右肩上がりの経済成長が続くがゆえに、男性正社員の終身雇用と年功賃金が成り立つ日本型雇用システムが形成された。このシステムは、男は仕事・女は家庭という伝統的家族モデルに依拠したものであり、人口が増加

図表4-2　国民総生産（GNP）および1人あ

GNP順位	1950年 国名	GNP	1人あたり国民所得	1955年 国名	GNP	1人あたり国民所得
1	アメリカ	2851	1582（1）	アメリカ	3917	1961（1）
2	イギリス	370	556（10）	イギリス	535	839（10）
3	フランス	274	499（12）	フランス	480	845（9）
4	西ドイツ	231	371（16）	西ドイツ	418	637（15）
5	インド	219	―	カナダ	268	1308（2）
6	カナダ	167	969（2）	日本	240	198（33）
7	日本	109	123（37）			

注：1人あたり国民所得の（　）内の数字は順位を示す
出所：経済企画庁（1968）

することで、働き盛りの男性の中から十分な労働力を確保できることが前提であった。日本型雇用システムは、経済成長が鈍化した後もしばらくは、非正社員を雇用の調節弁に使うことで、正社員の雇用と彼らの扶養家族の生活を守ってきた。

　社会保障システムは、年金・医療が中心となり、主として引退世代の生活を支えることを目的として整備されてきた。一方、引退世代を支える現役世代のための雇用関連支出や保育関連支出は先進諸国の中では少ない部類に属しており、大企業が終身雇用・年功賃金の対象となる男性正社員向けに福利厚生を提供することで、その家族が間接的に恩恵を被る仕組みであった。

　日本はこれらのサブ・システムの集合体として高い成長を果たしてきたと世界で脚光を浴び、「日本株式会社」、「Japan as No.1」などの揶揄と称賛をおりまぜた言葉が登場した。

1-2　社会構造の変化と従来型の社会経済システムの行き詰まり

しかしながら、東西冷戦の終結後の1990年代に入ってからは、安価で豊富な労働力を有する中国、ロシア、東欧がグローバル社会に参入し、各国経済の相互依存度が高まった。先進国はこれら新興国地域に次第に製造拠点を移し、コスト競争は激化した。さらに、プラザ合意後の円高の進展、社員の高齢化による賃金上昇、そして新興国の技術進歩により、日本企業の「よいものを安く」のビジネスモデルは次第に有効性を失った。

図表4-3は過去30年間の円・ウォン・元の対ドル為替レートの推移（1981年時点の対ドル為替レートを100とし、指数化したもの）を表している。人民元は、通貨バスケットによる管理フロート制に移行した2005年以降は、対ドルで徐々に上昇基調にはあるものの、それでも30年前と比べれば依然として相当低い水準にある。また、韓国ウォンも、人民元ほどではないものの、30年前と比べればまだ低い水準に位置している。その一方で、円の対ドル為替レートの上昇だけが静かに進行している。

山田（2012）によれば、2009～10年時点で、韓国の賃金は日本の3分の2程度、中国は10分の1程度にしか過ぎないため、彼らを相手にコスト競争力で勝負することは不可能である。にもかかわらず日本企業が「よいものを安く」のビジネスモデルにこだわるならば、一部の生産工程を海外移転すると同時に、国内では、低コストの非正規社員比率を増やし、成果主義の下で正社員の賃金を抑制し、さらなるコストダウンを下請け工場に要請する

図表4-3　円・韓国ウォン・中国元の対ドル為替レートの推移

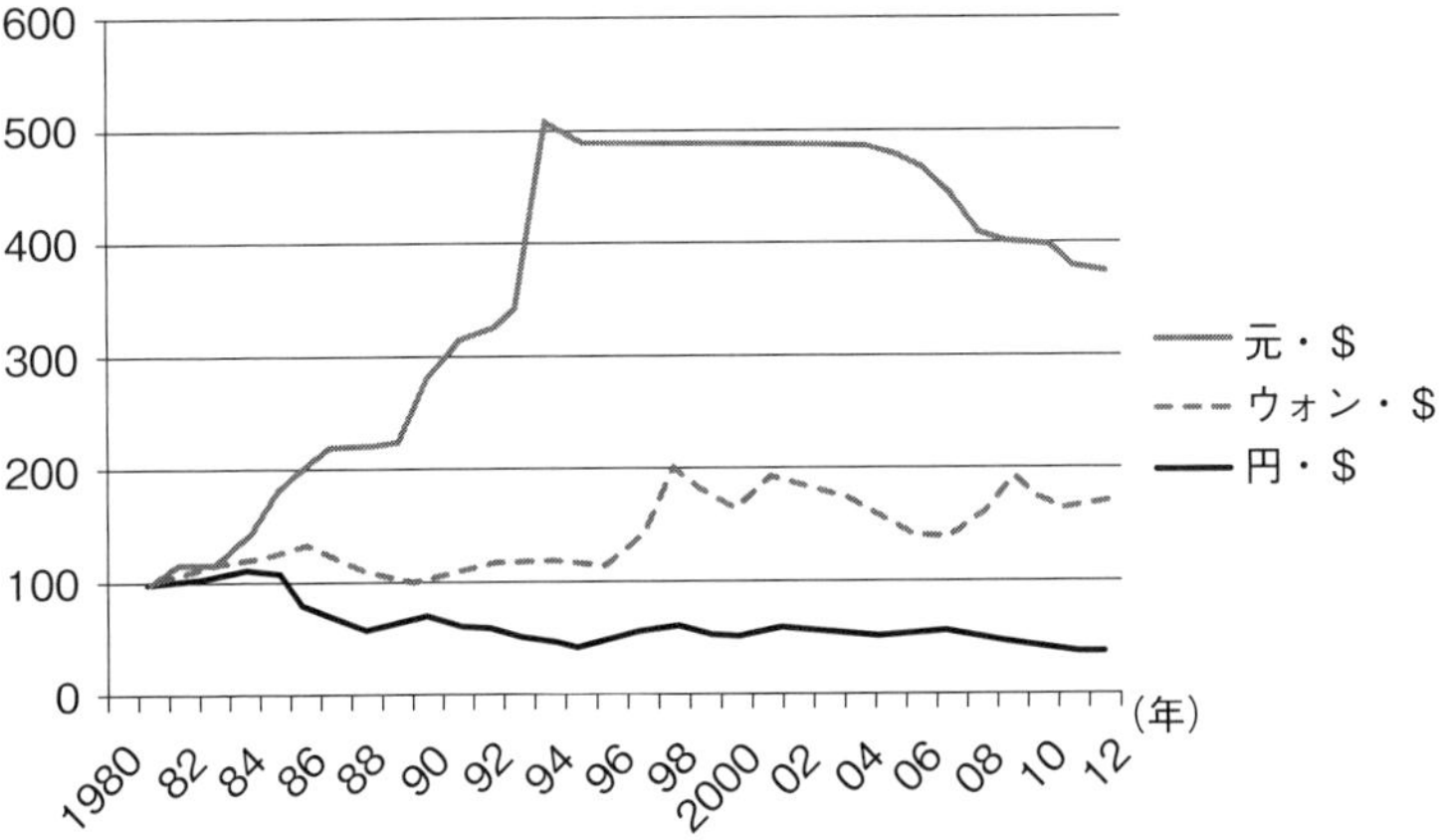

注：1981年時点の対ドル為替レートを100とし、指数化したもの
　　100を超えれば通貨安を、100を下回れば通貨高を示す
出所：Principal Global Indicatorsのデータに基づき筆者作成

しかない。しかし、これらの措置は家計所得と消費の低迷をもたらし、国内販売の低迷につながるため、企業はますます海外市場の開拓に力を入れ、成果配分における国内賃金の比重を抑え、それがさらなる国内市場の縮小化をもたらす、という悪循環に陥ることになる。それゆえ、よいものはそれなりの価格で、あるいは、ユニークなものをリーズナブルな価格で、という品質と価格の無理のない組み合わせによるビジネスモデルの再構築が求められている。

　日本企業のビジネスモデルの転換のためには、同時に、従業員の働き方の見直しも不可欠となる。第3章第3節で取り上げた長時間労働は、伝統的な性別役割分業社会の中でこそ成り立ってきた。男性には仕事や会社の要請に応えることが第1に期待され、またそれを可能にしたのも、家庭役割に専従する専業主婦の存在があったからだ。恒常的な長時間労働を前提とした日本型正社員モデルは、性別役割分業に基づく男性片稼ぎモデルであり、背後には扶養家族の存在があるため、雇用調整は難しい。しかし、日本の企業が従来型の「よいものを安く」のビジネスモデルに固執し続け、なおかつ、英米よりも正社員の雇用調整がしづらいのであれば、中高年の退職に伴い徐々に正社員の比重を減らしつつ、安価で雇用調整が容易な非正規労働者の比重を増やすしか手立てはない。その結果、新しく労働市場に参入する若年層の労働条件は劣化し、彼らが結婚したり、子どもをもったりすることが難しくなる。そして、こうした不安定雇用の増大は、国内市場をさらに委縮させる、という悪循環に歯止めがかからなくなる。

また、日本型雇用システムを支えてきた性別役割分業が、経済成長の鈍化後は、一家の稼ぎ手としての役割を担う男性に、職業生活の時間的・心理的肥大化や健康障害をもたらす一方で、育児・介護役割を担う女性の社会参加や自己実現欲求を断念させる構造であることも徐々に明らかになってきた。

鎌田（1995）は、バブル崩壊後の時点ですでに、これらの問題について「日本の夫婦は、過労死するほど長時間働く夫と半数にも及ぶ専業主婦の組み合わせから成り立っているが、スウェーデンのカップルは、男女とも短時間働きに出る代わりに、長い休暇を取り、毎

図表4-4　片働き世帯数と共働き世帯数の推移

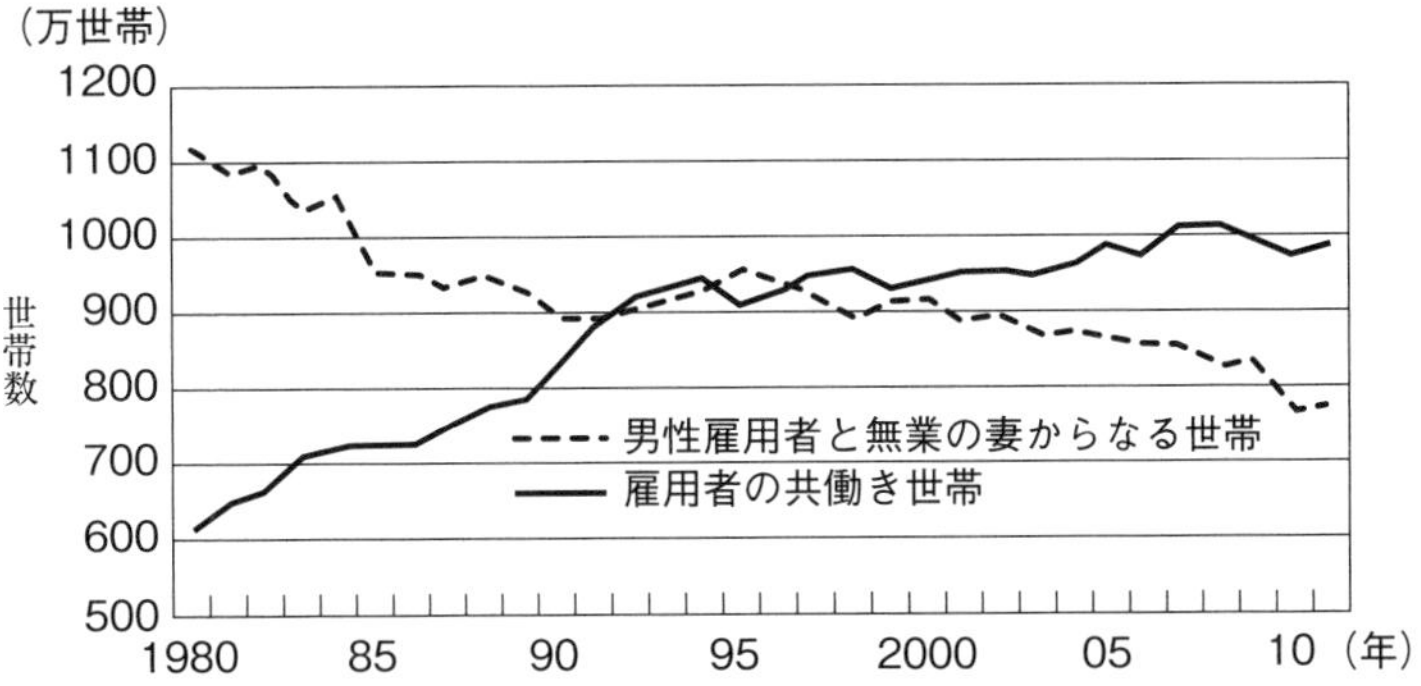

注：ここで雇用者とは、企業や組織に雇われて給与を支払われている労働者のことを指す
出所：内閣府（2012）、p.22

日早く帰宅して家事を同じだけ分担する。保育・介護といった他人の生命の再生産労働は、社会の責任として国民全体で負担するといった分業形態が採られている」と指摘しており、日本においても、家庭内労働も含む社会の全ての有用労働を合算し、再配分することで、全員に社会参加の機会を与えようという提案を行っている。

その後、家計所得の伸びの鈍化や雇用不安を背景に、1997年以降は雇用者における共働き世帯の割合が片働き世帯の割合を上回り、現在では片働き世帯の方が少数派となっている（図表4-4）。その一方で、職場の多くは、依然として片働き時代の長時間労働が前提となっており、共働き世帯は仕事と家庭のコンフリクトに直面している。しかし、今ではもはや、従来型の長時間労働をこなせる働き手の数は減少している。さらに平均寿命の伸長と兄弟姉妹数の減少の中で、親の介護も長期化・重度化しており、働く意欲がありながらも、介護のために退職せざるを得ない人々が増えている。

このような社会では、誰もが個々人の事情に合わせて働ける環境を整備する必要がある。労働時間や勤務場所について拘束性の強い働き方しか許さない社会では、仮に年齢や性別による差別が法律で禁止されていたとしても、結果的には仕事以外のことは全て犠牲にでき、会社から求められる拘束性に応えられる一握りの人にしか活躍のチャンスはない。そこで、多様な人々の社会への参画を促し、家庭内労働も含めて、社会に求められる全ての有用労働を広く浅く分担できる社会に変革していくことが求められる。勤労者の労働時間の健全化のみならず、ワークとライフのバランスのとれた持続可能な働き方のできる社会を早急に実現していかなければ、日本の社会はもたないところまですでに来ているのである。

第2節　女性の社会進出と課題

2-1　女性の社会進出と雇用機会均等法の制定（敗戦〜1986年頃）

1945年夏、第二次世界大戦が終結し、日本国憲法が制定され、民主主義の世の中となり、参政権をはじめとして様々な権利を女性は獲得した。戦後の混乱が収まると、日本経済が朝鮮戦争の特需景気から高度成長期へと移る中で、都会を中心に核家族化が進行した。それとともに、様々な職場で女性が雇用され、自ら収入を得る機会が増加した。「戦後強くなったものは靴下（ストッキング）と女性」という皮肉交じりの言葉が流行した。「戦後強くなったものは、女性と靴下」という言葉は、50年代に化学合成繊維であるナイロンが発明され、それまでの天然繊維の絹のように美しくまた格段に丈夫であり、それまでの絹のストッキングが一気にナイロン製に代わっていったことから生まれた。日本国憲法により女性が参政権を得て、社会進出を始めた女性の姿を揶揄した言葉であろう。しかしながら、女性は本当に強くなったのであろうか。

職場では、女性は「職場の花」、「女性の就職は結婚までの一時的な腰掛け」、「花嫁修業の一環」などといわれた。一部の専門職や国家公務員（いわゆるキャリア）を除く大部分の女性に与えられたことは、コア従業員である男性を支えるためのコピーとりやお茶汲み、伝票整理等の補助業務を果たす役割であった（第4章第1節参照）。女性たちの前には、ⓐ職種が限定的で補助業務である、ⓑ高度な教育を受けた場合でも就職の機会が男性に比べて極端に少ない、ⓒ昇進・昇格の機会が極めて少ない、ⓓ賃金が低く抑制されている、ⓔ結婚・出産・育児のために「仕事か、結婚（家庭）か」という二者択一を迫られる（これは企業や職場のメンバーからだけではなく、配偶者や家族からの圧力も存在する）、ⓕ男性よりも早期の定年年齢の設定（例：男女別定年制＝男性55歳、女性50歳等。昭和56（1981）年3月24日最高裁判所により、男女別定年制は民法90条公序良俗違反により無効との判決）など、大きな壁が存在していた。従来の夫を支える妻の役割、つまり伝統的な性別役割分担がそのまま職場へともち込まれたのである。朝早くから夜遅くまで会社のために滅私奉公し、「エコノミックアニマル」と諸外国から揶揄された「企業戦士たる夫」に対し、専業主婦として夫を支える「銃後の妻」の役割であった。核家族化は、伝統的な性別役割分担をある意味で補強し継承することになっていった。

このような状況は、日本政府が、昭和60（1985）年6月、女性差別撤廃条約（女子に対するあらゆる形態の差別の撤廃に関する条約）を批准したことにより、大きな転機が訪れたといってよいだろう。この条約は、その後の日本の男女平等政策の指針となっており、条約の批准のための国内法の整備の一環として、雇用の分野では、昭和61（1986）年4月に男女雇用機会均等法（「雇用の分野における男女の均等な機会および待遇の確保等女子労働者の福祉の増進に関する法律」）が施行された。均等法の成立を受け、産業界では、多くの企業がコース別人事管理を導入した。大卒男性は総合職コース、女性には、一般職（従来の事務補助業務中心、ただし、全国的な転勤が免除される等）コースと、男性と同じ総合職コースの2コースが示される事例が多かった。当初は、多くの女性は一般職として採用され、さらに一般職から総合職への転換機会は設定されていない場合や、極めて限定的という状況であった。このため、女性には業務を遂行するスキルを獲得する機会が限定され、昇進・昇格は男性に比べ格段に遅く低賃金から脱出できない状況であった。一方、総合職に採用された女性は、職場の受け入れ態勢や教育・訓練の準備不足等による失望から、途中退職する事例が見られた。

しかしながら、社会構造は、水面下で徐々に変化し、男性が専業主婦の女性と子を養うという伝統的性別役割分担の家庭が減少し、共働き家庭の世帯数が増加していき、1997年には、専業主婦の家庭より共働きの家庭の世帯数が多いという逆転現象がおきた。結婚せず働き続ける女性また結婚しても退職しない女性の増加や、少子化に伴い育児が早めに一段落し再就職する女性が増加したためであろう。そして、長期間職業をもつ女性、特に専門的な知識や技術を必要とする職業や管理職に従事している女性を称して「キャリアウーマン」という言葉が生まれた。さらに、平成11（1999）年4月には前述の男女雇用機会均等法が改正（「雇用の分野における男女の均等な機会および待遇の確保等に関する法律」）され、制定当初は努力目標であった「募集・採用、配置・昇進の機会均等」が禁止規定へと改正された。

2-2　男女共同参画社会基本法成立の意味と就労の実態

さらに、平成11（1999）年6月に男女共同参画社会基本法が施行された。この基本法は、男女の人権が尊重され、社会経済情勢の変化に対応できる豊かで活力ある社会の実現のために、男女共同参画社会を形成することを目的とした画期的な内容である。日本の伝統的な男女の性別役割分担を乗り越え、「男は仕事、女は家庭」から「男女が共に、仕事と家庭」を担う社会の形成を期待しているのである。第2条1には、「（略）男女が社会の対等な構成員として、自らの意思によって社会のあらゆる分野における活動に参画する機会が確保され、もって男女が均等に政治的、経済的、社会的及び文化的利益を享受することができ、かつ、共に責任を担うべき社会を形成することをいう」と、男女共同参画社会の形成の定義が述べられている。さらに第2条2においては「（略）前号に規定する機会に係る男女間の格差を改善するため必要な範囲内において、男女のいずれか一方に対し、当該機会を積極的に提供することをいう」と、積極的改善措置の定義も示されている。

ここで、女性の年齢階級別労働力率の推移を図表4-5に示す。昭和50年、同60年、平成7年、同23年を取り上げている。労働力率は15歳以上人口に占める労働力人口（就業者と完全失業者を合わせたもの）であるが、カーブの中央部の落ち込みは、女性の結婚、出産、育児等のライフイベントと重なっており、M字カーブと呼ばれている。つまり、配偶者が家事・育児に積極的に参加できるとか、自分または配偶者の両親が家事・育児を担当可能であるとか、あるいは公的保育所に入所できるとか、ベビーシッターや家事手伝いを個人的に雇用する経済的負担に耐えられるなどの幸運な条件にある場合、または、未婚あるいは既婚でも子どもがいない場合等でないと、女性は継続的に働くことが難しいことを示している。そこで、仕事を辞め家庭に入り、育児に手がかからなくなった時期に再就職する場合、給与等

図表 4-5　女性の年齢階級別労働力率の推移

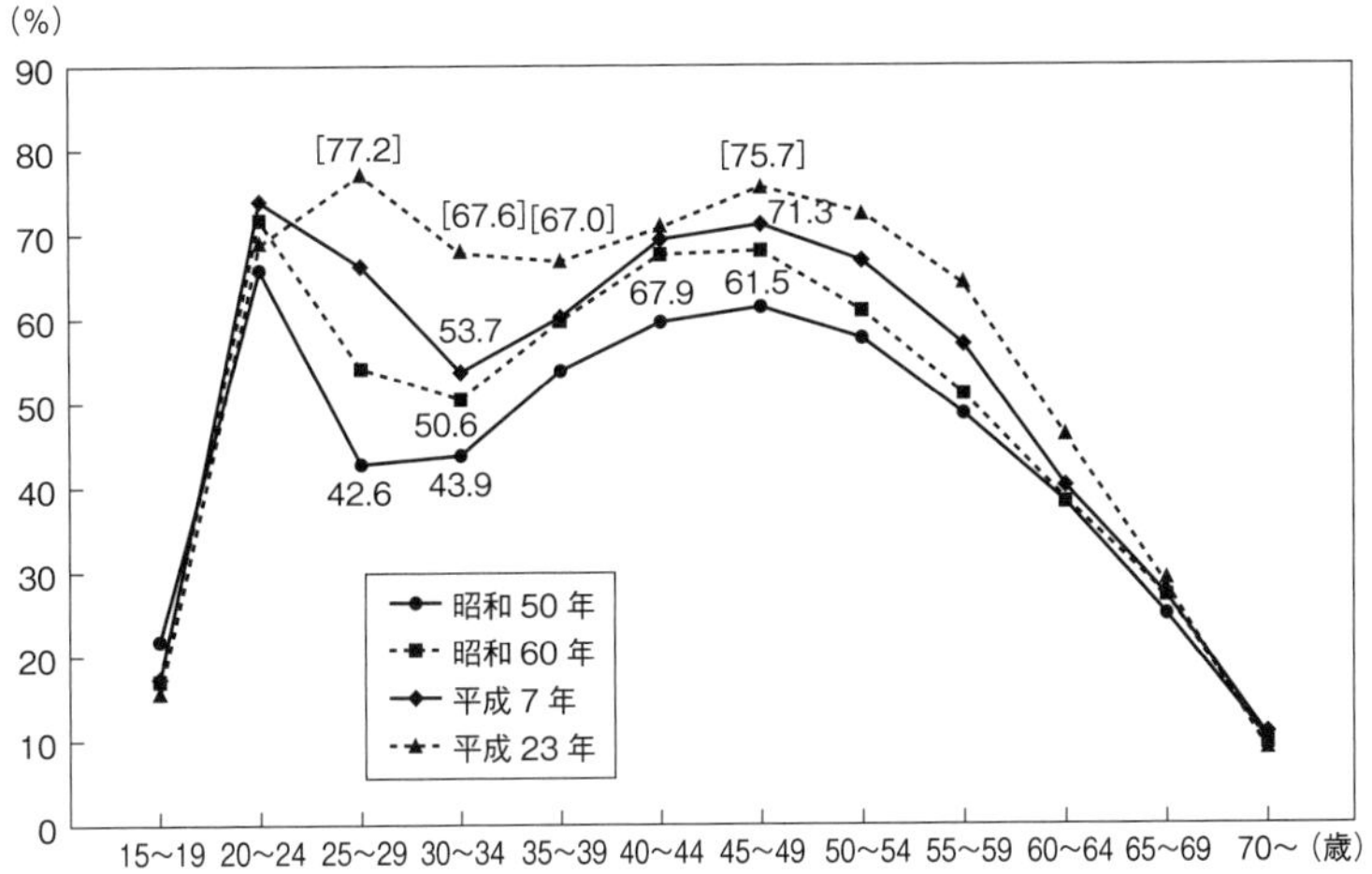

備考：　1. 総務省「労働力調査（基本集計）」より作成

2.「労働力率」は、15 歳以上人口に占める労働力人口（就業者＋完全失業者）の割合

3. 平成 23 年の［　］内の割合は、岩手県、宮城県及び福島県を除く全国の結果

出所：平成 24 年版男女共同参画白書、p.58

の待遇面の条件が低下する非正規雇用にならざるを得ないことが多い。継続勤務できないことによりキャリア形成も難しい。また、育児が終了した女性でも、娘・嫁・妻の立場で介護の担い手となる場合には短時間勤務に就かざるを得ない状況もある。男女別の雇用形態を比較すると、図表4-6に示すように、女性は正規の職員・従業員が2分の1以下という状態で低迷している。次に、図表4-7に役職別管理職に占める女性の割合の推移を示す。民間企業を含む各分野における「指導的地位」に女性が占める割合を示す。各分野とも専門職の薬剤師を除き明らか

図表 4–6　雇用形態別に見た役員を除く雇用者の構成割合の推移

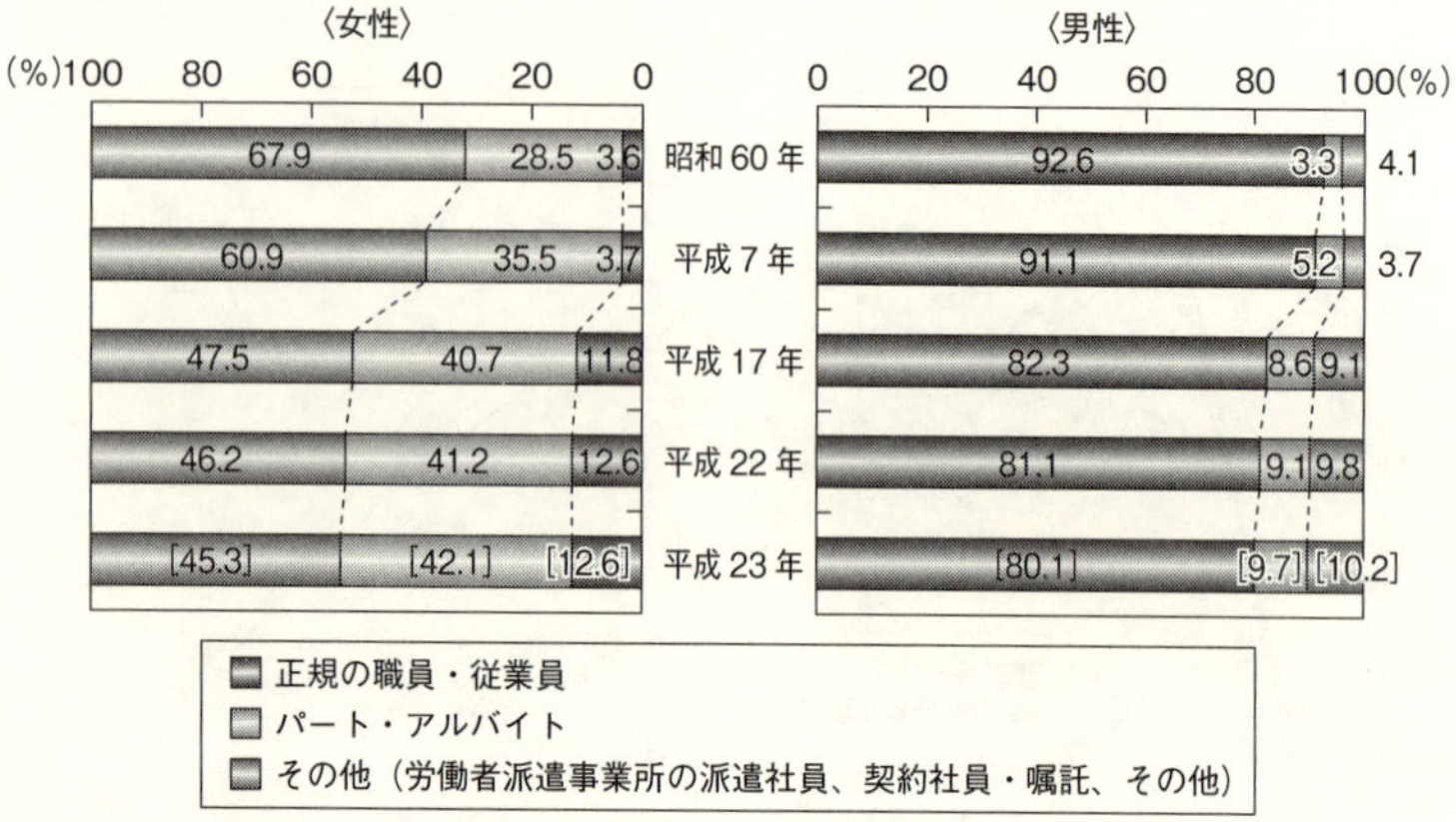

備考：　1. 昭和 60 年と平成 7 年は、総務庁「労働力調査特別調査」（各年 2 月）より、17 年以降は総務省「労働力調査（詳細集計）」（年平均）より作成

2. 平成 23 年の［　］内の割合は、岩手県、宮城県および福島県を除く全国の結果

出所：平成 24 年版男女共同参画白書、p.71

に少ない状況にあることが示されているが、特に民間企業の管理職の数値は低い傾向にある。さらに、国税庁による民間企業の給与実態統計調査（平成22年版）によると、男女の給与所得に格差が見られ、年収７００万円以上の所得は男性では18％、女性では３％弱にすぎず、年収３００万円以下の所得は、男性では23％、女性では66％を占めている。（平成24年版男女共同参画白書、76頁）これらのデータから、女性の労働力率は年々上昇しているものの、その雇用形態、勤続年数、役職によって給与等の待遇が男性に比し低く、これは老後の年金にも影響し、女性は生涯にわたり、不利ということになる。

図表 4-7　各分野における「指導的地位」に女性が占める割合

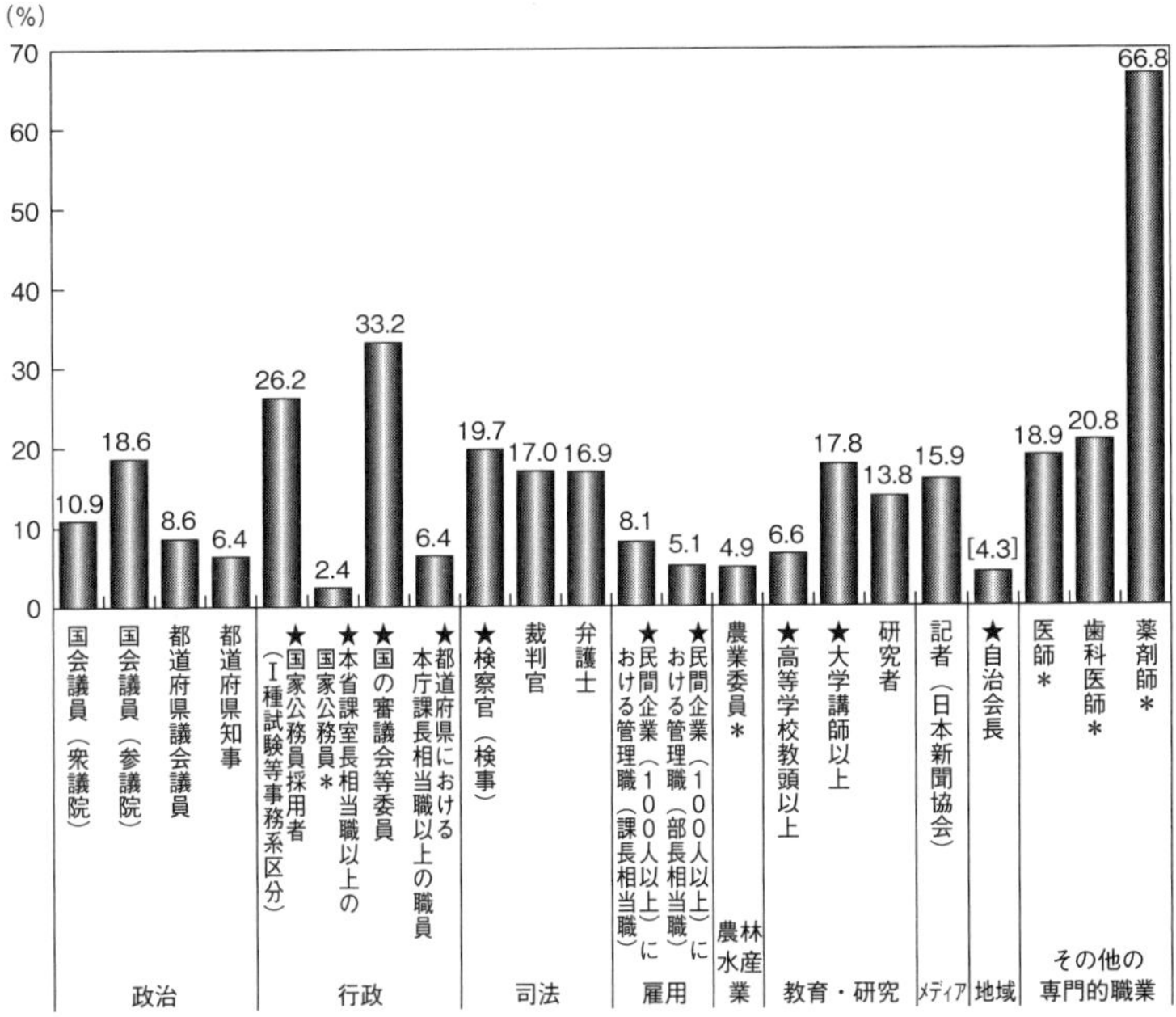

備考：　1.「女性の政策・方針決定参画状況調べ」（平成 24 年 1 月）より一部情報を更新。原則として平成 23 年のデータ。ただし、＊は平成 22 年のデータ
なお、★印は、第 3 次男女共同参画基本計画において当該項目またはまとめた項目が成果目標として掲げられているもの

2.「自治会長」については、東日本大震災の影響により調査を行うことができなかった次の 15 市町村が含まれていない。岩手県（花巻市、陸前高田市、釜石市、大槌町）、宮城県（女川町、南三陸町）、福島県（南相馬市、下郷町、広野町、楢葉町、富岡町、大熊町、双葉町、浪江町、飯舘村）

出所：平成 24 年版　男女共同参画白書、p.53

2-3 働く女性の課題とワーク・ライフ・バランス

戦後、女性は社会に進出し就労の機会は拡大しているが、様々な問題を抱えているといえる。これらの問題は次の2点に集約できるであろう。第1は、出産・育児・介護により、日本の女性の継続的就労が困難であること、第2は、日本社会では、女性は教育程度が高いにもかかわらず意思決定の場へ参画する機会が少なく、能力発揮の機会が十分でないことである。これらの問題が発生する重要な3つの課題を考えてみることにしよう。

① ジェンダー格差

伝統的な性別役割分担意識が強いことや女性の能力に対する偏見等が、日本女性の社会進出の障壁となっている事実は、ジェンダーの影響と考えられる。林（2011）によると、ジェンダーは社会学の用語で、通常は生物学的な性別（SEX）と対置され、「社会的・文化的につくられた性」といわれ、「男らしさ」、「女らしさ」、「男はこうあるべき」、「女はこうあるべき」等という規範的性格をもつ概念の源であり、多くの場合は、男性的なものが優位であるという異性間の支配・被支配の関係を意味するといわれている。ジェンダーは日本だけに存在するものではないが、特に日本を含む東アジアでは、文化、各種の社会制度、男性・女性双方の意識に強固に根を張っており、それが原因となって女性の能力を十分に社会にいかしきれない傾向がある。また、職場ではチャレンジングな仕事は男性に、日常的なルーティンワークは女性にというように仕事の与え方が異なり、結果として女性の能力育成を阻害し、ジェンダー格差を積み上げてしまう傾向がある。一方、多くの女性の対象者は育児時短制度や育児休業制度を利用するが、男性の取得者は極端に少ない。男性は家事や育児にかかわる機会を喪失するとともにその喜びやスキルも獲得できない状況に置かれているといえる。

伊藤（２００９）によると、１日あたりの有償の労働時間は、男性は9時間56分、女性は6時間15分であり、無償の労働は、男性で30分、女性で4時間24分である。男性が家事労働に参画しづらい理由は「男女の定型化された役割に基づく慣習」、「労働時間が長い」、また「女性より給与が高い男性の休業は生活の維持のためには難しい」等であろう。リーマンショック以降、長引く不況のために、日本の労働市場は以前より閉鎖的と指摘されており、より一層厳しい状況にある。男性がリストラされたり、正社員として就業できず非正規労働者として低賃金かつ不安定な条件で雇用される機会が多くなり、女性が専業主婦でいることは難しい状況である。そこで、性別役割分担は、従来の「男は仕事、女は家庭」から「男は仕事、女は仕事と家庭」という状況に変化する傾向があり、女性への負担が一層増加する傾向がある。これほど両立が大変なら、総合職より一般職の方に転換したいとか、専業主婦を希望する女性の声を聞くこともある。さらに、桑山（２００９）は、ジェンダー格差を解消しようとする法律の制定があるにもかかわらず、結果として伝統的性別役割分担の体制を補強する仕組みがあると指摘している。たとえば、個人単位ではなく世帯を１つの単位として扱うことである。具体的には、所得税の配偶者控除（控除を受けられる範囲での就労に抑えるため、女性の就労意欲とスキル獲得の機会を減じること）、また、夫が厚生年金および共済組合の加入者に扶養される配偶者は、国民年金の保険料の納付の必要がないこと、厚生年金等の社会保障制度（たとえば、国民年金の遺族基礎年金、厚生年金の遺族厚生年金においても、女性のみが受給権者で、夫には支給の年齢要件が課されており、女性の家族にとっては女性を失った場合の保障が少ない）等があげられる。

② 日本的雇用慣行、閉鎖的労働市場

日本の労働者は、総労働時間が長いだけではなく通勤時間も長く、有給休暇の消化率も低く、滅私奉公的勤務状況である。従業員の過労死や慢性疲労、うつ症状等の精神疾患の増加に影響している可能性があり、自由で斬新な発想が浮かぶゆとりが少ないと推測される。なぜ、このような職場環境が継続しているのだろうか。主な理由として3点をあげることができる。

ⓐ時間あたりの成果よりも、労働時間の長さがプラス評価となる傾向が大きい。

ⓑ同様の業務であっても「正規労働者」と雇用の調整弁として使われる「非正規労働者」の労働条件（給与、福祉等）に格差が大きい。

ⓒ労働市場の流動性が低い。「正規」から「非正規」に移ると再び「正規」に戻ることは極めて難しい。

これらは男女共通の問題（桑山、２００９年）だが、特に働く女性にとっては、より大きな障害であるといえる。

③　国家・企業のワーク・ライフ・バランスに対する認識

前述した②日本の雇用慣行の是正にはワーク・ライフ・バランスが有力な方策の１つであると考えられる。

内閣府により、２００７年12月に「仕事と生活の調和（ワーク・ライフ・バランス）憲章」（以下、憲章という）および「仕事と生活の調和推進のための行動指針」（以下、行動指針という）とが策定された。憲章では、ワーク・ライフ・バランスが実現した社会は「国民１人ひとりがやりがいや充実感を感じながら働き、仕事上の責任を果たすとともに、家庭や地域生活などにおいても、子育て期、中高年期といった人生の各段階に応じて多様な生き方が選択・実現できる社会」と述べている。具体的には、「就労による経済的自立が可能な社会」、「健康で豊かな生活のための時間が確保できる社会」、「多様な働き方、生き方が選択できる社会」としている。就労しやすい労働条件になれば、家庭や勉学、高齢等の事情があっても労働に参加でき、多様な能力を活用できることになる。少子高齢による労働力不足の解決や、労働生産性の向上により国家・企業の競争力の強化に資するといえるだろう。

しかしながら、企業では、ワーク・ライフ・バランスが企業業績へプラスであるのか、あるいはマイナスであるのかにつき重大な関心を寄せているものの、単なる女性への福祉施策の1つとしてのとらえ方に留まっている取り組み方が多く見られる。そこで次節では、ワーク・ライフ・バランスと国家・企業の競争力との関連の視点からとらえ直し、議論を深めていく。

第3節　ワーク・ライフ・バランスと自己実現の提言

3-1　企業業績とワーク・ライフ・バランス

第2節2-3で抽出した働く女性が直面する課題（ジェンダー格差日本的雇用慣行・閉鎖的労働市場、国家・企業の認識）は、実は女性だけの課題ではなく、男性にとっても課題である。しかしながら、「ワーク・ライフ・バランスや女性の活躍支援の施策を導入するのは業績向上につながるのか。業績が良い企業やゆとりある大企業は導入できるかもしれないが、普通の企業では難しいのではないか」という質問を受けることがある。学習院大学経済経営研究所（2008）、佐藤・武石（2008）は、ワーク・ライフ・バランスや女性活躍支援の施策と企業業績との関連を検討した国内外の先行研究を詳細にレビューしている。ここで、日本企業を対象にした2つの研究を紹介したい。阿部・黒澤（2008）は、企業の人事担当マネジャーへの郵送配付アンケート調査（有効回答率12・9％、446社、2005

年10月実施）を実施し、その分析結果として、両立支援策（ワーク・ライフ・バランス施策とほぼ同じ）と男女均等政策（女性活躍支援策にほぼ同じ）をともに導入すると、企業業績にプラスの影響を与えると報告している。また、小池（２０１１）は、一般企業３３８社のパネルデータ（ＣＳＲデータと財務データをドッキングさせた5年間の縦断データ）の統計的分析により、総合的なワーク・ライフ・バランス施策と女性の能力活用策を補完的に組み合わせることで、生産性によりよい効果があることを報告している。これらの研究結果は、総合的なワーク・ライフ・バランス施策に女性活用策を加えて、導入・運用することによって企業業績によりよい効果が得られることを示唆している。そこで、実際にワーク・ライフ・バランスと女性活用に優れた職場環境づくりに意欲的に取り組む4社（流通業、外食産業、金融業、ＩＴ企業）にインタビュー調査を実施した。

① 良品計画（流通業）

セゾングループの西友のプライベートブランドであった「無印良品」。それが発展し、１９８９年に別会社として設立。２００１年に、現在の松井忠三会長が社長として経営改革に着手。効率の高い企業風土への転換の一環として、残業時間の削減に取り組む。就業時間に効率を上げ定時退社の呼びかけ放送、就業30分後に残業申請の届け出のない者のチェックのための見回りと消灯。デッドラインシステムの導入（締め切りを決め、全社コンピュータシステムや書面により組織内で共有し、見える化をはかり効率アップ）。ノー残業デーの設置。

心身ともに疲弊していては新商品の企画を生むことは困難との判断による。女性の離職率を下げるために、出産後早い時期に復帰できるように育児に関する制度を整備したところ、M字カーブの落ち込みは減少。育児時短制度を利用する男性従業員もいる。女性の登用は、店長クラスの半数以上、執行役員の2名は女性（内1名は外国人）。昇進、教育に男女の差はなく、全社最適の視点で育成。従業員の雇用形態は多様で正社員比率が9・9%と低いがアルバイト、契約社員、正社員間の転換制度があり、管理職、役員への道も開けている。

② 日本マクドナルドホールディングス（外食産業）

2004年に原田泳幸社長が就任し、「ハンバーガービジネス」と「働く人の幸せ」を柱に経営改革に着手。レストランビジネスの基本であるQSC+V（クリーン、サービス、クレンリネス：清潔さ+バリュー：価値）の徹底と従業員への投資（トレーニング、福利厚生、コンペティションなど）を実施。従業員のモチベーションアップにより離職率を下げ、お客さまへのサービスがアップするという良循環をめざした。長時間残業は、会社と自分にとってマイナスと認識し、「残業撲滅宣言」を実施。本当に重要な仕事は何かを明確にし、アウトソーシングも活用。残業は申告制、サービス残業は認めない。社内の会議は15分単位で設定。1時間以上の会議はほぼなく、15分の会議すらある。さらに、オフィス勤務者を対象に完全フレックスタイム制、フレックス休暇制、在宅勤務も導入。外国人の従業員の定時退社はあたりまえという姿勢が刺激になった。女性の活用への評価は、『日経WOMAN』（20

12年6月）の「2012女性が活躍する会社　第29位」で、前年第94位より急上昇。08年人事部から独立したJWLN（Japan Women's Leadership Network）を結成し、他の国のWLNと情報・意見交換実施。女性の登用には、男女が学びあう成功体験（メリットを感じさせること）が重要。女性の店長は17％、新卒採用は60％が女性、課長以上の女性管理職は10％、役員は2名。各階層、女性比率は50％をめざす。年末にはファミリーデーとして家族が会社を訪問するイベントを実施。

③　大和証券ホールディング（金融業）

現・鈴木茂晴会長が経営改革の一環として、お客さまそして株主からも最高の信頼を得るには、社員を大切にすることによってはじめて可能になるという考えから、男女ともに「働きがいを感じる職場環境づくり」をめざす。新たに部門横断型のワーク・ライフ・バランス推進委員会設置し、自らが委員長に就任。実務を担当するワーク・ライフ・バランス推進室（現在は　ワーク・ライフ・バランス推進課）を設置。2007年6月より、19時前退社の励行に取り組む。毎日、各部署の退社状況を人事部がまとめて社長に報告。うまくいかない支店には社長が直接プッシュし、運営後すぐに浸透。生産性は、仕事をできるまでやるのではなく、エンドを設定し効率化を図る。退社後に自己成長や昇進・昇格のため資格取得の学校に通っている社員もいる。08年5月の『日経WOMAN』にて総合第7位、女性活用度第1位、直近の12年5月には女性活用度第3位。育児関連の様々な制度、勤務地変更制度、営業員再雇用制度（結婚出産等退職5年以内）、総合職への職制転向制度、派遣社員の正社員化等を実施。12年3月末、女性の役員5名、女性管理職の割合4・3％。数値目標は特に設定していない。

④　NECソフト（ITサービス業）

2007年を「NECソフトのワーク・ライフ・バランス元年」と位置づけ、ワーク・ライフ・バランス施策を開始。労働組合からの要請に加え、会社としても課題と認識していた。IT業界は一般的に残業が多いことで知られているが、同社は、1人あたり月平均約30時間。ただし、80時間を越える長時間残業や休暇の未消化の社員が存在。定時退社奨励施策（全員メール、パトロールなど）を実施し、上司が毎日部下の残業時間を確認できる「見える化」システムを構築。プロジェクト休暇、アニバーサリー休暇の導入も功を奏し、有給休暇消化率6割が7・5割に上昇。古道義成社長は、ホームページや社内向け講演会にて、ワーク・ライフ・バランスの重要性と自らの経験談を披露。一方、女性の離職率は高く、昇格・昇進に男女差が存在し、女性の管理職比率5・1％。09年にはダイバーシティGを人事総務部に設置。従業員アンケート調査を実施し、女性の活躍推進には、3つの課題（ⓐ困難、挑戦的な業務経験が少ない、ⓑ組織効力感がない、ⓒ身近なお手本が少ない）があることを抽出。困難、挑戦的な業務経験をさせてほしい（3つのき：期待してほしい、鍛えてほしい、決め付けないでほしい）という女性の思いを抽出し、女性に対するケアとフェア（育児休暇、平等の機会を与える）を要望。今後、誰もが働きやすい職場環境づくりと多様性（まずは女性、次にシルバー、障害者、外国人）を最大限に生かす支援をめざす。

⑤　日本企業の取り組み事例の分析

調査対象企業4社は、従業員の誰もが働きやすく働きがいのある職場をつくり、事業業績を高め、新しい事業展開を起こすことをめざしている。女性の離職率を低下させて能力をこれまで以上に発揮させ、男女ともに学び合うとともに、長時間残業を大幅に削減し、創造力を高めやすい職場環境をつくり労働生産性をあげる努力をしている。大和証券ホールディング、日本マクドナルド、良品計画の3社は、経営トップのトップダウン方式で取り組み、NECソフトグループはトップのバックアップや理解はあるが、労働組合や人事部が中心となり、いわゆるボトムアップ方式の展開である。いずれの方式にせよ、経営トップがその意義を理解し、深く関与し、強力に支援していることに変わりはなく、この点が成功の第1の条件と考えられる。さらに、各社とも、企業風土にあった多様でかつ法定を上回る施策をきめ細かく継続的に展開していることが第2の成功の条件であるといえる。今後、これらの先進企業においても、男性の育児休暇や育児時短等の取得をいかに促進するかということ、指導的立場の女性（女性役員&管理職）の比率をより積極的に高めることを期待したい。

3-2　新たな自己実現への提言：「滅私奉公からワーク・ライフ・バランスへ転換し、さらに、ライフ・ワーク・バランスを目指そう」

図表4-8に日本、ドイツ、韓国、スウェーデン、アメリカの5カ国の女性の年齢階級別労働力率を示している。東アジアに位置する日本と韓国は、結婚・出産・育児による就労曲線の中央部の落ち込み（いわゆるM字カーブ）が大きい。一方、北欧のスウェーデンは、就労曲線の中央部の落ち込みがほとんどなくM字カーブが存在しない。武石（2012）はワーク・ライフ・バランス施策を詳細に国際比較しているが、大きな実績をあげているスウェーデンとオランダの取り組みは興味深い。高橋（2012）によるとスウェーデンは、世界に先駆けて1974年に育児休業法を男性に適用させ、いわゆる「父親の月（当初1カ月、のちに2カ月に延長）として男性が育児休業を取得できるようにした。1995～96年生まれの子どもをもつ親のうち、子どもが8歳に達するまで（休業対象期間）に育児休業を取得した父親は全体の89％、母親の場合は97％にのぼるという。女性の解放が、労働市場における男女の機会・処遇の均等による仕事の権利と経済的自立によりなされ、男性の解放は、積極的で公平な親としての家庭参画でなされるという考えである。さらに男女の解放とともに、子どもの権利の視点からも推進している。

一方、長坂（2000、2007）、権丈（2012）によると、オランダでは1960年代に北海海底ガス田が発見され、70～80年代にかけて産出した天然ガスの輸出ブームが実

図表 4-8　女性の年齢階級別労働力率の比較

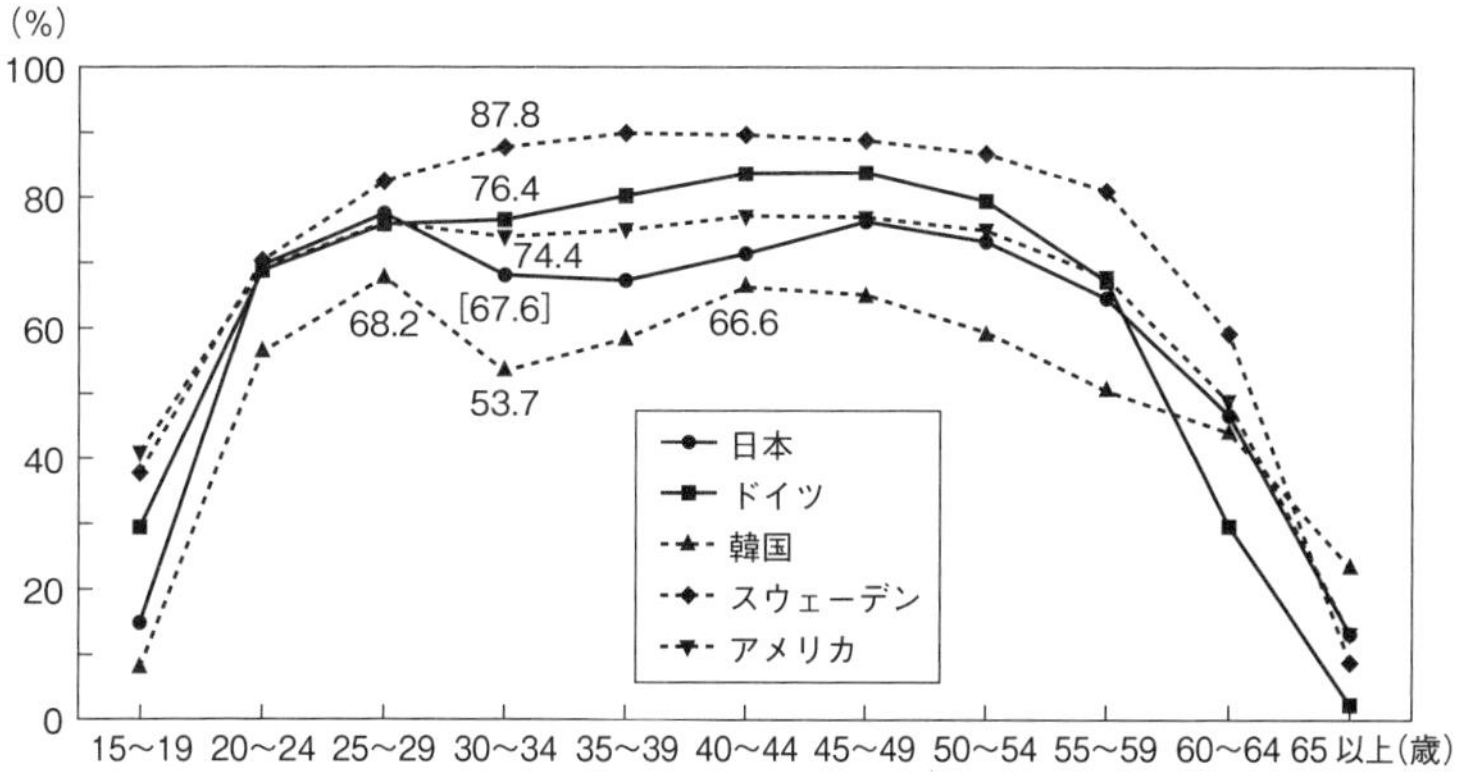

備考：　1.「労働力率」は、15 歳以上人口に占める労働力人口（就業者＋完全失業者）の割合

2. アメリカの「15～19 歳」は、16～19 歳

3. 日本は総務省「労働力調査（基本集計）」(平成 23 年)、その他の国は ILO “LABORSTA” より作成

4. 日本は 2011（平成 23）年、韓国は 2007（平成 19）年、その他の国は 2008（平成 20）年の数値

5. [　] 内の割合は、平成 23 年の岩手県、宮城県および福島県を除く全国の結果

出所：平成 24 年版男女共同参画白書、p.60

質上の為替高をもたらし、経済が停滞した。その後、政・労・使が一体となり社会保障改革、財政改革、雇用改革を進め、90年代後半以降、経済・労働市場を建て直し構造的な失業をなくしたため、「オランダの奇跡」といわれた。雇用改革では、96年に労働時間の差による差別を禁止する法律を導入し、賃金格差の縮小と他の労働条件も差別できない仕組みを構築した。さらに、働く者が労働時間の短縮・延長を申請する権利ももっている。使用者は十分な理由を示すことなく拒否できない（水島、2012年）。パートタイ

図表 4-9　6カ国のHDI（人間開発指数）、GII（ジェンダー不平等指数）、GGI（ジェンダー・ギャップ指数）の比較表

	日本	韓国	アメリカ	ドイツ	スウェーデン	オランダ
HDI（187カ国・地域）						
順位	12位	15位	4位	9位	10位	3位
スコア	0.9010	0.8970	0.9100	0.9060	0.9040	0.9100
GII（146カ国・地域）						
順位	14位	11位	47位	7位	1位	2位
スコア	0.1230	0.1110	0.2990	0.0850	0.0490	0.0520
GGI（135カ国・地域）						
順位	101位	108位	22位	13位	4位	11位
スコア	0.6530	0.6356	0.7373	0.7629	0.8159	0.7659

出所：HDI & GII（2011国連人間開発報告書）、GGI（2012世界経済フォーラムグローバルジェンダーギャップ報告書）より筆者作成

注：人間開発指数（Human Development Index、HDI）とは、国連開発計画（UNDP）による指数で、「長寿で健康的な生活」、「知識」および「人間らしい生活水準」という人間開発の3つの側面を測定したもの。具体的には、出生時の平均寿命、知識（平均就学年数および予想就学年数）、1人あたりの国民総所得（GNI）を用いて算出している。ジェンダー不平等指数（Gender Ineqality Index、GII）は、国連開発計画（UNDP）による指数で、国家の人間開発の達成が男女の不平等によってどの程度妨げられているかを明らかにするもの。次の3側面　①保健分野　②エンパワーメント　③労働市場である。最後のジェンダー・ギャップ指数（Gender Gap Index、GGI）は、世界経済フォーラムが、各国内の男女間の格差を数値化しランクづけしたもので、経済分野、教育分野、政治分野および保健分野のデータから算出され、0が完全不平等、1が完全平等を意味しており、性別による格差を明らかにできる（平成24年版男女共同参画白書、p. 55）

ム（短時間正社員制）であっても熟練度が低い低賃金労働だけではなく、管理的職業や専門的職業まで極めて広範囲である。またICT（情報通信技術）を活用したテレワークの導入で場所や時間にとらわれない柔軟な働き方で、さらに、そのことで不利益を受けな

いことを実現している。日本・アメリカ・オランダの労働生産性を比較すると、人口1人あたりのGDPは、アメリカを100とすると日本は70、オランダは87である。1時間あたりはアメリカ100、日本は67、オランダは98である。日本に比べ、「世界で唯一のパートタイム経済」（フリーマン、1998）といわれるオランダの労働生産性は非常に高い（武石、2012）ことは示唆に富んだ結果と考える。

ここで、女性の社会における立場や能力発揮の国際比較を試みるため、図表4‐9に日本、韓国、アメリカ、ドイツ、スウェーデン、オランダの6カ国の人間開発指数（HDI）、ジェンダー不平等指数（GII）、ジェンダー・ギャップ指数（GGI）の順位を示す。オランダもスウェーデンもともに、HDI、GII、GGIの順位は高く、特にGIIは第1位と第2位を占め、世界中でジェンダー不平等が最も少ない。GGIも第4位、第11位と高水準である。日本のHDIは第12位、GIIは第14位と高いが、GGIでは第101位と極端に低い。日本の女性は高い教育を受けているが社会で活用されず、企業の損失であり、国家の損失とも考えられる。国際通貨基金（IMF）のラガフェルド副総裁は、昨秋の日本での総会開催に先立つ2012年6月の講演で、「少子高齢による人口減少傾向の日本社会の活力低下への対応策としては、女性の労働参加の障壁を減らし労働生産性を高める必要がある」と述べていた。日本では、20年に指導的地位にいる女性を30％にすることを目標としている。

図表 4-10　仕事と生活の調和に関する希望と現実

質問：「生活の中での、「仕事」、「家庭生活」、「地域・個人の生活」（地域活動・学習・趣味・付き合い等）の優先度についてお伺いします。まず、あなたの希望に最も近いものをこの中から１つだけお答えください。それでは、あなたの現実（現状）に最も近いものをこの中から１つだけお答えください。」への回答。

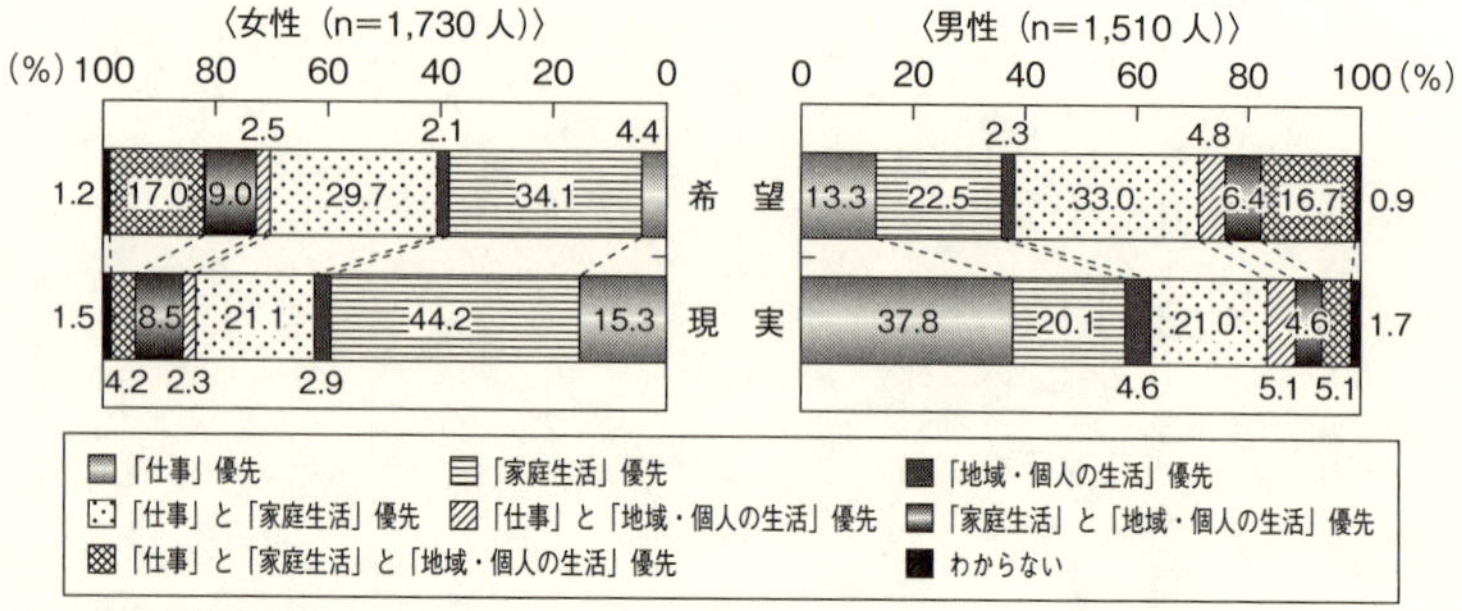

注：内閣府「男女共同参画社会に関する世論調査」（平成 21 年）より作成

図表4−10では、日本の就労者の労働時間に関する希望と現実についてのアンケート結果をまとめている。「男は仕事、女は家庭」の世帯単位の性別役割分担の現状を示している。しかし、男性はもっと仕事以外に、女性はもっと家庭以外に時間をさき、「男女共に仕事にも家庭にも地域社会にも」参画することを理想としていることが示唆される。そのためには、男性の家庭への参画が可能な働き方、女性が継続就労や指導的地位につけることを実現させること、さらに労働時間の量から質への評価軸の転換が必要であろう。グローバルにみると、すでにスウェーデンやオランダ等では男性の育児休職の取得促進の強力な法的整備、短時間正社員制の採用やテレワークの導入など、ペナルティなしの多様で柔軟な就労環境を整え、労働生産性を高めている事実がある。ここで「滅私奉公からワーク・ライフ・バランスへの転換に

加え、さらに、ライフ・ワーク・バランスを目ざす」という逆転の発想を新しい自己実現として提言したい。これまでの議論から、個人のライフの尊重は本人の自己実現を促進し、ワークの成果を高め、結果として企業や国がグローバル社会で競争力を強化発展できることを示唆していると考えられるからである。

謝辞：今回の企業インタビューにご協力をいただきました㈱良品計画代表取締役会長松井忠三氏、企画室環境広報担当マネジャー小塚文成氏、日本マクドナルド㈱人事本部HRコンサルティング部部長飯澤祥久氏、大和証券ホールディング㈱ワーク・ライフ・バランス推進課の皆様、NECソフト㈱人事総務部のリーダー丸岡晶氏、シニアマネジャー小々馬恵氏、馬場さゆり氏に深謝致します。

参考文献

〈第1節〉

・鎌田とし子（1995）『男女共生社会のワークシェアリング―労働と生活の社会学―』サイエンス社、まえがき、ii頁
・経済企画庁（1968）『昭和44年 年次経済報告―豊かさへの挑戦―』、図表87
・ジェームス・C・アベグレン&ジョージ・ストーク（1986）植山周一郎訳『カイシャ』講談社、249-289頁
・内閣府（2006）『世界経済の潮流2006年秋版』、164-165頁
・内閣府（2012）『男女共同参画白書概要平成24年版』、22頁

・山田久（2012）『市場主義3・0』東洋経済新報社、29-32、39-44、185-190頁
・Principal Global Indicators, Database
・United Nations, Department of Economics and Social Affairs, Database
〈第2節〉
・伊藤洋一編（2009）『男女共同参画統計データブック：日本の女性と男性　2009』ぎょうせい
・大沢真知子（2008）『ワーク・ライフ・シナジー』岩波書店
・桑山三恵子（2009）「CSR最前線　ワーク・ライフ・バランス　個人と組織が持続的に発展する働き方の実現」『標準化と品質管理』第61巻第9号　日本規格協会
・佐藤博樹・武石恵美子編（2008）『人を活かす企業が伸びる　人事戦略としてのワーク・ライフ・バランス』勁草書房
・『女子に対するあらゆる形態の差別の撤廃に関する条約』第34回国連総会（1979年12月）採択、1981年9月発効　1985年6月日本批准
・男女共同参画会議　少子化と男女共同参画に関する専門調査会（2006）『両立支援・仕事と生活の調和（ワーク・ライフ・バランス）推進が企業等に与える影響に関する報告書』
・『男女共同参画社会基本法（平成11年法律第78号）』
・東京都男女平等参画審議会専門調査会（2008）「企業の実態に即したワーク・ライフ・バランスの推進について」
・内閣府（2012）『男女共同参画白書（平成24年版）』、53、55、58頁
・林　陽子編著（2011）『女性差別撤廃条約と私たち』信山社
〈第3節〉

・阿部正浩・黒澤昌子（2008）第7章「企業業績への影響」、佐藤博樹・武石恵美子『人を活かす企業が伸びる　人事戦略としてのワーク・ライフ・バランス』（勁草書房）
・学習院大学経済経営研究所編（2008）『経営戦略としてのワーク・ライフ・バランス』
・桑山三恵子（2009）「CSR最前線　ワーク・ライフ・バランス　個人と組織が持続的に発展する働き方の実現」『標準化と品質管理』 第61巻第9号　日本規格協会
・権丈英子（2012）第8章「オランダにおけるワーク・ライフ・バランス―労働時間と就業場所の選択の自由―」、武石恵美子編『国際比較の視点から　日本のワーク・ライフ・バランスを考える―働き方改革の実現と政策課題―』 ミネルヴァ書房
・小池裕子（2011）「WLB施策と生産性の関係―パネル・データ分析による検討―」『日本経営倫理学会誌』18号、175-185頁
・水島治郎（2012）『反転する福祉国家―オランダモデルの光と影―』 岩波書店
・佐藤博樹・武石恵美子編（2008）「人を活かす企業が伸びる　人事戦略としてのワーク・ライフ・バランス」 勁草書房
・高橋美恵子（2012）第9章「スウェーデンにおけるワーク・ライフ・バランス―柔軟性と自律性のある働き方の実践」、武石恵美子編『国際比較の視点から　日本のワーク・ライフ・バランスを考える―働き方改革の実現と政策課題―』 ミネルヴァ書房
・武石恵美子編（2012）『国際比較の視点から　日本のワーク・ライフ・バランスを考える―働き方改革の実現と政策課題―）』 ミネルヴァ書房
・男女共同参画会議　少子化と男女共同参画に関する専門調査会（2006）『両立支援・仕事と生活の調和（ワーク・ライフ・バランス）推進が企業等に与える影響に関する報告書』

・内閣府（２０１２）『男女共同参画白書（平成24年版）』、58頁図「女性の年齢階級別労働力率の推移（国際比較）」
・長坂寿久（２０００）『オランダモデル―制度疲労なき成熟社会―』日本経済新聞社
・長坂寿久（２００７）『オランダを知るための60章』明石書店

第5章

働きたい人々を支援し、ともに働く会社

今、企業のCSRとして、障害を抱えた人やニート・ひきこもりといった就労上の困難さを抱える人たちを支援し、ともに働く職場をつくることが課題となっている。本章では、知的障害者の雇用を積極的に進めてきた経営者たちの理念に立ち返りつつ、実践事例をふまえて具体的に人事制度に「障害への配慮」を組み込むことの必要性について議論する。そしてニート・ひきこもりの若者たちの社会的自立を支援する企業などの取り組みについて紹介する。

キーワード

・働く幸せとは　・障害者の自立と雇用　・障害への配慮
・ISO26000　・ニート・ひきこもりの就労支援
・社会的包摂（ソーシャル・インクルージョン）

第1節　誰にもある生きがい

1-1　労働と生きがい

毎日働いて「働く幸せ」を感じている人は何人いるだろうか。働くことに生きがいを感じたことはあるだろうか。何も考えずにただ漫然と日々を過ごしている方が多いのではないだろうか。

人の幸せは、「ものやお金ではない。人間の究極の幸せは、1つは、人に愛されること。2つは、人にほめられること。3つは、人の役に立つこと。そして最後4つは、人から必要とされること」である。そしてこれらは働くことによって得られる。「障害者の方たちが、施設で保護され生活していくより、企業で働きたいと願うのは、社会で必要とされて、本当の幸せを求める証しです」（大山、2009：56頁）。これは、日本理化学工業会長の大山泰弘が、同社の工場で働いている知的障害者の社員が福祉施設よりも工場に来たがるのを不思議に思い、禅寺の住職に尋ねた時に教えられた言葉である。

「働く」ということは「自分の能力を、社会の役にたてること（社会貢献）」、「働く幸せ」とは「働いて社会から必要とされている、社会から喜ばれたと感じた時」に得られるものであり、このような時、人間は働くことに生きがいを感じる。

平成23（2011）年度の『障害者白書』によると、雇用されている障害者の内訳比率は、身体障害者約79％、知的障害者約18％、精神障害者約0・03％である。これを見ると、バリアフリーという考えが社会に浸透してきたためなのか、身体障害者を雇用する企業は多くなってきている。しかし知的障害者および精神障害者の雇用は大変少ない。

本来、「障害者の雇用の促進などに関する法律」により、常用労働者56人以上の民間企業は1・8％以上の障害者を雇用しなければいけない（平成25年4月1日から50人以上、2・0％以上となる。詳細は本章第2節）。こうした法定雇用率を守らない企業が大変多いことも障害者の働く機会を奪っている原因の1つでもある。

企業が障害者、とりわけ知的障害者の雇用を積極的に行わないのは、職場環境・設備を障害者用に改良しなければいけない、知的障害者に仕事を教えるのが大変である、知的障害者は健常者と同じレベルの製品はつくれない、などと考えているからではないだろうか。知的障害者が企業の足を引っ張ると思われているが、それは間違いである。

障害者も健常者と同じように企業の立派な戦力となる。特に知的障害者は一度仕事を覚えると、一生懸命に、誇らしげに、そして楽しそうに働く。その姿は働くことに「生きがい」を感じているようである。知的障害者と一緒に働くことにより、健常者といわれる他の社員も彼らから多くのことを教えられるはずだ。

以下では知的障害者雇用を積極的に進めている3社の事例について、経営者の思い、決意に至った背景に注目しながら紹介する。

1−2 経営者の理念

① 日本理化学工業：大山泰弘

大山泰弘著『働く幸せ』によると、日本理化学工業の障害者雇用のはじまりは、養護学校（当時）から生徒の工場での就職を頼まれたことからである。養護学校からの就職の要請に大山ははじめは断った。ところが養護学校の先生は「せめて働く経験だけでもさせていただけませんか。この子らはこの先施設に入ることとなる。そうすれば一生働くことを知らずに、この世を終わってしまう人となってしまうのです」と話したという。大山はこれを聞いて、かわいそうだな、2週間程度ならと就業体験を受け入れた。

養護学校から来た女子生徒2人は工場で熱心に仕事に取り組んだ。これらの姿を見た工場の社員が「私たちが面倒を見るから2人を工場で働かせてくれないか」といってきた。この時は、「社員が面倒を見てくれるならいいか」という気持ちで生徒を就職させることとした。これが大山の障害者雇用のはじまりだった。2人の生徒を受け入れてからは、毎年養護学校から卒業生の受け入れの打診があり、それをすべて受け入れるようになった。

しかしはじめから障害者の受け入れ業務がスムースに進んだわけではない。受け入れた知的障害者の中には、数字が理解できない社員がいた。では材料を量る作業をどうやったらできるようになるかと考えた。彼らは数字は苦手だが、毎日信号のある交差点を利用し通勤してきている。色の識別はできる、と次の方法を考えだした。製品をつくる行程で材料を量る作業には、赤い蓋の容器に入っている材料を量る場合は赤いおもりを使い、青い蓋の容器に入っている材料を量る場合は青いおもりを使うように指導した。これできちんとそれぞれの材料を量ることができるようになった。

さらに大山は同社でつくるチョークを日本工業規格（ＪＩＳ）に適合する製品として、障害者だけでつくろうと試みた（大山，２００９：82頁）。そこで、つくられた製品がＪＩＳ規格に適合するかのチェックをする器具をつくった。通常ならばノギスという計測器具で測定し、その数値で判断するが、数字が苦手な障害者には数字ではなく目で見て判断する器具を考案した。

このように全社一丸となり障害者でも作業ができるように工程改革を行い、業務改善を進めていった。彼ら（障害者）は、作業に安心して集中できるとわかったら、自分のもてる能力を最大限に発揮し、決して健常者に劣らない仕事をすることができる。工場などでは、働く人（障害者）にあわせた生産方法を考えると障害者は健常者と変わりなく働くことができる。今までは、経営者が障害者に自分たちのやり方にあわせるように強要していたのではないのか。大切なのは、働く人にあわせた生産方法を考えることであるということに大山は気づいた。

また、大山（同：144頁）は、「知的障害者は1人ひとり理解力が違う。大事なのは、1人ひとりの障害者ときちんと向かい合って、試行錯誤を繰り返しながら接し合っていくことが必要」であり、また健常者と知的障害者が同じ職場で働くことに対し、社員教育は不要であるとしている。それは「健常者と知的障害者が一緒になって働いていると、ことさら教育などしなくても、自ら成長しようとし始める。健常者は知的障害者のために頑張ることが張りあいになる。また知的障害者も健常者の『思い』に応えることが張りあいになる」（前掲書：147頁）からであり、こうしてお互いに助け合う職場をつくりあげるようになるからである。「障害者の皆さんに『働く喜び』を提供できるのは福祉ではなく、企業である」（前掲書：96頁）。そして、日本理化学工業の社員に「働く幸せ」を教えてくれたのは障害者たちであった。

② ヤマト福祉財団：小倉昌男

小倉昌男著『経営はロマンだ』および『福祉を変える経営』によると、小倉は1993年9月に「ヤマト福祉財団」を設立した。設立した理由は、それまで経営していたヤマト運輸から離れ、お世話になった社会への恩返しに福祉の仕事をしたいと思ったからである。福祉の仕事をしたいと思ったのは、身近に障害者がいたとかの特別な動機があったわけではない。ただ、障害者は同じ人間として生まれながら、自分の責任ではないのにハンディキャップを負っている人が多い。気の毒だなと感じていたからである。

財団ははじめに助成活動を行った。第1に奨学金、次に福祉施設への助成を行った。見学した福祉関係施設の共同作業所で職員に障害者の月給を尋ねると、平均してせいぜい1万円程度、という答えが返ってきた。福祉の現場を知って、これは福祉の問題ではなく経営の問題であり、「経営改革」が必要だと思うようになった。

財団をつくった当初、小倉（2003b：2頁）は財団の寄付行為の目的として、「障害者の自立と社会参加に関する活動に対し幅広い援助を行い、障害者が健康的で明るい社会生活を営める環境づくりに貢献することを目的とする」とした。そこで小倉（同書：2頁）は「障害者の自立とは何か」と考えた。障害者の自立とは、「障害者が働いて収入を得て生活できるようになること」ではないかと思った。

現実の社会を見ると、障害者には働く場がほとんどない。あるのは障害者雇用のための共同作業所のような福祉施設だけである。しかも月給はたったの1万円、というのが現状である。「福祉に長年携わっている人は『カネもうけは汚いこと』と思い込んでいることが多い。障害者も健常者と同様、自分で稼いだカネで自活し、趣味や買い物を楽しむ。それが「自立」であり、自立してこそ「社会参画」が可能になる。障害者はかわいそうだから保護しなくてはいけない、というのも間違っている」（小倉、2003a：184頁）。「障害者は最初から働いていない。働く機会がない。働く喜びを与えないということは、生きがいを与えないことと同じだ」（同書：186頁）と考えた。

そこで小倉は障害者が自立できるように広島に本社のあるタカキベーカリーの高木誠一社長の厚意でパンの製造・販売を指導してもらい、ヤマト福祉財団が中心となり1998年6月、東京・銀座にスワンベーカリー一号店をオープンした（同書：195頁）。さらに障害者が働きながら成長できるように次のように組織設計した。まず各障害者に健常者がついてカバーしながら教えていく。次に障害者が健常者の中に入って教えてもらいながら仕事をする。そうするとやる気も出て、能力も伸びる。能力の欠けているところは健常者がカバーする仕組みとした。

このように、障害者が自立できる場、そして機会をつくることにより、働いている障害者ばかりでなく家族も安心できるようになった。何よりも障害者自身が明るくなり、自信がついて大きく成長したことが成果としてあげられる。

③　千代田技研：鈴木静子

鈴木静子著『向日葵の若者たち』によると、鈴木が千代田技研（以下、千代田）において障害者を雇用するきっかけとなったのは、千代田で働いていた社員が突然失明したことである。この社員が障害者として生きていくうえで必要な情報を集めるうちに、障害者の働く場が大変少ないことを知り、千代田で障害者雇用をする提案をし、それに鈴木をはじめ社員たちが応えたことである。

千代田では障害者を受け入れた後様々な苦労があった。しかしそれぞれの障害者の個性に対して現場の社員が対応し苦労を乗り越えてきた。そして、多くのことを障害者から教えられた。

鈴木が障害者から教えられたことは、「まずこちらから心を開くこと」（鈴木、1998：191頁）の大切さであり、「彼らが心を開ける状況をまわりのみんなでつくること」という心を社員皆がもち、実践することである。次に、「指導者や保護者など、知的障害者を持つ人たちには、健常者の3～4倍くらいの時間をかければ成長できることを理解して、忍耐力を持ち接することが必要であることなど、やればできる、あきらめてはいけないことを教えられた」（同書：193頁）。

障害者は、「指導を受けたことを理解すると、素直にそのとおりに作業をする。一度しっかりと覚えると、間違った仕事はほとんどしない。障害者にミスが多いことは決してない」（同書：193頁）。知的障害者も働くこと、そして学校ではなく社会の一員として生活していくうちに一人前として自信をつけるようになることがわかる。そのことが大変嬉しく、障害者雇用をしてよかったと鈴木は述べている。

1-3　働く幸せ

皆さんは「知的障害者は健常者と同じような仕事ができない」、「知的障害者のつくった製品は質が悪い」、「知的障害者が会社内にいるとまわりの足を引っ張る」などと思ってはいないだろうか。これらの考えは大きな間違い、偏見である。まずお互いに尊重し、一緒に頑張り働いてみるべきである。前記それぞれの経営者に共通する思いは、「障害者と健常者、皆が一緒に仕事をする幸福感を、ひとりでも多くの障害者（そして健常者）に感じてほしい」ということである。たしかに健常者に比べ障害者の場合、はじめは仕事を教え、理解してもらうのは大変な苦労がある。しかし職場に馴染み、仕事を覚え、働くことになれてきた後には大きな成長が見られる。

小倉（２００３ａ：１９６頁）によると、スワンベーカリーで働く知的障害者の母親から、「家に閉じこもってばかりいた娘が、働き始めてからよく笑うようになりました。休みの日にはピアノを習うようになりました」という話を聞き、また空手道場に通いはじめた男の子もいた。さらに、鈴木（１９９８：１４４頁）によると、千代田で働く障害をもつある社員は、休みになると、同僚の障害者を誘って、「障害を持つ人に手を差し伸べるボランティアに行き、車椅子を押すお手伝いなどをしている。ほかにも、小さい子の面倒を見たり、自分の卒業した養護学校に行って、先生のお手伝いをしたりしている。自分も障害を持っていながら、自分と同じ障害者を支えている」。これらは目覚しい成長である。

ここで紹介した企業で知的障害者と一緒に働いた人たちは、共通して「彼らは一度仕事を覚えると真面目に一生懸命、正確に仕事を行う。彼らは「働くことに生きがい」を感じているようである」と述べている。さらに「働くことの幸せ」、「働くことの大切さ」、そして「一緒に頑張り、一緒に働く」愉しさを教えてもらったと感じている。これらは知的障害者と一緒に働かないと得ることができないことである。

知的障害者が働く姿は、人の幸せは、「ものやお金ではない。人間の究極の幸せは、1つは、人に愛されること。2つは、人にほめられること。3つは、人の役に立つこと。そして最後4つは、人から必要とされること。」（大山、2009：56頁）を身体全体で私たちに教えているようである。

第2節　働きたい障害者を支援し、ともに働く会社

2-1　働きたい障害者を支援する制度と実態

「障害をもつ」ということについて、皆さんは日頃どのように考えているだろうか。自分、あるいは家族、友人などの身近な人が障害をもつことなど考えたこともなく、実際に障害のある人に会ったこともないという人が多いかもしれない。その一方で、自分自身や身近な人に障害がある人、近所や学校、職場で日頃から障害のある人と一緒にいる人、障害のある人をサポートする専門職などに就いている人もいらっしゃることだろう。そうした方々にとっ

ては、障害をもつということは特別なことではなく、誰の人生にも可能性のあることであると感じているのではないだろうか。

筆者自身も人生の途中で足に障害をもつようになり、これまで様々な障害のある方々が働く企業や就労の場を訪ね、障害のある方とない方の両方とお話ししてきた中で、誰もが障害をもつ可能性があるという考えに至ったのは筆者だけではないことを明らかに感じている。そして、こうした対話はいつも、障害をもつことについて、さらには障害があっても働ける社会について、もっと多くの方々や企業が関心をもち、ともに取り組めるようにするにはどうすればよいのか、という点に帰着するのである。

では、今の日本では障害をもっても働きたい人が働ける仕組みが存在するのだろうか。障害者の雇用・就労の実態はどうなっているのだろうか。まず、この点から述べていくことにする。

日本には、障害者雇用政策として、「障害者の雇用の促進などに関する法律」（以下、障害者雇用促進法）に根拠をもつ障害者雇用率制度と障害者雇用納付金制度の2つの制度が存在する。障害者雇用率制度は、事業主にある一定比率以上の障害者の雇用義務を課すことにより、障害者雇用の促進を図る制度である。現在の法定雇用率は、従業員数56人以上の民間企業は1・8％（2013年4月より従業員50人以上、2・0％に改定）、国・地方公共団体と独立行政法人などは2・1％である。雇用義務の対象は身体障害者と知的障害者で、精神障害者保健福祉手帳を所持している精神障害者を雇用している場合は算定対象に加えることができる。また発達障害者、難治性疾患（難病）患者、高次脳機能障害者も職業リハビリテーション機関での支援対象となっている。

次に障害者雇用納付金制度は、法定雇用率未達成の場合、不足数1人につき月額5万円分の納付金を納めるものである。徴収対象は現在の301人以上の企業から平成27年度までに101人以上の企業まで拡大する。この納付金を財源として、積極的に障害者を雇用している企業に「障害者雇用調整金」と「報奨金」が支給されるほか、障害者を雇い入れるための作業施設設置、職場介助者の配置、職場適応援助者（ジョブコーチ）助成金、障害者能力開発助成金などが支給される。つまり、事業主の社会連帯の理念によって障害者雇用を促進しようという制度である。

実際の雇用数を示す実雇用率を見ると、平成24年6月1日現在、全体で1・69％、法定雇用率達成企業は46・8％である（厚生労働省、2012）。つまり、半数以上の企業（40614社）が法定雇用率未達成である。そのうち障害者を1人も雇用していない企業（0人雇用企業）が占める割合は、61・1％である。

実雇用率を企業規模別にみると、1000人以上規模企業が1・90％、同500～1000人未満は1・70％と法定雇用率を上回っている。300～500人未満規模企業は1・63％、同100～300人未満は1・44％、同56～100人未満は1・39％と下回っている。

以前よりも大企業での雇用が進む一方、中小企業の雇用率は低い傾向にある。

また近年、障害者雇用を重要なCSRとしてとらえる企業が増加している。しかしながら障害者職業総合センター（2010：69頁）による常用労働者数101人以上の企業5000社（うち回答数1063社、回収率21・3％）への調査によれば、「障害者雇用を自社のCSRの一環として扱っていない」と回答した企業が72・4％を占めている。

つまり、障害者雇用は少しずつ進みながらも、日本企業全体を見ると、雇用する企業数も、障害者雇用を自社の重要な課題ととらえている企業も少ないといわざるを得ないのが実態である。

2-2 雇用を実現する「障害への配慮」とは

こうした実態を踏まえた上で、障害があっても働ける企業を増やすためには何が求められるのだろうか。そのキーワードは「障害への配慮」である。

2006年12月に国連総会で採択（2008年5月に発効）された障害者の権利に関する条約は、すべての障害者によるあらゆる人権及び基本的自由の完全かつ平等な享有を保障することを目的としている（第1条）。ただし「新しい権利」を創り出すことを意図しておらず、既存の人権を障害者がひとしく共有し、行使しうることを目指している（川島、2009：5頁）。日本は2007年9月に本条約に署名しており、現在政府は批准に向けて準備を行っている。当然ながら、今後雇用・就労分野でも法整備が不可欠となる。

本条約の大きな特徴である「合理的配慮」(reasonable accommodation)とは「障害者が他の者との平等を基礎としてすべての人権及び基本的自由を享有し、または行使することを確保するための必要かつ適当な変更及び調整であって、特定の場合において必要とされるものであり、かつ、均衡を失したまたは過度の負担を課さないものをいう」(第2条)。つまり「各障害者のニーズを個別具体の文脈で充足するための調整措置で、相手側に過重な負担を課さないもの」(川島、2010:6頁)であり、この合理的配慮を行わないことが「障害への差別」であると明記されている。

次に、第27条「労働及び雇用」は、障害者に対して開かれた労働市場及び労働環境での雇用及び労働の権利の実現、促進と差別禁止を目的としており、第1項(i)で職場での合理的配慮の確保が求められている。これは、第1項(a)の「あらゆる形態の雇用に係るすべての事項(募集、採用及び雇用の条件、雇用の継続、昇進並びに安全かつ健康的な作業条件を含む)」において障害への配慮を行い、差別を禁止することである。具体的な内容は、募集方法、経営者及び従業員の理解促進、職場の物理的な環境改善、障害を補う機器の改良や導入、障害状況に応じた作業内容や方法の改善、外部機関の人的支援制度の活用、障害従業員へのOff JTやOJT、労働条件の調整や健康管理に対する配慮(短時間勤務、在宅勤務、通院時間の確保など)、通勤などの移動への配慮などである(障害者職業総合センタ

－2010：53－54頁）。

つまり障害への配慮があれば、障害の有無にかかわらず働くことが可能となるのである。そして、障害があることを理由に働くことから排除されない社会の構築につながるのである。またこの視点から考えると、そもそも従来の企業、職務構成や産業自体が障害者が働くことを前提として構築されてこなかった側面が強いといえる。ゆえに今後は障害者の存在を前提とした企業、職務構成、産業の在り方の追求が必要である。さらに今後求められる障害者雇用の理念は、「弱者支援」ではなく、障害者も企業や社会に貢献するステークホルダーとしての従業員と捉えることであり、誰もが障害をもつ可能性があるという点に企業がＣＳＲとして障害者雇用に取り組む意義があると考える（山田、2011ａ）。

加えて重要な点は、企業が自主的に障害への配慮を実現することである。その内容は、障害種別によって、また同じ障害種別であっても障害の状態は個人によって多様であるため、必要とする配慮は個別的に異なる。また従事する職務や業種、企業の環境などによってもその内容は多様となるほか、医学的見地からの機能障害と職業上の障害は必ずしも一致しないことが明らかとなっている（日本障害者雇用促進協会・障害者職業総合センター、1994）。

そこで今後企業に必要な方策は、ＩＳＯ26000をガイドラインとして、第1にステークホルダーエンゲージメントによる障害者従業員を含めたステークホルダーとの対話による個別具体的な障害への配慮の実現、第2に第1の方策の積み重ねによる「社会的責任の組織への統合」、つまり持続的な障害者雇用の実践のための仕組みを企業内に構築することであるといえる。これらの最大の目的は、個別具体的な障害への配慮の方策を、企業と障害者従業員及び関係者が対話によって模索し実現することである。その基盤には両者の信頼関係と、共に問題解決を図る姿勢が不可欠である（山田、2011b）。

2-3　ともに働く企業の実践事例

ここでは、上述の方策により障害の有無にかかわらず共に働く場をすでに実現している事例を紹介する（筆者によるインタビューに基づく）。1つは特例子会社（障害への配慮を行う子会社で雇用する障害者を親会社での雇用とみなして実雇用率を算定できる制度）、もう1つは障害者自立支援法に基づく就労支援事業（図表5−1）である。

①　リベルタス興産（宇部興産の特例子会社）の事例

（回答者：代表取締役社長、有田信二郎氏）

山口県で唯一の特例子会社である同社の企業理念は「障害が有るから特別なのではなく、障害が有って当たり前、そして障害は才能を発揮する妨げにはならないとの基本的観点から、企業活動を通じて社会全体へ心豊かな〝資産〟の提供を目指す」である。主な業種は印刷、製本、デジタル化業務、清掃業務で、従業員数41人のうち身体障害者14人（うち重度13人）、

図表 5-1　障害者自立支援法における就労支援事業

	就労移行支援	就労継続支援	
		A型	B型
対象者	就労を希望する65歳未満の障害者で、通常の事業所に雇用されることが可能と見込まれる者	通常の事業所に雇用されることが困難であり、雇用契約に基づく就労が可能である者	通常の事業所に雇用されることが困難であり、雇用契約に基づく就労が困難である者
サービス内容	一般就労等への移行に向けて、事業所内や企業における作業や実習、適性に合った職場探し、就職後の職場定着支援を実施	通所により、原則雇用契約に基づく就労の機会を提供するとともに、一般就労に必要な知識、能力が高まった者について支援	事業所内において、就労の機会や生産活動の機会を提供（雇用契約は結ばない）するとともに、一般就労に向けた支援

出所：厚生労働省『障害者に対する就労支援』（一部筆者修正）

知的障害者10人（うち重度7人）、精神障害者2人である。2009年には障害者雇用優良企業認証を取得、12年度には長年の障害者雇用を通じたUBEグループ全体での「ノーマライゼーション（ともに生き、ともに暮らす社会）の深化」が評価され、UBEグループ会社表彰を受賞した。

障害に対する基本的な考え方は、ⓐ障害も個性の1つ、ⓑ2人で2人前（プラス思考で得意と得意の組み合わせ）、ⓒ配慮はするが特別扱いはしない、ⓓ心のバリアフリーで、この下に個々人が最大限の力を発揮できる環境整備を行っている。具体的には、毎月開催の定着推進会議、聴覚障害者従業員への専任手話通訳者の配置、また清掃業務では知的障害者の強みを活かしつつ、判断力が求められる部分は60歳以上のリーダーが行っている。ただし手話通訳者の設置は国からの助成はなく、全額自己負担である。障害への配慮を実現する際、企業と障害者従業員との対話は必要であるが、従業員が自分の障害について安心して話せる環境づくりが前提であるとしている。

親会社の宇部興産との関係は、事業運営については有田氏に一任されているが、企業としての方向性や意思決定などは親会社の非常勤取締役と協議しながら決定を行っている。UBEグループ会社との連携については、各社へ障害者雇用の進め方を紹介するとともに雇用促進の具体化のため、2006年7月に親会社の人事部とともに「UBEグループ障がい者雇用支援ネットワーク」を創設し、活動を行っている。またUBEグループ以外の地域企業の障害者雇用推進のために「企業部会」を設置し、本音で話し合うことができる場の提供も行っている。

② 研進、進和学園との、しんわルネッサンス事業

（回答者：研進代表取締役社長　出縄貴史氏）

しんわルネッサンスは、就労継続支援事業A型（雇用型）とB型（非雇用型）を併設し、研進が営業窓口会社となって本田技研工業（以下、ホンダ）より受注している自動車部品組み立て加工作業を主な事業としている。その特徴として、第1にA型とB型を分離せず、両者の従業員と利用者が同じ職場でともに働き、障害者自身の能力や希望に応じて役割を分担している点である。こうした例は非常に希少であり、全員で知的障害者としては日本初とな

るＩＳＯ９００１認証を取得している。

第２に、在宅就業障害者支援制度の在宅就業支援団体としての事業も行っている。発注事業者であるホンダには、同制度を活用して障害者雇用納付金制度の特例調整金が毎年支給されている。また２０１２年８月より新設された「在宅就業支援団体など活性化助成金」に応募し、地元のスーパーおよび地場農家と連携して朝採り野菜と自主製品の店頭販売を行っている。

同助成金は、厚生労働大臣の登録を受けた在宅就業支援団体などを対象に、障害者の就業機会の確保・提供などの事業活性化のために創設されたもので、①活性化計画に基づく事業に要した費用の一部を助成する「活性化助成金」と、②活性化計画の対象者が常用雇用された場合に１人あたり10万円を加算する「雇用推進加算金」がある。

進和学園のメンバーが地元農園に赴き、収穫した野菜を地元スーパーで販売し好評を得ている。同農園からの農作業の受託は、発注事業者（この場合は農園）から請け負った仕事を当該事業者が提供する就労場所で行う「施設外就労」という形態であり、障害者、発注事業者、福祉施設のすべての関係者にとってメリットが大きい。

第3節　ニート・ひきこもりの自立を支援する会社

3-1　ニート・ひきこもりの実態

近年、景気低迷に伴なう国内の雇用情勢の悪化は、若年者の就労環境にも深刻な影響をおよぼしている。若年失業率の上昇を背景に、企業の正規雇用のルートから外れるフリーター（卒業後、パート・アルバイトの職に就く者）の増加のみならず、求職そのものをあきらめるニート（NEET：not in education, employment, or training の略。学校に通っておらず、働いてもおらず、職業訓練も受けていない者）や、就学や就労を拒絶するひきこもり（社会的交流を回避し、自宅に閉じこもる者）といった、キャリア形成上の困難さを抱えた若者の増加が社会問題化している。

総務省「労働力調査」によれば、2010年の若年無業者（厚生労働省の定義するニート：15~34歳の非労働力人口のうち家事も通学もしていない者）数と若年人口に占める割合（ニート率）はそれぞれ約60万人、2・1％となっており、その比率は2003年の1・9％から概ね増加傾向にある（図表5-2）。大学新卒者に限ってみると、12年は約8万6000人（当年春の大卒者の約15・5％）が「就職も進学もしていない」者であり、うち約3

図表 5-2　若年無業者数と若年人口に占める割合

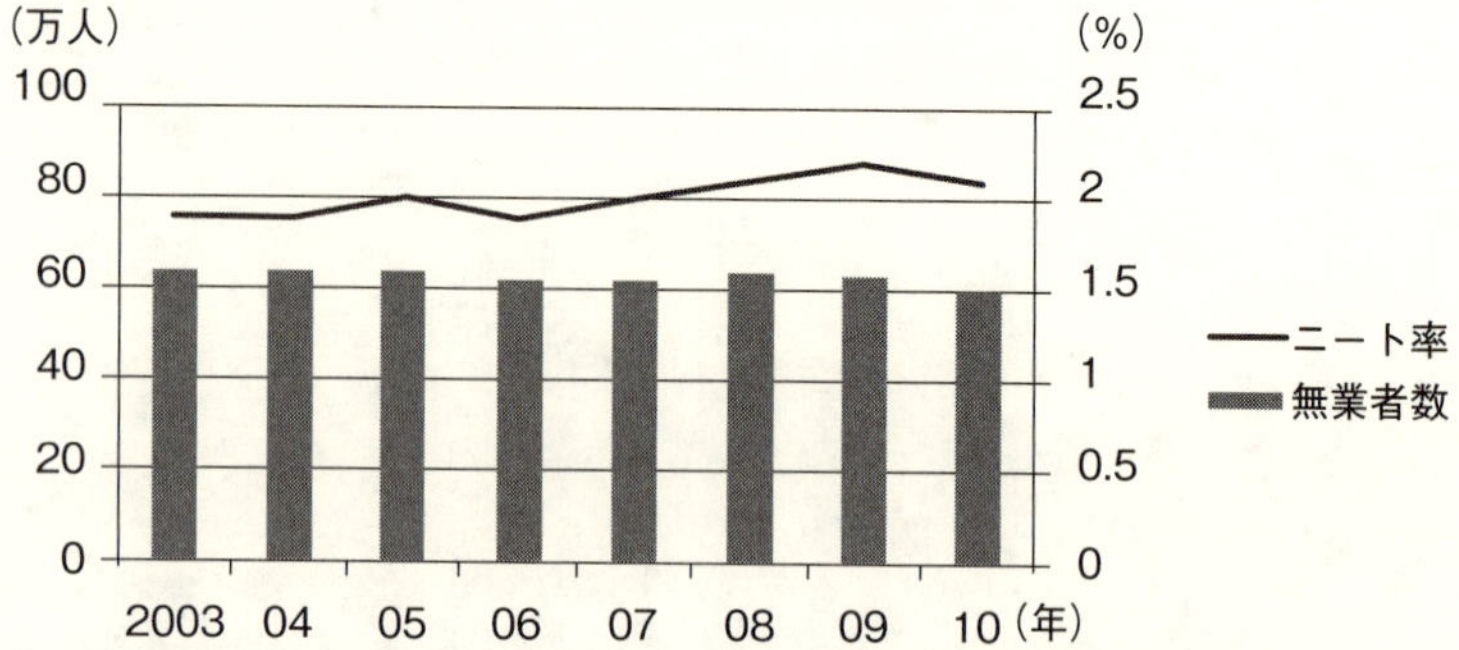

注：若年無業者：15〜34 歳の非労働力人口のうち家事も通学もしていない者
総務省統計局「就業構造基本調査」（平成19年）によれば、若年無業者は非求職者（就業は希望）、非就業希望者にほぼ２分され、病気・けがを理由とする者が各々３割近く含まれる

出所：総務省「労働力調査（基本集計）」平成 22 年（年平均） http://www.stat.go.jp/data/roudou/rireki/gaiyou.htm

万３０００人（同６％）が「求職活動も進学準備もしていない」ニートなど（家事手伝いも含む）になるとしている（文部科学省「学校基本調査速報」12年８月）。また各国のニート（先の厚労省の狭義のニートに加え、求職中の若年失業者なども含む）数を集計、比較したＯＥＣＤの報告によれば、11年の日本のニート率は10・１％とＯＥＣＤ先進国32カ国の平均（18・６％）を下回ったものの、低率国上位から12番目でありドイツやカナダとほぼ同じ水準にある（図表５-３）。

一方、ニートの中でも「就業を希望しない者」の範疇に含まれるひきこもりについては、内閣府「若者の意識に関する調査（ひきこもりに関する実態調査）」（２０１０年７月）によれば、６カ月以上「ふだんは家にいるが、近所のコンビニなどには出かける」、「自室か

図表5-3　各国のニート率と若年失業率の比較

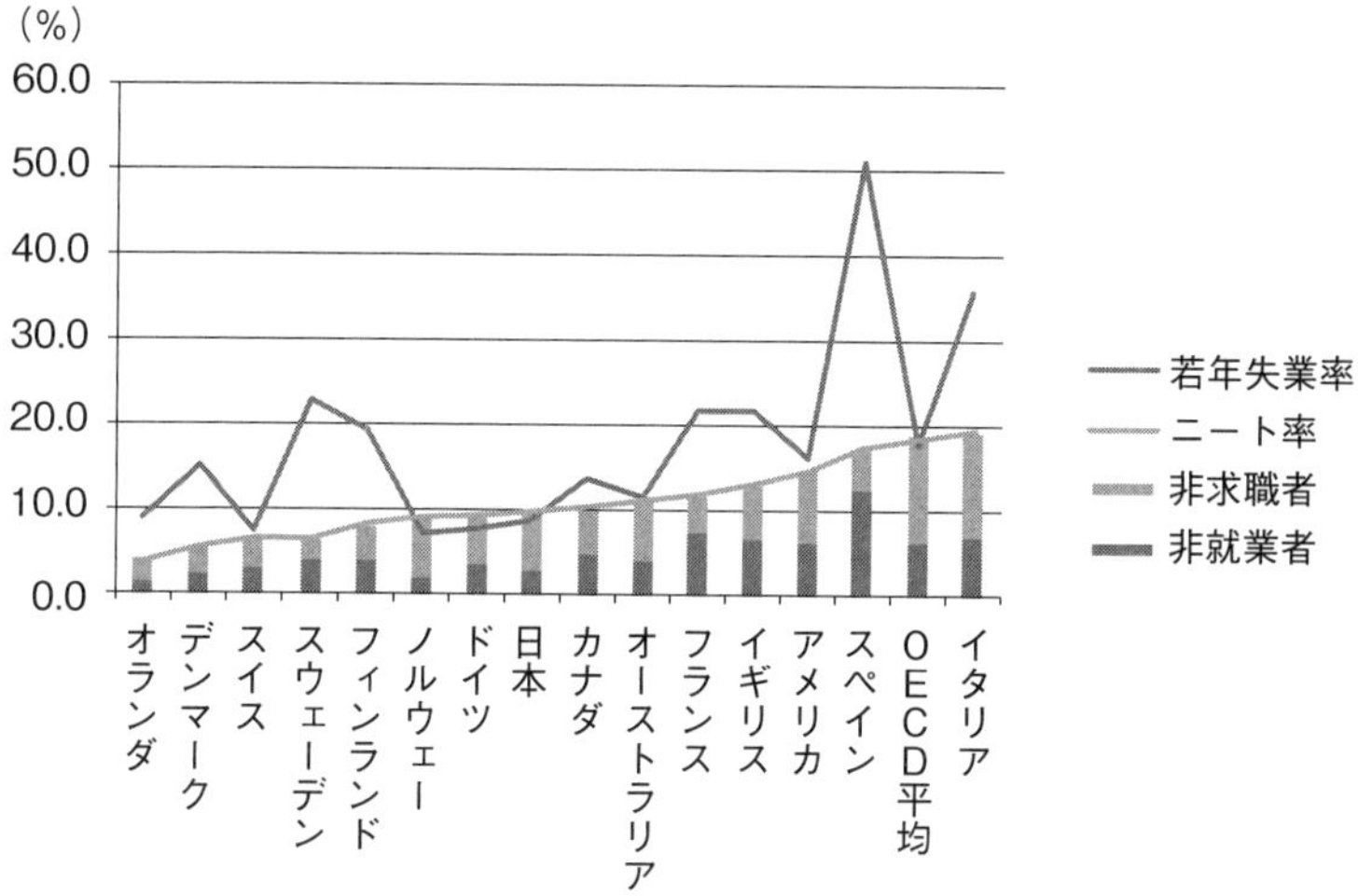

注：ニート率：15/16-24歳の人口における、下記のカテゴリーにあてはまる非就業者および非求職者の割合。一部の国を除き2011年第1四半期の各国統計データに基づく

非就業者：失業者（労働力人口）のうち通学・訓練受講をしていない者

非求職者：就業者・失業者以外の者（非労働力人口）のうち通学・訓練受講をしていない者

失業率：15-24歳の若者労働人口における失業者の割合（2012年3月現在の各国統計データに基づく）

出所と異なり一部の国のデータを省略している

出所：OECD『若者の失業率推移：就業危機の矢面に立たされ続ける若年層』2012.5.15
http：//www.oecd.org/newsroom/g20labourministersmustfocusonyoungjobseekers.htm

らは出るが、家からは出ない」、「自室からほとんど出ない」に該当する「狭義のひきこもり」が約23・6万人（同年代人口の0・61％）いると推計されている。

こうした事態を受け、行政施策の観点からは、厚生労働省が2005年度から09年度まで合宿形式による「若者自立塾」事業を展開し、06年度からは各地域に地域若者支援機関のネットワークの中核として「地域若者サポートステーション」を設置し、ニートなどの若者の職業的自立を支援してきた。また10年4月には、ニート、ひきこもりなど様々な困難を抱える若者支援のための地域ネットワークづくりの推進を図る「子ども・若者育成支援推進法」が施行され、各自治体に連携拠点となる子ども・若者支援地域協議会の設置が内閣府主導のもとで進められている。

これら行政施策による支援と並び、安定的なキャリア形成や社会生活を円滑に営むことが困難な若者を、要支援者としていかに社会に包摂するか（ソーシャル・インクルージョン）という視点から、企業のCSRとして彼らの積極的な雇用や就職支援、予防的なキャリア教育、ニート支援団体への寄付スキームの提供などに取り組む企業が現れている。以下では、こうした企業（一部、事業型のNPOを含む）の事例について紹介したい。

3-2 国内企業等の支援事例

① ブードン社

ソフト開発、ITシステム構築のブードン（栃木県小山市）は、1999年の創業当初よりフリーターやニートを正社員として採用する方針を打ち出しているベンチャー企業である。2004年、地域で若者の自立支援に取り組むNPO法人とちぎボランティアネットワーク（宇都宮市）と連携し、はじめてニートの男性を研修生として受け入れたことから同社のニート採用ははじまった。その後、その研修生が開発メンバーの戦力として成長したことから、同社独自の研修制度を整え、就労に困難を抱えた未経験の若者であっても正社員となる道を用意した。ひきこもりのケースでは、就業時間にとらわれない研修を組み、出社時間を強制せず、出社日数も週2~3回からスタートし、徐々に通常出勤のパターンに慣れさせていくようにするなど、個々人の状況や条件を考慮した工夫を行っている。

② アイエスエフネット社

ITシステム構築、エンジニア派遣のアイエスエフネット（東京都）は、2000年の設立以来、就労希望者への雇用の創造を理念の1つとして取り組み、特に06年1月からは、「5大採用」をテーマに掲げ、「ニート・フリーター、障がい者、ワーキングプア、シニア、引きこもり」といった、従来では働くことに制限があると考えられていた人々に対しての雇用の創造にも特化してきた。PC入力や総務業務を担う、障害者のための特例子会社や在宅勤務を主体とした子会社の設立などにより、各人の特性に応じた職域の拡充を図り、10年10月にはニート・フリーターの雇用は500人以上、知的・精神・身体障害者の雇用は235人、シニア84人以上の雇用を達成した。

一方でこの間、就労経験が乏しく、また就労意欲もないひきこもりの雇用については、営利企業としての社会復帰支援は困難であることから就労訓練を専門に行うNPO法人FDA（future dream achievement）を設立し、訓練生の受け入れや採用に努めた。その結果、2010年2月には、5年以上ひきこもっていた就労希望者の3人の雇用を実現するに至っている。一方で、うつ病を発症し休職中のアイエスエフネット社員の社会復帰訓練として、FDAのプログラムを利用できるようにし、実際に復職を果たし安定して就労できるようになったケースも生まれている。

③　日本マイクロソフト社

ソフト開発・ITサービスの日本マイクロソフト（東京都）は2010年から、社会的弱者に対するITスキル教育の社会貢献事業の一環として、若者の自立支援にあたるNPO法人「育て上げ」ネット（東京都）と連携し、ニートの就労を支援する「ITを活用した若者就労支援プロジェクト」（若者UPプロジェクト）を行っている。本事業は、同社と地域若者サポートステーション（若年無業者の就労を支援する厚生労働省の事業）を受託する各地のMPOが協働して実施し、ITスキル講習（オフィスソフトを活用した文書作成やウェブサイトの構築などを習得するもの）を従来の就労支援メニューに組み込むことにより、若者の自信を醸成し、就労に導くことを目的とするものである。

具体的には、同社が講習のカリキュラムやツールの開発、基本ソフトやオフィスソフトなどの無償提供、ソフトの機能や活用法の紹介、講師の養成（NPOスタッフ対象）などを担い、NPOがPCを確保し就労支援の一環として講習を実施する。初年度は首都圏5カ所、1527人が受講し、進路決定率（就労、進学・職業訓練など含む）は45・5%となり全国平均の39・6%を上回る成果を上げることができた。同社は「プロジェクトを通じて、最新のITを利活用出来る人材が企業に増えることで、日本企業の競争力の強化にも貢献できることを期待して」(本プロジェクトHP)いると述べている。

④　リクルートHD

情報サービス業のリクルートホールディングス(東京都)はCSR活動の一環として2011年から、既卒者やフリーターを対象に、応募種類の書き方指導や面接トレーニングを行う就職応援プログラム「ホンキの就職」を実施してきた。12年4月からは、対象をニートにも拡大し、NPO法人「育て上げ」ネットの助言を得て内容を改訂した上で、同NPOを含む全国12団体16拠点の公益法人に展開した。具体的には、4日間で就職活動への不安を解消し、実践練習でコツを身につけるプログラムを各地のNPOで開催し、同社がカリキュラムやファシリテーター養成を無償提供することで支援している。当初の取り組みが評判を呼び、年度途中において追加募集をかけ、連携する支援施設のNPOは27拠点に増えた(12年11月末現在)。参加者数実績は100人を超えている(同年7月末現在)。NPO法人単独で事業実施する場合に比べ、より即効的に就労(3カ月以内の就職決定率44%:同年7月末現在)につなげている。

⑤　新生銀行グループ

消費者金融業・信用保証業の新生フィナンシャル(東京都)は2006年、NPO法人「育て上げ」ネットと共同で、ニート予防をめざした金銭教育プログラム

「MoneyConnection®」を開発した。ニート状態に陥る原因の1つに「お金に関する正しい知識や金銭感覚の欠如」があることに着目し、高校生が「リアルな金銭感覚」を身につけられるよう、一人暮らしに必要な生活費を計算し、働き方や収入を設定したカードを用いて将来生活をシミュレートするなど、長期的な視点で働くことや稼ぐことについて考える機会を生徒たちに提供している。

2012年度からは、親会社の新生銀行が社会貢献活動の一環として同NPOを支援、共同展開している。同行ではプログラムの協賛企業として運営を支援するほか、参加可能な地域においては、これまでのべ150人を超えるグループ社員がファシリテーターとしてボランティア参加している。12年7月末までに、全国約500校、約4万8000人に対してプログラムを提供するに至っている。「育て上げ」ネットでは、行政機関などとの提携も開始し、教育関係者を対象とした講師養成講座を含むセミナーや講演を実施するなど、プログラムの一層の普及に努めている。

⑥ バリューブックス社

古本買取・販売のネット・ベンチャーであるバリューブックス（東京都）は、NPO法人「育て上げ」ネットに協力し、2010年3月から同NPOの寄付金集めを支援する「キフボン・プロジェクト」を開始した。この事業は、同NPOの理念に賛同しその活動を支援したいと思う人を対象に、自宅や企業に眠る古本をバリューブックスに送ってもらうことで、買取金額分をそのまま同ＮＰＯに寄付することができるというものである。事業開始2年3カ月（12年6月時点）で１８００人を超える寄付者から約15万冊、総額約３８５万円の寄付金が集まっている。

同ＮＰＯでは、プロジェクトで集まった寄付金を基に無人島ワークキャンプや釣り師の仕事体験など創造性を活かした自由度の高い企画が実施できるようになり、悩みを抱える若者たちの一歩を踏み出す場を生み出すことができた。一方で、こうしたワークキャンプの場にはバリューブックスの長野倉庫の社員たちも参加している。同社にとっても「寄付活動の先が見える」ことで社員のモチベーションアップにつながり、また働くことの意義を学ぶ若者たちと交流することで社員が自分自身の仕事の価値を再認識できる機会となっている。本事業は、現金より寄付しやすい新たな支援の仕組みとして注目を集め、ＮＰＯ法人とちぎユースサポーターズネットワーク（宇都宮市）など、他の地域の若者支援団体など、複数のＮＰＯ・教育機関との連携にも至っている。

⑦　フェアトレード東北

ニートの社会的立ち直りを支援してきたＮＰＯが自ら就労の場づくりに乗り出しているケースもある。宮城県石巻市のＮＰＯ法人フェアトレード東北は２００９年から、ニートやひきこもり、障害のある若者がボランティア学生とともに米栽培の試みを続けている。農作業と並んで当事者自身が商品化にかかわっているのが特徴で、初年度、収穫したコメを「ニート米」と名づけ販売した。市民に支援を呼びかけ約400キロを完売、若者への給与の支払いを実現した。ニートが障害のある若者を助け、学生がニートを指導するといった共同作業を通じ、達成感やともに働くことの価値を知る場になったという。2011年、同NPOは米作り事業をソーシャル・ファーム（社会的企業）形態で担うべく農業生産法人、アルコバレーノファームを設立し、東日本大震災の被災者らとともに復興米「N.i.j.i」（虹）として生産、販売している。

3-3 ニート・ひきこもり支援の拡充に向けて

本節では、ニートやひきこもりなどキャリア形成に困難さを抱えた若者たちの就労を支援する企業の事例をいくつか見てきた。人材難のベンチャー・中小企業にとっては、ニートも貴重な戦力になり得ることから、積極的な雇用に取り組み企業も一部ながら存在する（ただし、社会的スキルを教え就労訓練を施すのは、企業にとっての負担が大きいことから外部のNPOなどとの連携が有益であることも示唆される）（事例1、2）。一方で、大企業にとっては若者の自立支援にあたるNPOに対して、経営資源やノウハウを提供することで間接的な若者支援が可能となる（事例3、4、5）。適切な金銭感覚やITスキルを身につけ、就労意欲をもった若者が増えることは、長期的に見て企業にとっても有力な顧客確保や人材獲得につながり、事業環境の向上が期待できる。その他、ニート支援そのものをマーケティング・ツールとして商品や事業に組み込む社会的企業の試みもある（事例6、7）。

そもそも就職活動の意欲が乏しいニートやひきこもりの若者に社会的自立を促すことは、他人の人生に介入することであり、ある意味パターナリズム（おせっかい主義）の誹りを免れられないかも知れない。しかし、彼らを「社会生活に参加する」、「自尊心をもつ」といった人間の基本的機能（経済学者アマルティア・センのいう潜在能力）が奪われている存在とみなすならば、その能力向上に向けた支援を行うことは十分な道徳的意義を有するといえるだろう。ニートやひきこもりなどの若者の支援についてはまだまだ世間の偏見が強く共感を呼びにくい分野であるが、次世代を担う青少年の健全育成の一環として、多くの企業において取り組みが広がることを期待したい。

参考文献

〈第1節〉
・小倉昌男（2003a）『経営はロマンだ！』日本経済新聞社
・小倉昌男（2003b）『福祉を変える経営』日経BPマーケティング
・大山泰弘（2009）『働く幸せ』WAVE出版
・鈴木静子（1998）『向日葵の若者たち』本の泉社
〈第2節〉
・㈱研進ホームページ　http://www.kenshin-c.co.jp/

・川島聡（２００９）「障害者権利条約の概要─実体規定を中心に─」『法律時報』Vol.81、No.4、4-14頁
・川島聡（２０１０）「障害者権利条約の基礎」、松井亮輔・川島 聡編『概説 障害者権利条約』法律文化社、1-15頁
・厚生労働省（２０１２）『平成24年障害者雇用状況の集計結果』
・㈶日本規格協会編（２０１０）『ＩＳＯ ２６０００：２０１０ Guidance on social responsibility「社会的責任に関する手引」』財団法人日本規格協会
・㈶日本規格協会編・ＩＳＯ／ＳＲ国内委員会監修（２０１１）『日本語訳ＩＳＯ２６０００：２０１０ 社会的責任に関する手引』財団法人日本規格協会
・世界保健機構・ＷＨＯ・障害者福祉研究会編集（２００３）『ＩＣＦ 国際生活機能分類─国際障害分類改訂版─』中央法規出版
・㈲高齢・障害者雇用支援機構 障害者職業総合センター（２０１０）『調査研究報告書 No.94 企業経営に与える障害者雇用の効果等に関する研究』、㈲高齢・障害者雇用支援機構、障害者職業総合センター
・日本障害者雇用促進協会・障害者職業総合センター（１９９４）『調査研究報告書 No.3 職業的困難度からみた障害者問題─障害者および重度障害者の範囲の見直しをめぐって─』日本障害者雇用促進協会・障害者職業総合センター
・山田雅穂（２００８）「重度障害者の雇用を拡大する政策の在り方に関する一考察─特例子会社および福祉工場の調査を通して」法政大学大学院人間社会研究科博士後期課程人間福祉専攻、博士学位論文
・山田雅穂（２０１１ａ）「継続的ＣＳＲとしての障害者雇用を実現する理念と方策─ステークホルダーとしての従業員を焦点に─」『日本経営倫理学会誌』第18号、２３５-２４９頁
・山田雅穂（２０１１ｂ）「障害者雇用におけるＩＳＯ２６０００の役割と活用の意義─ステークホルダー

エンゲージメントと社会的責任の組織への統合から──」『大原社会問題研究所雑誌』No.637，47‐64頁

〈第3節〉

本節で紹介した事例などに関する参考記事等は以下の東北大学・高浦研究室ＨＰにまとめて掲載している。 http://www.econ.tohoku.ac.jp/~takaura/neet_hikikomori.html

なお事例の執筆にあたっては平成24年度科学研究費助成事業（若手研究（Ｂ）２４７３０３０６）の研究成果の一部を反映している。

第6章

多様な価値観を認め、まとめるマネジメント

本章は、多様な価値をもつ従業員を認め、まとめるマネジメントを考察する。まず「まとめる」に着目し、その手段として収益を目的としない普遍的CSR活動に着目する。次に「認める」に着目し、特にアメリカのマイノリティの活用の観点から、サプライチェーン多様性に疎い企業はグローバルに発展できないことを、そしてグローバル化した社会の中で認められる多様性を従業員の採用の視点から考察する。

キーワード

・普遍的CSR活動　・従業員モチベーション　・社会的少数者
・サプライヤー多様性　・ダイバーシティ　・グローバル経営

第1節　多様な価値をまとめる普遍的CSR活動とそのマネジメント

1-1　現代企業が対応を求められる2つの多様な価値

21世紀に入り、経済のグローバル化や少子高齢化など、外部環境の急速な変化が進む中、現代企業は、2つの多様な価値に対応することを、今まで以上に求められている。1つは、多国籍化、労働形態の多様化に対応するため、多様な価値をもつ従業員をまとめ、彼らの協働とモチベーションの向上を促進することである。他の1つは、企業の目的を株主利益の追求に限定する単一的目的論がエンロンやワールドコムの崩壊などの事実によって否定され、内外のステークホルダーの要求を反映すべきと主張する多元的目的論が再認識されたため[1]、多様な価値をもつ広義のステークホルダーの要求をまとめ、社会的問題の解決に関与することである。

1-2　2つの多様な価値をまとめるために必要なマネジメント

①　多様な価値をもつ従業員をまとめるマネジメント

初期の組織文化論の知見によれば、長期に繁栄する企業は、自らの社会における役割分担を意識した企業理念[2]（以下、社会的企業理念）を価値基準として全ての活動に適用し、その価値観を受容する従業員を大切にすることで、行動様式としての強い組織文化を保持すること、そして、そのような企業の従業員は進歩への意欲も高く、生産性を向上させる行動をとる傾向にあることが示唆されている。[3]その場合、価値観を共有する従業員は、業務上の優先順位、善悪の評価などの判断が共通するため、その協働は阻害されず、自主性の尊重や権限委譲が容易なため、意志決定は早く、従業員モチベーションも高いとされている。

この知見から、多様な価値をもつ従業員をまとめるマネジメントとは、企業が従業員の社会的企業理念の理解を促進するシステムを構築・運用し、価値観を共有する従業員を醸成することで、彼らの協動を促進し、かつモチベーションを向上させることと考えられる。

② 多様な価値をもつ広義のステークホルダーの要求をまとめるマネジメント

1-1で述べた多元的目的論は経営学でも最近の傾向とされる（大月ほか、２００８）が、一歩そのマネジメントに踏みこむと、企業の存続を収益と置き換えて、そのために必要な狭義のステークホルダーの要求を対象にすべきと主張する経営戦略論（企業∨社会）と、現代企業は強大な権力をもつため、全ての広義のステークホルダーの要求に相応の義務を果たすべきと主張する「企業と社会」論（企業∧社会）の立場にわかれる。[4]

そこで、本節では、「企業と社会」論の立場にあるものの、私益を企業の存続、公益を社会全体の利益として、企業が社会に対する責任（以下、企業の責任）を「私益と公益を一致

図表6−1　小林の企業のコントロールシステム

<table>
<tr><td rowspan="2">市場メカニズム</td><td colspan="2">私益と公益の一致</td><td colspan="2">企業活動</td></tr>
<tr><td>対応</td><td>方法</td><td colspan="2">概念</td></tr>
<tr><td rowspan="2">作用しない</td><td rowspan="2">人為的</td><td>他律的
強制的</td><td colspan="2">（企業の）社会的義務</td></tr>
<tr><td rowspan="2">自律的
自発的</td><td rowspan="2">企業の責任</td><td>企業の社会的責任</td></tr>
<tr><td>作用する</td><td>自動的</td><td>企業の経済的責任</td></tr>
</table>

させること（社会＝企業）」とする小林（1977、1978）の主張を検討する。小林は企業の責任を、市場メカニズムが働く（収益を目的とする）領域で自発的・自律的な活動を行う「企業の経済的責任（能力）」、市場メカニズムが働かない（収益を目的としない）領域で、人為的そして自発的・自律的な活動で行う「企業の社会的責任（能力）」に分類し、後者の領域で法規制などに強制的・他律的にしたがう「（企業の）社会的義務」を加え、この3つで企業のコントロールシステムを構成すると主張する（図表6−1）。

しかしながら、「企業と社会」論の系譜にある小林は、企業の社会的責任の遂行を狭義のステークホルダーと広義のステークホルダーの諸価値を統合する経営理念で制御することを主張する。無論、彼自身もその困難さを認めるように、このような客観合理的な経営理念の設定は現実的ではない。そこで、吉田（2011）は、自らの役割分担をはたせばよいとする限定合理的な社会的企業理念で制御する修正を提唱したのである。

修正された企業の社会的責任の遂行は、企業が、企業の責任の遂行の一翼として、普遍的に行うべき実行可能な活動であるため、本節では以下、普遍的CSR（corporate social responsibility）活動と呼称する。

普遍的CSR活動は、①企業が社会的企業業理念によって広義のステークホルダーの要求から対応すべき活動を取捨選択するマネジメントに加え、②一度はじめた活動は収益のいかんにかかわらず、関係するステークホルダーからの要求が続く限り継続し、収益以外の方法で企業の存続に寄与するマネジメントを求められる。よって、普遍的CSR活動の推進は、多様な価値をもつ広義のステークホルダーの要求をまとめるマネジメントと考えられる。

1-3　マネジメントの手段としての普遍的CSR活動の意義とその効果：キッコーマンと資生堂のケーススタディを中心に

普遍的CSR活動は、社会的企業理念と収益を目的としない点で一致するため、その活動への従業員の参加は、彼らの社会的企業理念の体感、理解を促進する効果だけでなく、価値観の共有を促進し、従業員モチベーションを向上する効果も期待できる。

すなわち普遍的CSR活動は、1-2-②で示した本来のマネジメント機能に加え、1-2-①の多様な価値をもつ従業員をまとめるマネジメントの機能をもつことが想定される。本節ではこのことを2社のケーススタディで確認する。

①　キッコーマンの食育活動と小学校への出前授業

同社は、２００４年、食育基本法案が、国会に提出され、食育への関心が高まる状況を踏まえて、食育プロジェクト（以下、ＦＰＪ）を立ち上げた。当初、プロジェクトリーダー（以下、ＰＬ）は、食育に前向きな20～40代の従業員を個別に勧誘し、組織横断的に15人のメンバーを招集した。一部のメンバーを引き抜かれた部門からは不満の声も出たが、ＰＬは、当該責任者と対話し、最終的に全部署から食育活動全般への協力を取りつけることに成功した。次に、事業に根ざした全社的な食育活動を考えるため、ＦＰＪメンバーはのべ数十時間におよぶ事前調査と意識のすりあわせを行った。その過程で、日本では孤食化（１人で食事をとること）や個食化（家族が同じテーブルを囲んでも違う食事をとること）が進んでいることが浮き彫りになった。そして、そのような家庭では、家族の会話が激減するだけではなく、子どもが携帯電話やゲーム機に依存する時間が増加し、家族間のコミュニケーション不足から犯罪に巻き込まれることを予見する機会を逸するリスクが増えているとの指摘を受けたり、子どもの好きなファストフードに偏った食事が提供されやすいことがわかった。よって、この傾向は、子どものこころとからだの健康に悪い影響を与え続け、さらには日本の食文化の崩壊につながる可能性も危惧されたため、ＦＰＪメンバーは、特に子どもに対する食育活動の必要性を痛感し、共通認識としたのである。

このような背景から、食育活動の柱の１つとして、従業員が２人１組（しょうゆ博士とア

図表6-2　しょうゆ塾の授業風景

出所：キッコーマン

シスタント）で小学校（3、4年生中心）に出向き、正規の授業内で、醤油のつくり方や食文化についての授業を行うキッコーマンしょうゆ塾がはじまったのである（図表6-2）。

しょうゆ塾の講師登録は、社内公募に応じた従業員が基本的に誰でも参加でき、公募者には、事前に半日の研修を行い、出前授業は勤務時間扱いにするなど、随所に全社的な活動にするための工夫がなされている。また、小学生の反応も良く（2011年度実績109校244コマ）、感想文などから、授業内容が家族の会話を増やし、食生活を改善する契機になる場合もあることを実感できるため、一度講師を経験した従業員はほとんど継続を希望するし、11年度現在、370人（対象となる従業員の約27％）が登録している。

PLは、2006年4月の社内アンケート結果から、出前授業ボランティアを中心とする食育活動の意義を「従業員が自社事業を再認識することで使命感・モチベーション向上が加速する」と分析するが、実際にアンケートの自由回答欄の「経営理念を具体的に示す取り組み」、「キッコーマンで働くことの誇りを感じる」などの記述からも、従業員モチベーションの向上の効果が確認される。また、同社は08年に、食育活動のスローガンを企業理念に連なるコーポレートスローガンに昇格させたが、09年11月の社内アンケート調査結果では、その共感度は約88％と高いこと、共感度が高い従業員の方が高いモチベーションをもつことが分析されている。

② 資生堂の高齢者施設での美容セミナー

この活動は、1975年に、岩手県の特別養護老人ホーム「富士見荘」で行った化粧方法を無償で教える美容講習会を原点とする。当時、富士見荘の理事長の「入居者に豊かな人生を送って欲しい」という願いを受けてはじまった月一度の美容サービスは、「入居者たちが進んで化粧をするようになり、気持ちが前向きになったことでリハビリテーションをはじめ、その結果歩けるようになる場合もあり、お互い助け合う気持が生まれた」と予想以上の効果をもたらしたとされる。そして、この効果は93年からはじまった鳴門山上病院の実践活動を通じて医学的に化粧療法と認知されたのである（図表6-3）。

この活動は、各支社のお客さま担当を中心に、地域の福祉施設などに案内状を送るなど、草の根の活動として進められたが、その効果が口コミで徐々に広まり、現在は資生堂ライフクオリティービューティーセミナーとして国内で年間のべ27752件、対象者4万1469

図表6-3　化粧療法の効果（化粧による高齢者の変化）

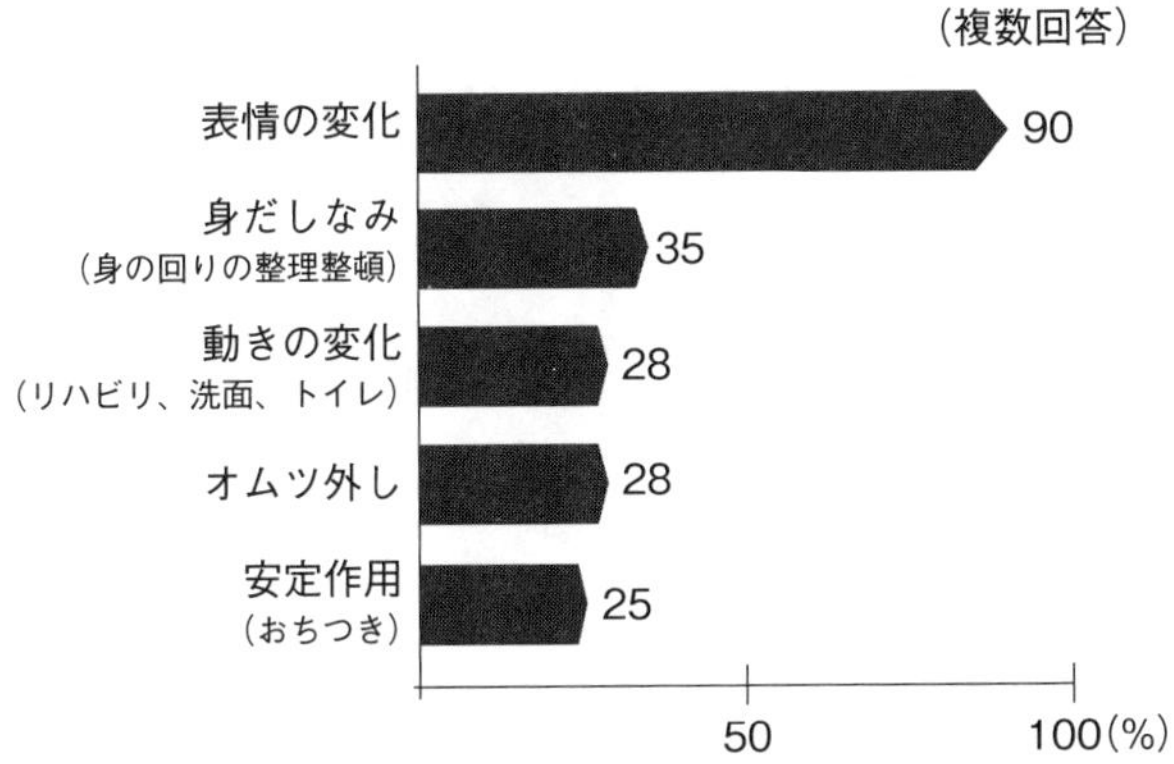

注：実験期間・回数：1993年7月～10月、週1回
　　実施施設：鳴門山上病院（徳島県）
　　対象者：65～93歳　女性40人
出所：資生堂

人、従業員のサポーター参加は制度発足から3年間でのべ２９０９人を数える全社的な活動までに発展したのである。

この具体的活動は、セミナーを中心となって推進するビューティーコンサルタント（美容専門職）と任意で業務として参加するそれ以外の補助の従業員が、高齢者福祉施設に行き、入居者に対し、①顔の汚れ落としをする、②化粧水・乳液をなじませる、③下地クリーム、ファンデーション、眉墨・口紅・ほほ紅を塗るなどお化粧のお手伝いをするものである（図表6－4）。

担当者は自らの経験もふまえ、活動に参加した従業員が、痴ほうが進み表情も乏しい女性でも、化粧をすると一瞬ではあっても顔が輝いたり、あるいは特に口紅をつけた女性が「またお嫁に行けるね」と嬉しそ

図表6-4　セミナーの実施風景

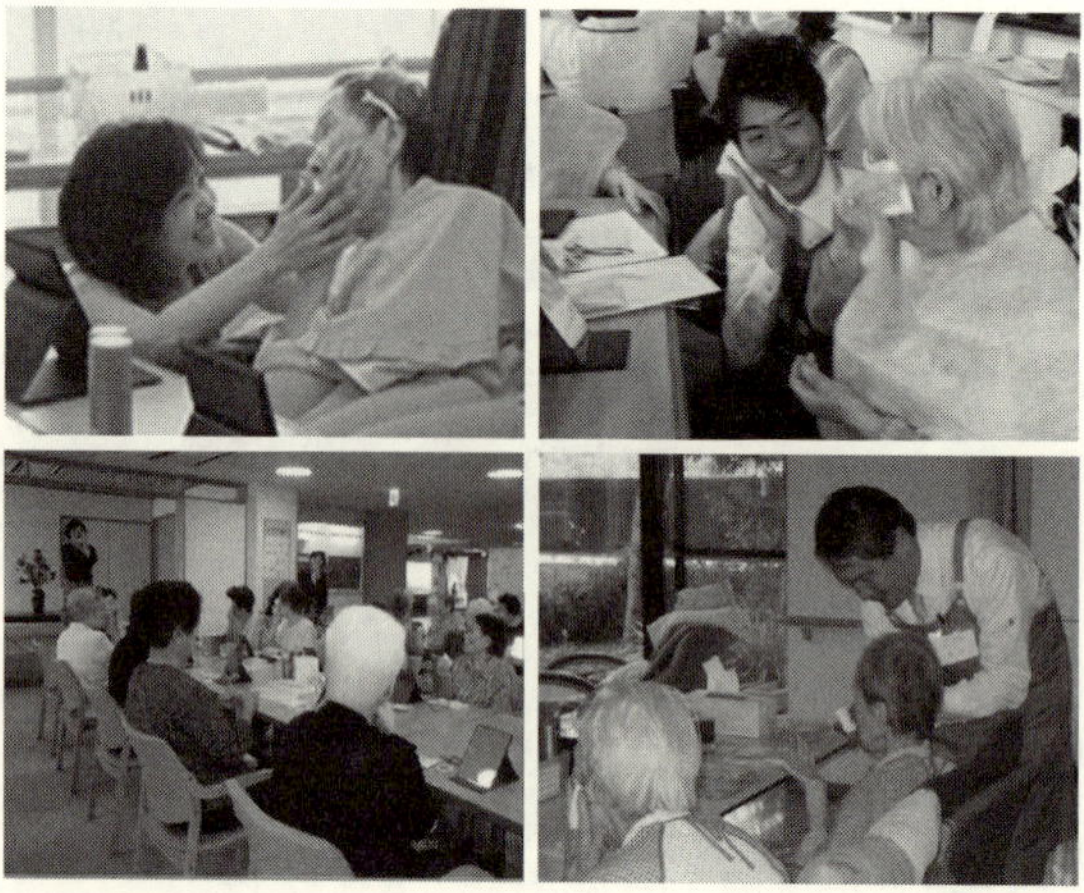

出所：資生堂

うに話すなど、明らかな表情の変化を目の当たりにして、心を前向きにし、笑顔を取り戻せる「化粧の力」を体感すると述べる。その上で、担当者は、「化粧の力」には、従業員が相手と直接対面し、思いやりの気持ちで接することが必要とされるが、それは資生堂の「おもてなしの心」の理念の実践そのものであり、それを体感、理解する手段として、新入社員研修に採用した旨を述べる。

実際に、従業員は「仕事を通じて、社会のお役にたてることを実感」、「資生堂で働いている意義、働きがいや喜びを感じる」とする感想を述べており、従業員モチベーション向上の効果が確認されるのである。

1－4　2つの多様な価値をまとめる、本業に依拠した普遍的CSR活動

ケーススタディから両社の活動は、経営資源を有効活用し、従業員が参加しやすい本業に依拠する普遍的CSR活動であり、従業員の社会的企業理念を体感・理解する効果と帰属意識やロイヤリティ向上等による従業員モチベーション向上の効果があること、そして両社は、少なくとも前者の効果を認識し、具体的システムとして活用していることがわかる。よって、本業に依拠する普遍的CSR活動は、多様な価値をもつ広義のステークホルダーの要求をまとめ、社会的諸問題の解決に寄与するだけでなく、多様な価値をもつ従業員の協働を促進し、モチベーションを向上するマネジメントの手段として有効と論結される。

このことから、普遍的CSR活動のマネジメントの優劣は、企業全体のマネジメントを評価する有効な手段になることが示唆されるのである。

謝辞：取材、資料提供および本節への記載を御快諾いただいた各社担当の皆様に深く感謝します。万が一内容に誤謬などがあれば、その責は筆者にあります。

第2節　サプライチェーンにおける多様性企業の活躍

2-1　はじめに

サプライチェーンとは「供給連鎖」と日本語訳されるが、今や英語のまま述べられ表記されることが多い。一般的なビジネス取引の流れについて、情報技術を活用して管理する経営手法の1つである。また、原材料・部品の調達から在庫、消費者までの製品供給を総合的に管理する手法ともいえる（図表6-5）。

従来の取引の流通形態と比べるとサプライチェーンは文字通り鎖で繋がり、単独の鎖になっていない点に注目すべきである。つまり、全体最適をめざすものであり、顧客満足に最終ゴールを置いているのが従来との経営視点の違いである。本節ではサプライチェーンの多様性をめぐって日本社会とグローバル社会の根本的な違いを考える。一言でいうと、社内と社外の視点であろう。それが日本社会でうまく機能していない原因でもある（図表6-6）。

日本企業では社内、すなわち社員を中心に多様化しようと考えている一方、米国では社外が中心になってきている。そして社外のステークホルダーの範囲は限りなく広がってきている。同時に、多様性、多様化社会の中味も日米で異なり、また概念が年々進化しているとい

図表 6–5　サプライチェーン・マネージメント SCM：従来と今後の流通体系

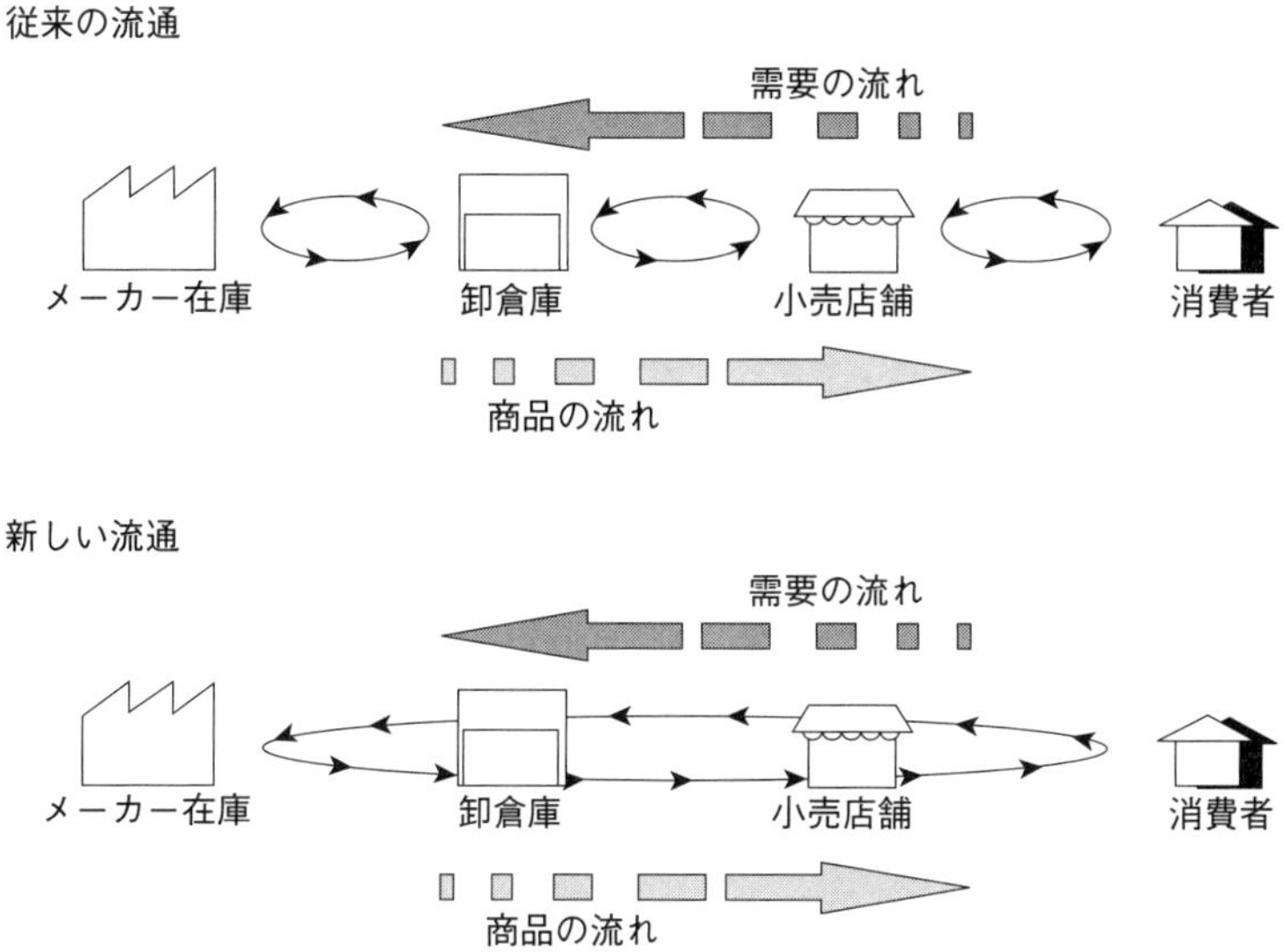

出所：VCPC バリューチェーンプロセス協議会

図表 6–6　サプライヤーとカスタマー間の供給連鎖

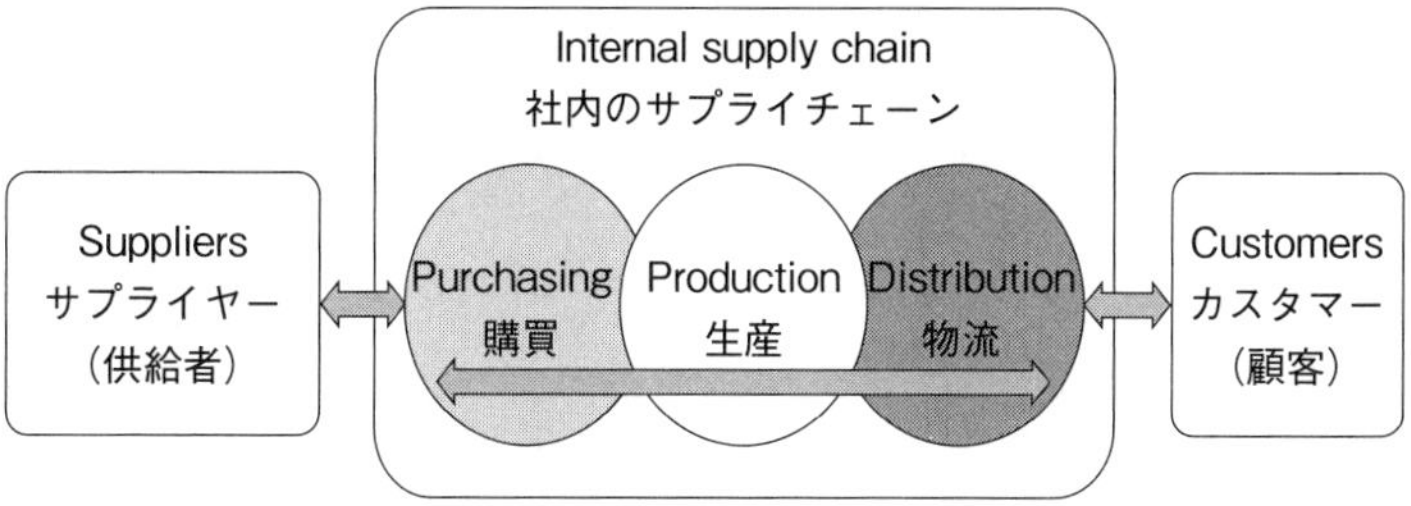

出所：Institute for Supply Management　米サプライマネジメント協会

うことも注目しなければならない。つまり過去の一時期においてアメリカではマイノリティと分類されたが、これは社会的少数集団のことで、その社会の権力関係において、その属性が少数派に位置する者の立場やその集団を指しているものである。多くの場合、そのグループの一員であることによって社会的な偏見や差別の対象になり、少数者の事情を考慮していない社会制度の不備から不利益を被ることを前提とした呼称であり、社会的弱者に近い概念であるといえる。さらに数としては少数でなくても、差別や構造により社会的に弱い立場におかれている場合にはマイノリティと呼ばれることがある。たとえば女性がマイノリティであるという主張はこの点で一般的であろう。本節では、企業間商取引の基本であるサプライチェーン内での多様性について考えることとする。

2-2　サプライヤー多様性

サプライヤー多様性（Supplier diversity）は、企業内の社員多様性を越えたサプライチェーン関係者の多様性を指している。取引の相手、つまり売手の位置を占める取引パートナーの多様性を意味する。過去のビジネスにおいては、サプライヤーが概ね買手と同じ属性（つまりマジョリティ）が多かったが、アメリカ社会のマイノリティの概念が広がるにつれて取引のチェーン全体に広がったと言える。一見ネガティブな印象を与えるサプライヤー多様性を、アメリカ社会では現実のビジネスの世界で逆手に取り、企業全体の活力向上につなげていこうとするのが一般認識である。サプライヤー多様性を今一度説明すると、サプライヤー企業が多様化することによってサプライベースが拡大するだけでなく、これまで不利であった人々に多くの参入機会を提供し、地域社会の経済力が確立されることである。特にアメリカ企業が掲げるサプライヤー多様性プログラムは、多様なサプライヤーによる買手企業の請負および調達への参加を推進しているものである。アメリカ商務省マイノリティ企業開発局（MBDA）は、アメリカのマイノリティが所有する企業の成長と競争力を増進させる商務省の1機関であり、MBDAの公表された使命は、「公的あるいは民間の借財や株式による資金調達、市場機会、経営管理と事業の情報への接近の道を提供すること、公的あるいは民間の資源を調整して投資させること、戦略的協力を促進することによって、マイノリティが所有する企業の成長と競争力を積極的に増進させる」となっている。つまり政府一丸となって多様性を推進しているというわけである。

2-3　多様性サプライヤーとして対象となる企業

それでは、一体どういう企業が多様性企業となるのであろうか。本項では多様性サプライヤー活用企業としてアメリカでも群を抜いている航空会社、デルタ航空のもつサプライヤー多様性プログラムを紹介する。同社ではサプライヤー多様性計画に検討されるためには、その会社が次のいずれかのグループに所属するメンバーによって、所有、運営、管理されていることが前提となっている。

〈女性・アフリカ系アメリカ人・アジア系アメリカ人・ヒスパニック系アメリカ人・ネイティブアメリカン・傷痍軍人・GLBT：ゲイ、レズビアン、バイセクシャル、トランスジェンダー〉

これらのグループによる所有とは、企業の最低51％が当該個人によって所有されていることを意味し、公営企業の場合は最低51％の株式が1人または複数の当該個人によって所有されていることを指す。経営および日常業務は、これらの女性または少数グループメンバーにより管理されている必要がある。小規模サプライヤー、不利な境遇下にある小規模サプライヤー、退役軍人経営の小規模サプライヤー、小規模HUBゾーン、マイノリティサプライヤー、女性経営のサプライヤーとして、買手であるデルタ航空によって検討されることを希望する候補サプライヤーは全て、次のような正当な評議会または政府機関により認定される必要もある。

〈全米マイノリティ供給業者育成協議会（NMSDC）・全米女性経営者企業評議会（WBENC）・米国中小企業局（SBA）〉

アメリカ企業のほかの例を見てみよう。アメリカの半導体製造会社は、サプライヤーから最低のコストで最高の品質、価値、サービスを得ることをめざしているとし、サプライヤー多様性プログラムを通じての同社の目標は、次の分野で優秀でかつ最大の価値を提供するサプライヤーを選択することである。

〈競争力のある価格・技術的な先見性と革新・情報管理・製品とサービスの継続的かつプロアクティブなサポート〉

ここから、サプライヤー多様性の採用、適用を奨励するビジネスプログラムに言及する。上述のSBA（Small Business Administration）では、中小企業ベンダーを定義し多様化と女性所有の企業をアメリカ経済が急成長を遂げているセグメントの1つであるとうたっているのはおもしろい。そこで、そのミッションを紹介する。「私たちの目標は、連邦調達規則（FAR）に準拠してすべての社会経済的なカテゴリーの中小企業と調達の機会を最大限に活用し支援することです。したがって、我々のクライアントの長期的な収益成長と競争上の優位性を作成します。サプライヤーの多様性プログラムは、非マイノリティのマイノリティへの契約や下請けを奨励するために、民間企業や政府機関で使用される運営計画です。米民間のボーイング、コダック、ユナイテッド航空などの大企業は、組織への部品とサービスを提供する請負業者やサプライヤーの数千人を使用している現実から、これらの企業のほとんどは、マイノリティ所有の企業からの供給とサービス契約を奨励する積極的なプログラムを実施しているのです」としている。

2-4 アメリカ連邦調達にみる多様性

アメリカには連邦調達規則（Federal Acquisition Regulations：ＦＡＲ）があり、アメリカの政府調達に関する一般的な調達原則を定めている。入札招請から契約に至る完全かつオープンな競争手続を規定しているが、「国家非常事態における製品・サービスの供給源維持および産業動員基盤確保のために特定の供給源と契約しなければならない場合」や、「供給源の数を制限しない限り、機関がそのニーズを開示することによって国家安全保障が脅かされる場合」は、そのような競争手続にしたがわなくてよいとしている。

また、アメリカ連邦政府における調達制度にはこれまで様々な改革がなされてきている。１９９４年に後段の連邦調達改革法が制定されるが、連邦調達改革法は中小企業法の一部を修正するものであり、連邦政府の諸機関の調達に際し、女性が所有する中小企業への元請契約および下請契約の割合を５％以上にするという数値目標が明確に定められた。また中小企業庁の権限が強化され、中小企業庁は連邦政府が発注した調達の元請契約者に対して、下請契約を結ぶ際にも女性が所有する中小企業を優遇することを求める規制を行うことができるようになった。これらの施策によって、女性が所有する中小企業への発注は件数、金額ともに増加した。連邦政府の調達契約額中に占める女性が所有する企業への発注額について、元請契約ベースでは、97年度には全体の２％に満たなかった割合が２０００年度には２・３％にまで増加している。また下請契約ベースでは同年度には５％を越えている。

2-5 日本企業のグローバル進出時の多様性の取り込み

2012年以降、日本企業特に製造業の海外進出、海外での操業が増大すると見られている。円高、新興国の需要増、資源枯渇、国内需要の減退、人口減少、など様々な理由があるが、いずれにせよ日本企業に残された道はこれしかないと考える経営者が増えてきた。マスコミがはやし立てるグローバル化は過去において国際化と呼ばれていたが、地球規模で考えよう、地球環境・生物多様性への配慮も含めて日本企業は海外に出ていかざるを得ない情勢となっている。しかし、企業規模の大小にかかわらず新興国などへ出て生産や操業することは容易なことではない。本来、単一民族でない多くの諸外国では、多様性について考慮することが成功への道である。それは冒頭に述べた、社内のみならず社外のサプライチェーンを含めた多様性への配慮である。アメリカでサプライヤー多様性が発展している背景に政府の立法と社会的対応、そして代替サプライヤーの開発がある。これらの背景の内、拘束に近いのは法的整備である。最近のCAPS研究論文から「約72%の企業がSB／SDB企業との契約における手続きについて明文化している。そのうち約71%の企業がSB／SDB企業との取引額の目標を設定している。約69%の企業が一次サプライヤーに対して多様性サプライヤープログラムの実行を推進している。その内、59%がどの二次サプライヤーから購入したのかを追跡調査している。サプライヤー全体から見て約20%がSB／SDB企業の購買となっている傾向が強い。また、約44%の企業が多様性サプライヤープログラム専任の社員を雇用している。

多くの場合、米企業でも多様性サプライヤーを増やす企業方針への障害はある。しかし法律からの拘束力と企業内教育が成功のカギと位置づけている企業は多い。つまり、企業トップのマインドセットであろう。同時に社内に多様性サプライヤー取り込み・育成の専任者を置いていることも注目に値する。近年、日系企業が海外で操業する際に環境問題と社会的責任経営を心掛けるようになったが、まだ到達していないのが多様性ではないだろうか。それは日本国内事情とも関連しているのはいうまでもない。社内、社員の多様性の取り組みが優先するからだ。先進的な日系企業では社員の多様性からイノベーションが発揮、醸成されると見られている。しかしながら、日系の海外生産拠点では社内と同様、社外ステークホルダー群にも目を向けないといけない。最大の対象者は取引するサプライヤー（供給元、仕入れ先）である。日本の商慣習では古くから買手が売手より上位にあるとする傾向がみえるが海外では何処でも逆転現象に出会う。売手こそ収益の根源であり最も重視すべき対象になっている。仕入れ先企業の多様性に期待する、多様性を利して相互に利益を産む。これまで、多様性企業の定義を見てきたが、これらはアメリカ版である一方で、将来の日本版であり、世界版でもあると言えよう。多様性の含意は無限に広がりを見せている。日本企業はそれについて行かなければならず、それによってグローバル操業が成功・失敗が決まるとすれば、経営者自身が多様性に前向きに取り組まざるを得ないだろう。何も脅かしているのではなく、筆者の長い実務経験から、サプライチェーンの先頭にあるサプライベースを確保し多様化することによって企業は社会的責任を全うでき、環境責任を果たすことができ、最終的に顧客満足を多方面から得ることができるのである。ここで1つだけ言及しなかったことがある。それは産業、つまり業種による多様性に対する見方の違いである。製造業、非製造業、卸・小売業などでは若干趣が異なるかも知れないが、サプライチェーン経営の最終目標である顧客満足は全業種に共通するものである。文中の海外操業では製造業を中心に描いているが、製造された製品が顧客まで届く連鎖は同じサプライチェーンの発想である。その供給連鎖の中に多様な物流業者、倉庫業者、港湾・通関業、一次サプライヤー、二次サプライヤー、構内請負作業者、外部委託先などあらゆるステークホルダーがおり、個々にもち前の多様性を発揮して企業の経営を側面支援している現実は見事であり、また多様性のある連鎖経営をグローバルに管理することが近い将来の日系企業に求められる最大の試練であると考える。

第3節　グローバル経営とダイバーシティ採用

近年、各国の企業が国境を越えた経営を行う傾向が強くなっている。特に、ＩＴの発展によって、国家または企業間の距離も短縮している。そのため、企業が国際市場も視野に入れた経営を行わざるを得なくなっている。企業経営のグローバル化につれて、企業内の多様性（ダイバーシティ）も現代企業の課題になっており、グローバル市場で対応できる人材も必要となっている。それは、国籍、人種、性的や文化的に多様なことであり、このような様々な人々を採用する考え方、ダイバーシティ採用によって実現できる。

本節では、グローバル化時代の企業経営とそのために必要なグローバル人材について述べる。また、ダイバーシティ採用の中で性的多様性に焦点をあて、先進国と新興国の事例をもとに考察を行う。

3-1　グローバリゼーションとは

「グローバリゼーション」という言葉は分野により様々な意味で解釈されるが、本節では経済・経営の意味あいでこの言葉を用いる。企業活動が国境を越えて行うこと自体が企業のグローバル化といわれる場合もあるが、筆者はそれを企業の国際化と呼び、世界規模で経済活動の相互依存化が進んだ状態をグローバリゼーションと呼ぶ。これはつまり、世界市場を単一市場として諸活動を行うことである。時代の流れとともに、グローバリゼーションにも様々な進展がみられ、現時点のグローバリゼーションは個人のグローバル化の時代ともいわれている。このように、個人のグローバル化の到来までのグローバリゼーションの発展について、永池（2008）がフリードマンの著書『フラット化する世界』（*The World Is Flat,*

2005）を参考に、3段階に分けて説明している。

グローバリゼーションの最初の段階は「グローバリゼーション1・0」と呼ばれ、それは、コロンブスが航海に乗り出し、旧世界と新世界の間の貿易がはじまった1492年から1600年ごろまでの期間であるといわれている。これは、国のグローバル化の時代とも呼ばれている。また、1600年から2000年までの期間は、多国籍企業の設立が世界統一の原動力になったといわれ、これは「グローバリゼーション2・0」といわれている。この期間には、企業が市場と労働力を求めて世界市場に進出した。そのため、国家間のみならず、企業間の交流もできたため、企業のグローバル化の期間でもあるといわれている。さらに、2000年以降は「グローバリゼーション3・0」といわれ、ITの時代と呼ばれている。今の世界はフラット化しており、競争の舞台も平坦で均質化している。ITの発展によってアウトソーシングやコール・センターを使用して国境を無視し、企業活動が行えるようになった。そして、国籍を問わずに人的資源の使用が可能となり、これは、まさに個人のグローバル化といえるだろう。つまり、個人がグローバルに競争を繰り広げるという時代なのである。

このように、各国の企業だけではなく、個人も世界市場で生き残るために、全力で競い合うのは今日のグローバリゼーションの意味である。

3-2　グローバル経営と多国籍企業

上述のようなグローバル化の時代を背景に、日本をはじめ各国の企業が、国境を越えて企業経営を行うことを考えている。特に、日本やアメリカのような人件費の高い国々の企業が中国やインドのような新興国に生産拠点を設置し、グローバル競争に勝負を掛けようとしている。そのように低コストで生産した製品を世界市場で販売し、世界市場のシェアを拡大する傾向が強くなっている。このように、世界的視野で世界中の市場と顧客を相手にして、世界中のヒト、モノ、カネ、情報、ノウハウといった経営資源を活用して競争優位を獲得する戦略を実行している経営をグローバル経営と呼び、そのような企業をグローバル企業または多国籍企業と呼んでいる（永池、2008：3頁）。

日経BPビジョナリー研究所が2011年9月に実施した経営者調査に回答した上場会社354社の内、グローバル化に積極的な企業は約6割（60・2％）であった（日経BPビジョナリー研究所編、2011：16頁）。また、業績好調企業は今後、海外売上や生産比率を高める意向を表したことも同調査から明らかになっている（日経BPビジョナリー研究所編、2011：40頁）。

しかし、グローバル市場へ展開する際、各企業は様々な課題に直面することもある。それは、各国・地域に存在する価値観、ニーズ、制度などにみられる格差のためである。日本企業のグローバル展開について研究を行った大和総研が、日本企業のグローバル経営においては3つの主な課題があると主張している（横溝、2011）。

第1は、理念の共有・社内融和の課題である。つまり、日本人駐在員と海外現地社員との間に経営理念やビジョンに対する考え方や認識の違いがあり、事業・業務運営を円滑に行うことが困難になっており、かつ言語上の問題もあり、両者の融和が進まない。第2は、人事・労務の課題であり、海外現地社員のキャリアアップのために、社員研修を定期的に行っているが、研修を受け、レベルアップした社員が他社に移ってしまうことがある。また、同じ仕事に対する海外現地社員と日本人駐在員の給料格差による不満もある。第3は、海外子会社に対するガバナンス・リスクマネジメントの課題である。海外子会社の経営層として派遣された日本人駐在員の人事力で子会社の運営が行われており、日本人駐在員が代わるごとに、事業・業務運営方法が変わり、海外現地社員の業務活動に悪影響をおよぼしており、そのためのリスクマネジメント体制も整備されていないような課題である。

そこで、日本企業はグローバルに事業拡大し、グローバル人材を採用するのだけではなく、マネジメントのグローバル化も進めていく必要があり、グローバル人事制度の整備とグローバルガバナンスの整備の枠組みの中でグローバル経営を確立し、企業価値を向上させることが重要である。

3-3　企業が要求するグローバル人材

今の時代に沿ったグローバル経営のために、世界の企業がグローバル人材を求めるのは当然である。グローバル人材については、様々な考え方がみられる。日経ＢＰビジョナリー研究所による経営者調査では、これからの従業員について、回答企業２６７社の内50・６％は「グローバル化を進めるために世界から優秀な人材を集める」と回答した。その内の65・２％が「積極的にグローバル化を進めている」、28・１％が「これから積極的に進めようとしている」と回答した企業であった（日経ＢＰビジョナリー研究所編、２０１１：23頁）。また、同調査では「グローバル人材の条件」について該当するポイントに複数をあげてもらったところ、最も多かった（72・９％）のは「多様な人材とのコミュニケーション能力に長けている」であった。続いて、英語ができる（66・４％）、行動力がある（56・５％）、課題解決力がある（53・１％）、異なる価値観を受け入れることができる（49・４％）、専門知識がある（39％）、海外経験がある（33・６％）であった（日経ＢＰビジョナリー研究所編、２０１１：32頁）。このように、日本企業が求めているグローバル人材は、コミュニケーション能力と世界で通用できる英語力のある人材であることがわかった。

馬越（２０１１）によると、グローバル人材とは、「多様な価値観を受け入れ、異文化に動じない人、基本的なビジネススキルをもち、英語などの外国語でビジネスができる人、組織ではなく個人として魅力のある人、会社の看板ではなくても世界で勝負できる人、自分で判断できる人、世界を俯瞰的にみる広い視野を持っている人」（199頁）である。

内田（2011）は、エネルギーや環境問題、食糧、貧困、テロなど様々な世界的な課題の解決に貢献する人材がグローバル人材と呼んでいる。また、グローバル人材に必要な能力として、①批判的思考・一般教養：単に一般教養があることではなく、物事を批判的に検討し解決策を考える力、②専門的分野：大学卒業後、社会に貢献する際の基礎となる専門知識、③人間力：新しい課題について自ら調べる意欲や、困っている人々を連帯して助ける行動力、④語学力：英語は必須で、学んだ外国語の背景にある文化や社会を理解し、共存を考える力などをあげている。

このように、企業が求めるグローバル人材についての調査や学術的な定義をみると、多様な価値観をもつ人々とのコミュニケーション能力と語学力は絶対的な条件で、自己判断や自信をもって世界市場で業務を行える人材を今日の企業が要請している。そのために、企業の人材採用はダイバーシティ採用をもとに行われる必要があるといえる。

3-4　CSRとダイバーシティマネジメント

企業の社会的責任（CSR）についての議論は様々な観点から行われ、現在は戦略的CSRを実施し、企業と社会双方の持続的発展の観点からの議論が盛んになっている。そのために、グローバル人材を採用したグローバル経営を行い、企業価値を高めるのは、現代企業の課題となっている。つまり、企業経営のために多様な人材が必要になっている。それは社会に対する企業の責任でもあり、そのような人材採用に企業が取り組む傾向がみられる。企業のこのような取り組みは、ダイバーシティマネジメントであり、それはCSRの一分野にもなっている。

簡単にいえば、ダイバーシティマネジメントは、企業・組織の多様な人材の存在感を認めることである。また、ダイバーシティマネジメントとは、多様な人材がもつそれぞれの能力を最大限に活躍し、企業価値につなげる環境をつくる1つのプロセスでもある。馬越（2011）は、「ダイバーシティマネジメントとは、これまでの慣習に捕らわれずに、ジェンダー、国籍、年齢などの多様な属性や価値観を活用して、ビジネス環境の変化に迅速かつ柔軟に対応し、企業の競争力と社会的評価を高め、個人の幸せを実現しようとする、新しいマネジメントアプローチである」（165頁）と定義づけている。

ここからは、企業における女性社員や管理職の採用の観点からダイバーシティマネジメントについて述べる。近年、企業のCSR活動の中でも、それは非常に重視されている課題である。企業内における女性社員の比率を増加させるために、近年、ワークライフバランスという仕事と家庭を両立させる取り組みも盛んになっており、日米のような先進国ではそのような企業の数も増加している。ゆえに、企業内における女性社員のみならず、女性管理職の比率も増加傾向にある。

厚生労働省が２０１２年7月25日に発表した11年度の雇用均等基本調査によると、係長相当職以上の管理職に占める女性の割合が８・７％となり、過去最高を更新したことがわかる。それは、09年度の前回調査を０・７ポイント上回ったという。その内、女性の割合は係長相当職が11・９％、課長相当職が５・５％、部長相当職が４・５％となり、いずれも前回調査から上昇したと発表されている。[7] このような結果の背景には、企業の取り組みはもちろんだが、女性の能力開発にも理由があるといえる。同調査においても、女性の管理職が1割未満の企業があり、その企業に理由を聞くと、「必要な知識や経験などをもつ女性がいない」との回答が半数を占めたという。つまり、それらは女性の能力を開発できていない企業であったわけである。その状況を変えるためには、女性の、教育の段階からの企業の取り組みが必要なのである。

一方では、新興国でみると、インドの２００９年「女性の社会進出度」調査指数は37・8で、アジア地域全体平均の72・4を大幅に下回っている。項目別では、管理職比率平等度指数、平均収入平等度指数での男性との格差が非常に大きい。[8] ちなみに、管理職比率平等度指数は11・54で、他の国と比較すると非常に低水準にある。他方、インドにおいても、有力な企業のトップを勤める女性たちも少なくない。12年10月14日号の *Business Today* 誌ではアポロ病院のマネジング・ディレクターを務めるプリタ・レッディ氏や JP Morgan India のＣＥＯを務めるカルパナ・モーパリア氏をはじめ、インドの25人の有力な女性たちが紹介されている。[9] これをみると、新興国であるインドにおいても能力の高い女性が企業の上位に勤務する環境が整えているといえよう。しかし、これは、事例にすぎず、多くの女性たちが働く環境が未だにできていない事実もあり、それを企業が自社の社会的責任として、男女平等に働ける環境を提供していくためには、さらに力を入れる必要があると考えられる。

注

1　詳細は、大月・山口・高橋（２００８：60-65頁）を参照されたい

2　当該企業理念は、多くの日本企業が採用している。たとえば社会経済生産性本部（２０１０）を参照されたい

3　詳細は、ディール＝ケネディ（１９８２：８-９、21、86-１１６頁）、コリンズ＝ポラス（１９９５：79、１１５、１１９-１２０、１４１、２３２-２３４頁）を参照されたい

4　この議論の詳細は高岡（２００４）を参照されたい。また、本節では狭義のステークホルダーを企業経営に直接影響をおよぼす経営者、従業員、取引先、消費者、株主として、広義のステークホルダーを、狭義のステークホルダーに、企業に影響を与える地域住民、地方・中央政府、メディアなどの利害関係者集団を加えたものとして考えているが、この分類も高岡（２００４：40-43頁）に依拠している

5　各支社の美容相談を含めたセミナーの推進担当、地域の対顧客関係に関する全てを一手に受けている専門職

6　ＳＢは“Small Business”、ＳＤＢは“Small Disadvantaged Business”を意味する

7　日本経済新聞Ｗｅｂ刊『女性管理職比率、８・７％に上昇　11年度厚労省調査』（２０１２年７月25日）http://www.nikkei.com/article/DGXNASFS25028_V20C12A7PP8000/（２０１２年12月17日参照）

8　インド新聞『インド女性社会進出度最低』（２００９年３月４日）http://indonews.jp/2009/03/post-2298.html（２０１２年12月19日参照）

9　Business Today (October 14, 2012), 71–１０６頁を参照のこと

参考文献

〈第1節〉

・大月博司・高橋正樹・山口善昭（２００８）『経営学　理論と体系　第3版』同文舘出版

・小林順治（１９７７）「企業の社会的責任の概念規定と本質的条件」『上智経済論集』第24巻第1号、11–27頁

・小林順治（１９７８）「企業の社会的責任と経営理念」『上智経済論集』第25巻第1号、7–27頁

・社会経済生産性本部編（２０１０）『ミッション・経営理念【社是社訓第４版】―有力企業９８３社の企業理念・行動方針―』生産性出版

・高岡信行（２００４）「ステークホルダー思考の解明」『長崎大学経済学部研究年報』第20巻、37–57頁。

・吉田哲朗「普遍的ＣＳＲ活動の概念・機能とその動態的マネジメントに関する考察」『日本経営倫理学会誌』第18号、１４７–１６１頁

・吉田哲朗（２０１２）「普遍的ＣＳＲ活動の効果と具体的なマネジメントに関する考察」『日本経営倫理学会誌』第19号、１１３–１２８頁

・J・C・コリンズ&J・I・ポラス（1995）山崎洋一訳『ビジョナリー カンパニー 時代を超える生存の法則』日経BP出版センター
・T・E・ディール&A・A・ケネディ（1983）城山三郎訳『シンボリック・マネージャー』新潮社
〈第2節〉
・ジョセフ・カーター（2008）『サプライマネジメントの基礎』アイエスエム出版
・上原修（2011）『枯渇性資源の安定調達戦略』日刊工業新聞社
・上原修（2008）『グローバル戦略調達経営』日本規格協会
・ディーン・マチュー（2008）『効率的サプライマネジメント』アイエスエム出版
・ロバート・ハンフィール（2008）『グローバル調達プロ資格教本』アイエスエム出版
・上原修（2007）『購買・調達の実際』日本経済新聞
〈第3節〉
・内田勝一（2011）「グローバル化が進む世界において活躍する人材とは」『ICC Web Magazine』早稲田大学インターナショナル・コミュニティ・センター http://global.waseda-icc.jp/archives/157（2012年12月19日参照）
・永池克明（2008）『グローバル経営の新潮流とアジア』九州大学出版会
・日経BPビジョナリー研究所編（2011）『グローバル人材マネジメント』日経BP社
・馬越恵美子（2011）『ダイバーシティマネジメントと異文化経営』新評論
・横溝聡史（2011）「グローバル経営」大和総研HP http://www.dir.co.jp/souken/consulting/researcher/insite/110316.html.（2012年12月12日参照）
・"The Most Powerful Women in Indian Business," *Business Today*（*October 14, 2012*）, The India Today

Group, pp.71–106

第7章 風通しのよい企業風土の醸成

多様な従業員が安心して能力を発揮できる職場をつくるには、「風通しのよい企業風土」が鍵を握る。「風通し」とは、組織内部で情報や意思が通じていることで、業務効率向上や企業不祥事予防につながっている。相手を尊重し、「いいたいこと」をきちんと「いいあえる」オープンなコミュニケーションが基盤となり、経営トップの強力なリーダーシップ、企業理念や事業目標の共有、従業員1人ひとりの主体的な実践が風通しを改善していく。

キーワード

・オープン・コミュニケーション　・企業理念の実践　・トップのリーダーシップ
・風通しの仕組みづくり　・自律型社員

第1節　オープン・コミュニケーションの重要性

近年「コミュニケーション」という言葉を様々な場面で見聞きするようになったのではないだろうか。たとえば、書店を眺めると言語学関係のコーナーはもちろんのこと、ビジネス関連、就職関連、社会学関連コーナーなど幅広い分野に「コミュニケーション」という文字を冠した書籍が並んでいるのを見かける。また、テレビや新聞など各種媒体においてもコミュニケーションに関連した特集記事を見ることもしばしばである。それではなぜ、コミュニケーションがこうも注目されているのだろうか。

本節では、まず「コミュニケーション」が注目されるようになった理由を企業・職場と従業員との関係から説明、その意味を明らかにした後、企業・職場における「オープン・コミュニケーション」の重要性について解説する。

1-1　なぜ「コミュニケーション」が注目されるのか

「コミュニケーション」が注目をされるようになった理由は、ここ20年足らずの間に、「景気低迷による労働環境の変化」、「経済のグローバル化」、「ＩＴ化」が急速にすすみ「企業・

職場と従業員との繋がり」、「従業員と従業員との繋がり」が変化し、企業・職場の様々な場面においてコミュニケーション上のジレンマと障害が発生、それが原因となり業務効率の低下や企業の存続をも脅かす企業不祥事がもたらされた。

その結果、企業は改めてコミュニケーションの重要性を認識、企業の様々なレベルで、「コミュニケーション」の改善が必要であると考えるようになったからではないだろうか。

① 理由その1：90年代以降の景気低迷による影響

戦後、日本経済が成長していく過程において、慢性的な人材不足が発生、労働力を安定的に確保するために日本的経営の特徴といわれる「終身雇用」、「年功序列」、そして手厚い「福利厚生」が生み出された。これら諸制度は、企業に対する忠誠心と企業・職場を中心に考える従業員が集まる独自のコミュニティ（疑似家族）を形成していった。その中では、自由にコミュニケーションが行われる一方で、相手の考えを汲み取り、言葉を必要としないコミュニケーション（「以心伝心」、「阿吽の呼吸」といわれる）も利用された。

ところが、右肩上がりの成長を続けてきた日本経済は、1990年代はじめのバブル崩壊以降、2001年のITバブル崩壊、08年のリーマンショックなどの影響を受け、長期的な経済の低迷が続いた。いわゆる「失われた20年」といわれたこの間に、上場企業の大型倒産の発生、巨額の赤字決算が続いた企業は、生き残りをかけた大規模なリストラや新入社員の採用抑制、給与、福利厚生のカットを行った。また、人事制度も目標管理による成果主義を

図表7–1　非正規雇用者の推移

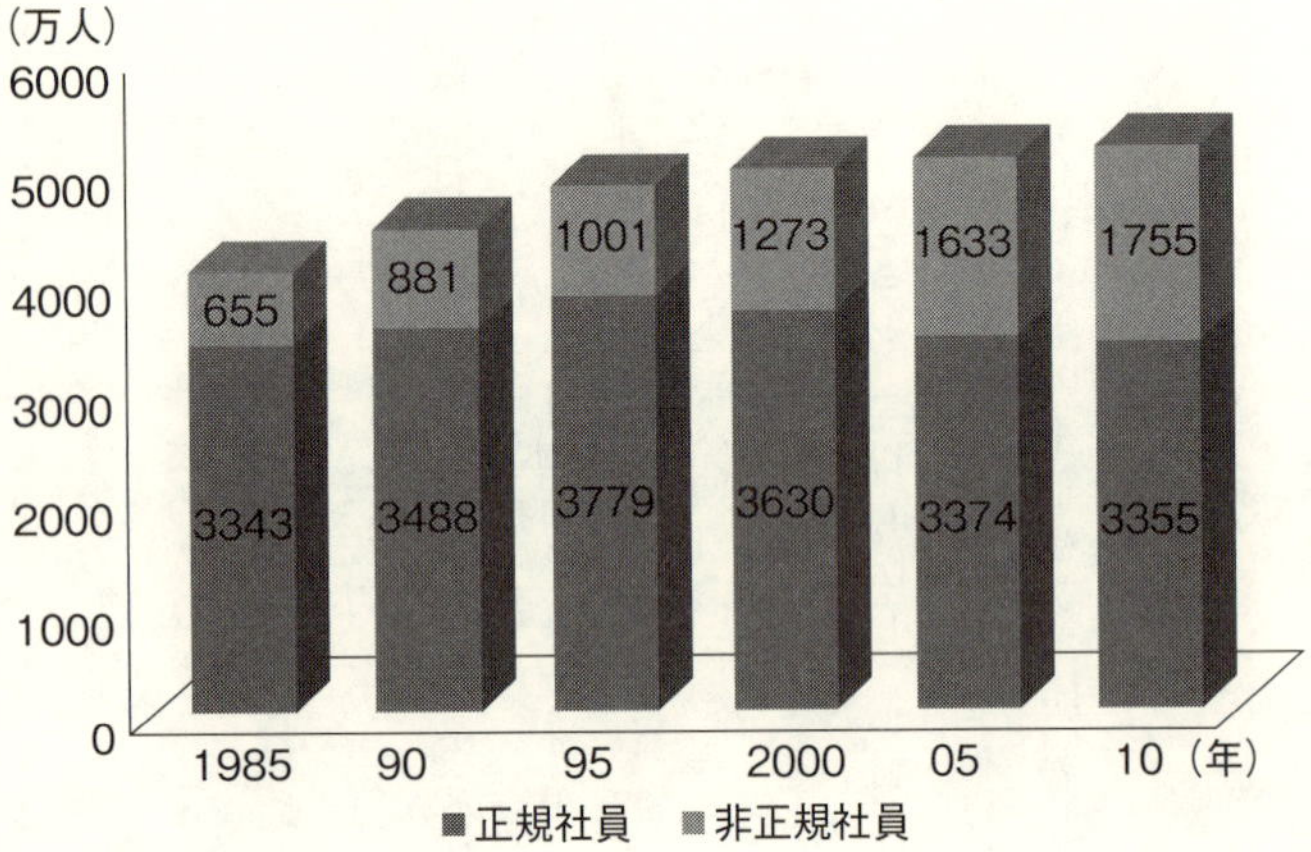

出所：総務省「労働力調査」

導入、長く勤めれば自動的に昇格や昇給をするわけではなくなった。これら一連の過程で、日本的経営は崩壊、従業員の企業に対する忠誠心も薄れ、企業・職場・仕事に対する考え方も自ずと変化して行った。またその一方で、リストラなどによって不足した正規社員の穴を埋める形で非正規社員の雇用が拡大（図表7–1）、さらにワーク・ライフ・バランスの浸透、女性の社会進出が進む中で、企業・職場・仕事に対する価値観、生活スタイルの異なった人間が、同じ企業・職場で働くようになった。

その結果、職場では「従業員と従業員の繋がり」、「職場と従業員の繋がり」が希薄化、これまでのようなオープンなコミュニケーションが取りづらくなり、コミュニケーション不足などを原因とする問題が発生するようになった。

図表 7-2　外国人労働者推移

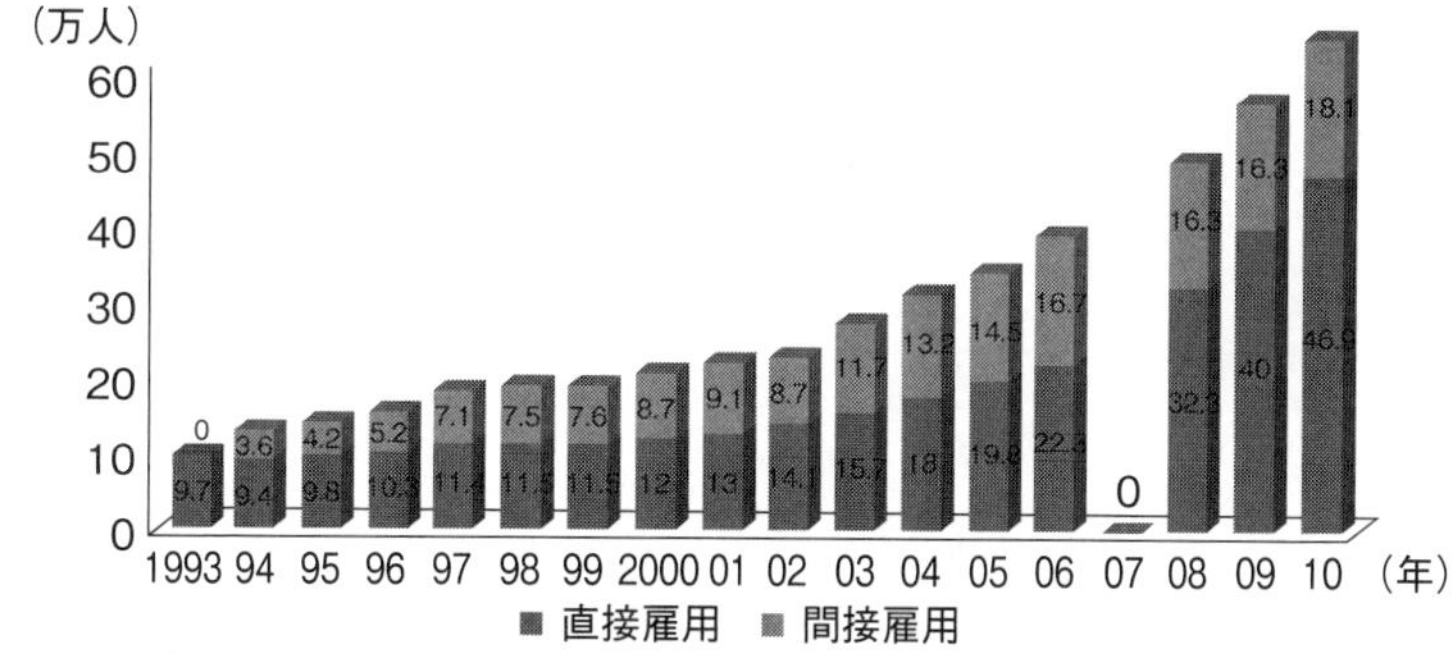

注：2007 年度については統計資料なしのため非表示

出所：厚生労働省「外国人雇用状況報告」ほか

② 理由その２：経済のグローバル化

経済の長期低迷が続く中、グローバル化が急速に進んでいることは承知の通りである。これまでは欧米先進国との経済活動が中心であったが、近年ではアジア各国の経済成長が著しいこともあり、中国、タイ、インドなどアジア諸国への進出が進んでいる。このようなグローバル化の影響もあり、海外からの従業員の受け入れや留学生の新卒採用を積極的に推進する企業が増えてきている。職場には様々な国籍をもった従業員が増え、上司あるいは部下が外国人ということも珍しいことでは無くなってきている。

同じ社会的背景、文化を纏い、同じ言語を使用する日本人同士でもコミュニケーションを取ることが難しくなる中で、全く社会的背景も、文化も言語も異なる外国人従業員の存在は職場内のコミュニケーションを一層複雑化させている。外国人従業員が「日本人は言葉が少ないので何を考えているのか分からない」。日

図表7−3　メールの弊害　　(%)

選択肢（3つまで回答）	管理職	一般組合員
一方的な伝達手段になっている	53.5	47.4
多すぎて、大切なことがわからない	50.7	45.1
本音で話し合う場面が少なくなった	20.4	19.6
送っただけで、報告したと思いこんでいる	46.3	49.6
多すぎて返信するだけでも大変で困る	33.8	22.1
ひと言話せば済むことまで送られる	26.1	21.0
補助的コミュニケーションだと理解していない	19.9	16.6
「言った」「聞いていない」の行き違い発生	5.4	12.0
弊害は特に発生していない	5.6	11.0

出所：電機連合『NAVI』2008年5月号

本人からは「自分の意見を主張しすぎて、雰囲気を読めない、協調性が無い」と言った声が聞かれるのはその表れのひとつではないだろうか。

③　理由その3：IT化の進展

1990年代以降、急速なIT化により、瞬時に社内の誰とでも情報のやり取りが可能になり、情報伝達が容易になったといわれる一方で、IT化が職場のコミュニケーションを希薄化させたともいわれている。

2007年㈶中部産業・労働政策研究会が自動車関連企業6社の管理職と一般組合員向けに行ったアンケート調査図表7−3では、メールの弊害として「一方的な伝達手段になっている」、「多すぎて、大切なことがわからない」、「送っただけで、報告したと思い込んでいる」などの回答が多く、同調査をまとめた矢辺憲二氏は「コミュニケーション上の質的、量的問題が発生している。相手の状況に関係なく情報を届けられるが、一方通行となっており、相互が理解する形になっていない。実際に会って顔を見ながら話すことに勝る情報伝達手段はない」といっており、IT化がコミュニケーションを希薄化させている状況を説明している。

1-2 「コミュニケーション」とはなにか

① コミュニケーションの意味

コミュニケーションの語源はラテン語のコミュニス（communis）、「共通したもの・共通物」といわれており、『広辞苑』では「社会生活を営む人間の間に行われる知覚・感情・思考の伝達。言語・文字その他視覚・聴覚に訴える各種のものを媒介とする」とある。

現代経営学の父と呼ばれるP・F・ドラッカーは『マネジメント』において、「コミュニケーションは、①知覚であり、②期待であり、③要求であり、④情報ではない。それどころかコミュニケーションと情報は相反するものであるが、両者は依存関係にある」と言っている。さらに、「コミュニケーションは受け手の言葉を使わなければ成立しない。受け手の経験に基づいた言葉を使わなければならない」と言っている。

また、教育学者の斎藤孝は『コミュニケーション力』においてコミュニケーションを「端的に言って、意味や感情をやり取りする行為である。一方通行で情報が流れるだけでは、コミュニケーションとは言わない。やりとりする相互性があるからこそコミュニケーションといえる。やりとりするのは、主に意味と感情だ。情報伝達＝コミュニケーションではない」といっている。

これらをまとめると、コミュニケーションとは単なる情報の伝達ではなく、情報の意味や感情を相手の経験、様々な背景を理解して、相手と共通理解が可能な言葉などを用いて相互にやり取りし、共有化する行為といえるのではないだろうか。

② コミュニケーションモデルを使ったコミュニケーションの説明

コミュニケーションモデルは、1948年シャノンとウィーバーが工学的なコミュニケーションモデルを示してから、その後、ヤコブソンなどがコミュニケーションモデルを提示しているが、それらをまとめると図表7-4のように表すことができる。

最初に発話者は自分の育った環境、経験など（コンテキスト）をベースにして意見、感情、情報を言葉や文章にして発信する。この時、ノイズ（職場環境が悪いとノイズは大きくなり、言葉や文章は正しく伝わらない）が発生する。受信者は受け取った言葉や文章を自分が育った環境、経験など（コンテキスト）にしたがって、その意味を解釈する。このプロセスを何度か繰り返すことによってコミュニケーションが成立する。ここで重要なのは、同じ言葉であっても両者が抱えている経験など（コンテキスト）によって、同じ言葉が異なった意味で解釈されるということである。

現在の職場は、かつての職場環境とは異なり、企業や仕事に対する考え方、環境や経験が

図表 7-4　コミュニケーション図

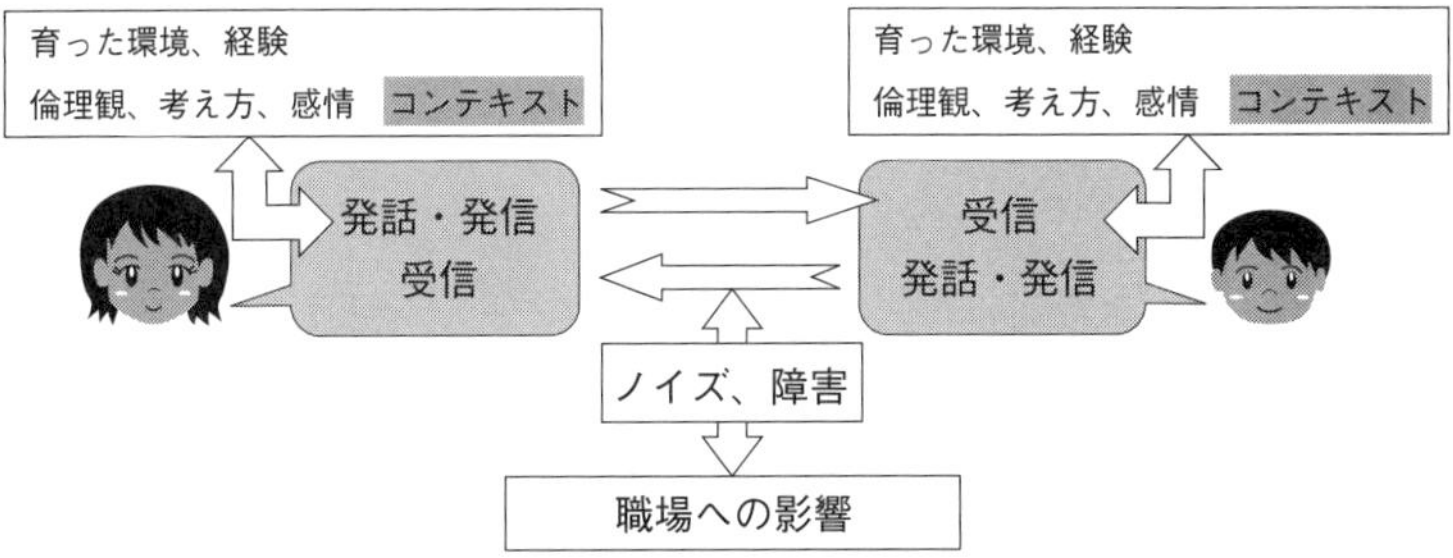

出所：シャノン（1948）、ヤコブソン（1960）のコミュニケーションモデルをベースに筆者が作成

異なる従業者が混在しているため、同じ言葉や文章を伝えたとしても、人によっては全く異なった解釈をしてしまう可能性が高まっているのである。

　実際に、２０１１年に日本生産性本部が実施した同本部のセミナーに参加した８５９名（課長職４７８名、一般社員３８１名）に対して実施した「職場のコミュニケーションに関するアンケート」調査結果から、管理職と一般職のコミュニケーションは不足しており、相互の理解や意識にギャップが発生していることが理解できる。

1-3　オープン・コミュニケーションの重要性

①　職場における業務の効率化と創造性の向上

コミュニケーションが改善することによるその効果は何か。職場においては、業務の効率化と創造力の向上、人材育成であろう。古くは、メイヨーやレスリスバーガーが行ったホーソン実験において、作業の効率は、客観的な職場環境よりインフォーマルな人間関係や目標意識によるところが大きいことを示している。

２００8年にゼロイン社が社員数50名以上の企業に務める20代から50代の男女７００名に「社内コミュニケーションに関する意識調査」を行った結果、「社内コミュニケーションが良好であれば、より効率よく仕事ができると思いますか」の質問に対し、「思う」、「やや思う」と回答した割合が89％、「社内コミュニケーションが良好であれば、よりクリエイティブな仕事ができると思いますか」の質問に対し「思う」、「ややそう思う」と回答した割合が85％もあった。このことは職場内でコミュニケーションが良好であれば、業務効率が高まり、より創造的な仕事ができると感じている現れである。

② 職場での人材育成

管理職や先輩社員の重要な役目として社員育成がある。日本生産性本部の調査では、課長職の約80％は「部下、後輩の育成を行っている」と回答、一般社員の70％強が「上司は部下を育成しようとしている」と回答しているが、別の課長職に対する質問で「部下または後輩育成について自信があるか」との問いに対し、約65％が「自信が無い」と回答している。この要因は、上司の能力不足もあるかもしれないが、上司と部下とのコミュニケーション不足による人間関係の希薄化もあるのではないだろうか。上司と部下の関係は、自由、かつオープンなコミュニケーションによって人間関係が構築され、上司の指示、指導、叱責（多くの管理職は叱ることが最も難しいと考えている）を素直に受け入れることができるようになる。

図 7-5　アンケート結果

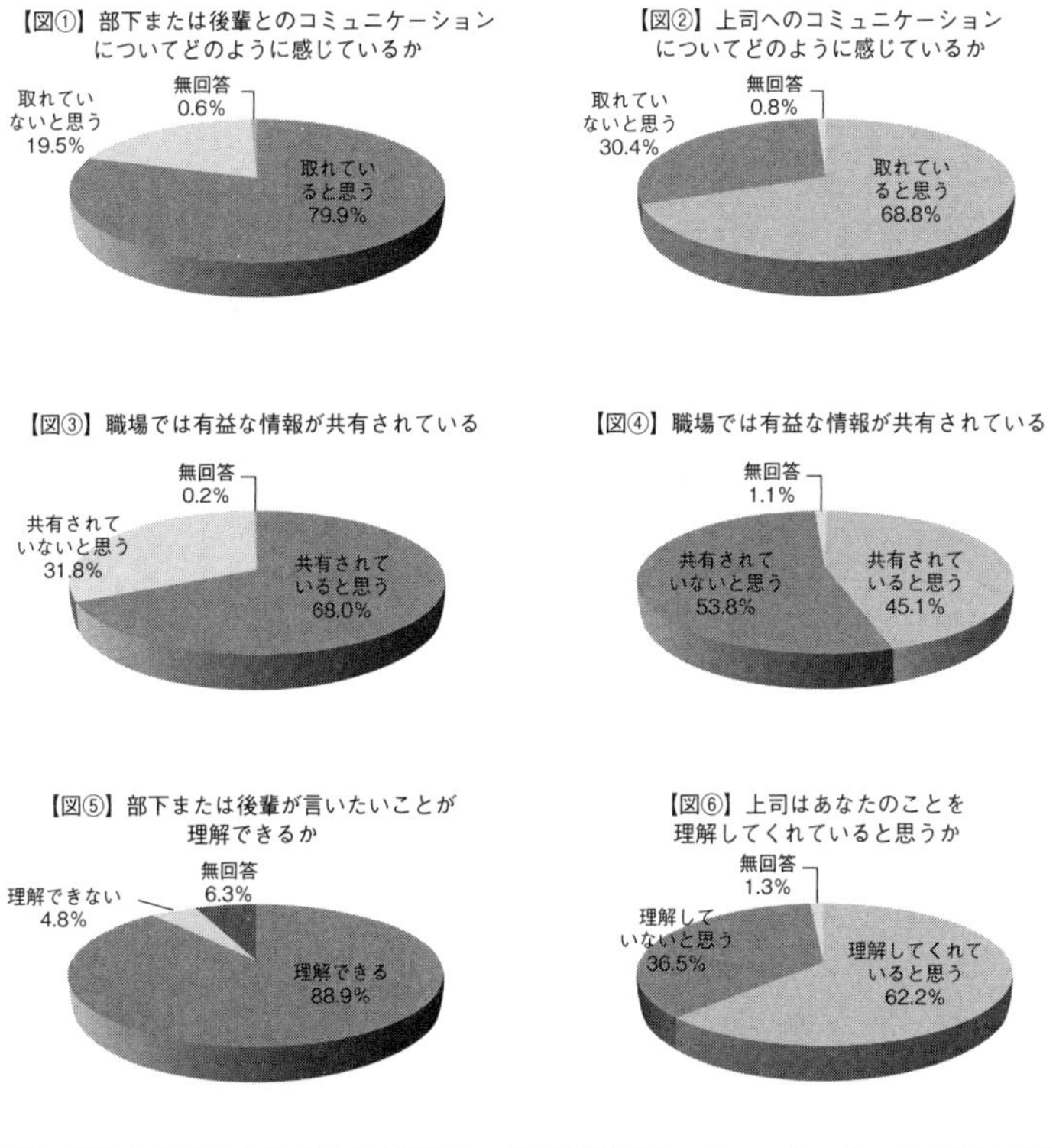

出所：㈶日本生産性本部『日本の課長と一般社員職場のコミュニケーションに関する意識調査』報道機関用資料平成 24 年 3 月 29 日

図表7-6　職場のコミュニケーションの影響

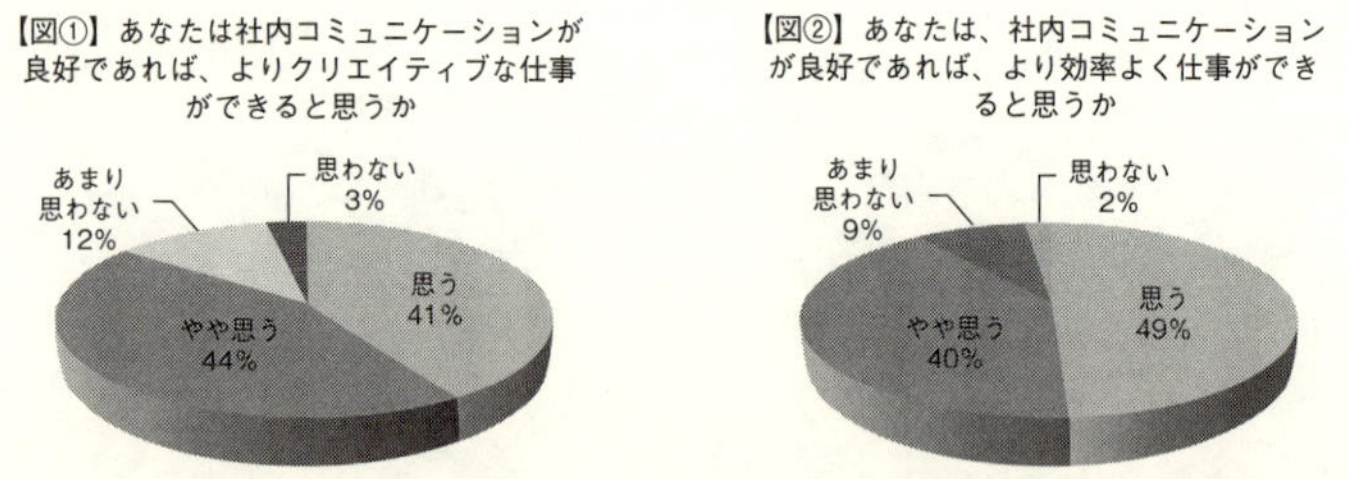

出所：㈱ゼロイン『社内コミュニケーションに関する意思調査2008－社内コミュニケーションの実態－』2008年6月12日

それが無いまま、指導や叱責を行うと、上下関係は形だけの空洞化したものとなるばかりか、パワハラと受け止められかねない。職場では、上司との人間関係が重要であることは誰もが気づいている通り、オープンなコミュニケーションによる良好な人間関係が、人材育成も良好な結果をもたらすのである。

③　企業不祥事の予防

２０００年以降、食品偽装、製品のリコール問題など、多数の企業不祥事が発生しているが、「企業におけるコミュニケーションの問題」が直接的あるいは間接的な要因となっている場合が多い。伊藤忠商事の会長小林栄三氏は「社員の１人１人が周囲の人に積極的に関心、愛情を持ってコミュニケーションを取れば企業のコンプライアンスは絶対に心配ない」(PRESIDENT, ２００７年９月17号)、「いかなるときも関心を持って人に接していくことが大事。不祥事や思わぬ損害が出る部署というのは大概コミュニケーションの不足が起因している」

図表 7-7　人材育成

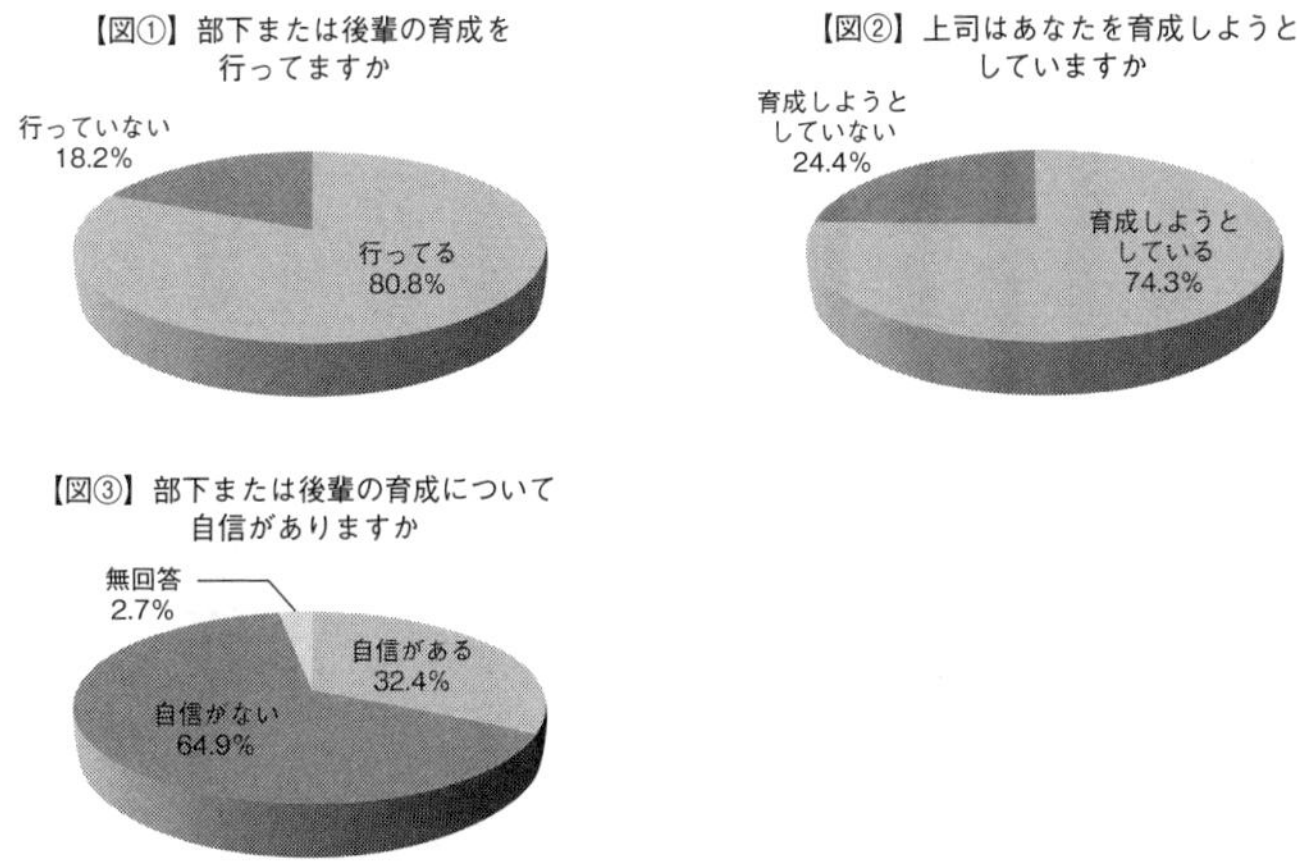

出所：㈶日本生産性本部『日本の課長と一般社員職場のコミニケーションに関する意識調査』道機関用資料、平成 24 年 3 月 29 日

(PRESIDENT, 2010年3月15日号)といっている。同氏がいうように、全ての従業員が、性別、国籍、職位、雇用形態の違いを超えて、同じ企業で働く仲間としてお互いを認め合い、常に関心と愛情をもってオープンにコミュニケーションが行える企業風土が醸成されれば、社会に深刻な影響をおよぼすような不祥事もなくなり、社会から高い信頼も得られる企業を創造することができるのではないだろうか。

　本節では、コミュニケーションが注目されるようになった要因、コミュニケーションの意味、オープン・コミュニケーションの重要性について説明を行ってきたが、次節では、企業の事例を通じてオープン・コミュニケーションの実践について理解を深めたいと思う。

第2節　風通しのよい職場づくり：企業の実践事例

第1節で述べた「オープン・コミュニケーションの重要性」に続き、本節ではそれを実践している企業を紹介したい。

必要になった背景や、アプローチの方法は各企業によって異なるが、オープン・コミュニケーションを実現するための仕掛けや取り組みは参考になるだろう。

また、風通しのよさがどのような効果を生むかについても着目してほしい。

2-1　「やってみなはれ」の企業文化：サントリーホールディングス

最初の実践事例は、創業当時から一貫してチャレンジ精神に重きを置く企業文化をつくりあげてきたサントリーグループ（以下、サントリー）だ。

サントリーは「人と自然と響き合う」を企業理念としている。その根底に流れているのは、創業以来育まれてきたチャレンジ精神「やってみなはれ」、事業で得られた利益の3分の1を社会貢献に役立てる「利益三分主義」、そして「自然との共生」の3つの精神だ。この企業理念を実現するために社会と共生しながらグローバルに成長を続ける〝Growing for Good〟をビジョンとして掲げ、これを全社員が共有し活動を行っている。

そして、その基盤となるのが2003年に制定した「サントリーグループ企業倫理綱領」である。社会的責任の国際規格であるISO26000を自社のCSR活動を推進するためのガイドと位置づけ、ステークホルダーの人権や労働をはじめとしたCSR関連の問題についてもいち早く取り組みをはじめている企業であり、基礎がしっかりしているという印象が強い。

「自分の仕事がどのようなミッションと結びついているか」、また「基準や価値は何か」ということが自明のものとなっているため、「やってみなはれ」のチャレンジ精神も如何なく発揮することができるのだろう。

サントリーでは、社員1人ひとりがいきいきと、やりがいをもって働き、もてる力を最大限発揮することをめざしている。そのために、ダイバーシティ経営を推進するとともに継続的な教育・啓発のプログラムを実施している。多様性を認め合いながら、1人ひとりがプロフェッショナルとして自立する。その背景には、創業以来育まれてきた精神や価値観が強く反映している。

これまで培われて来た、1人ひとりを尊重し成長を支援する風土に加え、社員の間に深く浸透したビジョンやミッションの共有により、年上や上司、先輩という垣根を越えて意見を活発に交わし合う雰囲気が、情報共有を素早く行えるなど「組織の風通しのよさ」に繋がっている。

そしてそれを支えるのが全社的に実施される研修や人材教育だ。とかく世間では「何をしてはいけないか」を教えることに終始しがちなコンプライアンス研修が多い中で、サントリーのコンプライアンス浸透・定着のための活動は「ブレーキではなくナビゲーション」を合い言葉に、社員に考えてもらい、対話を通して意識を高めるということをめざしている。この対話する姿勢は階層別に行われる他の研修にも共通している。

また、「サントリーならでは」の独創性のある取り組みを大切にしており、何をするにしても「新しい価値を創造しているだろうか」、「それは自社にふさわしいだろうか」と考える習慣がついている。たとえば e-learning を実施するとしても、市販のものをそのまま使用したり、他社の真似をするのではなく、自社にあったものをゼロから開発するなど、常にサントリーグループに適合するようにカスタマイズするという姿勢がうかがえる。そこからは、時間と労力をしっかりとかけ、じっくりと取り組むという、真剣さが伝わってくる。

上記のような全ての取り組みの甲斐あってか、サントリーには、「サントリアン」と呼ばれる、自社を愛してやまない社員が多い。毎年実施している組織風土調査においても、ロイヤリティー（忠誠心）の項目は非常に高い状態を続けている。仕事を離れプライベートでも、会社が支援しているスポーツチームの応援、ソフトバレーボール大会や運動会などのイベントを通じて、社内の一体感を醸成する取り組みが盛んであり、ますます愛社精神と、チャレンジすることによって組織に貢献したいという意欲を育むことにつながっている。しっかりとした基礎に基づいた日々の実践。これこそがサントリーから学ぶべきことである。

2-2　全員参加型CSR：グンゼ

次の事例は、CSR推進活動の最重要課題として「職場の風通し改善」をあげているグンゼだ。

風通しとは「利害関係者と必要な情報を双方向で共有すること」、改善方法は「相手に伝わるよう翻訳すること」、対象者は「すべての利害関係者」というように、定義や方法などが明確に定められ、経営の基本と位置づけられている。

どうして「風通し」がそこまでの重要課題になったのだろうか。それは、グンゼという企業の創業期から現在までの事業活動の変遷に関係している。

もともとは110余年前に京都府の製糸工業からはじまった会社だったが、現在ではフィットネスクラブや緑化事業、電子部品といった多くの事業を展開しており、今やアパレル事業の割合は全体の50％ほどである。そのように多岐にわたる事業を展開するにあたり、会社として社員の意見を集約することや、不満を鬱積させないようにすることが会社を経営していく上でとても重要になってきた。

また、ＣＳＲ（Corporate Social Responsibility）とは何か、を突き詰めて考えると、それは１人ひとりの社員のＰＳＲ（Personal Social Responsibility）の積み重ねなのではないかという結論に至り、１人ひとりの意識改革とともに、社員間の「風通し」の大事さが浮かび上がってきた。

職場での改善はもちろん重要課題だが、「風通しのよさ」は全ての利害関係者が対象であるので、ＣＳＲ推進重点テーマ（内部統制システムの適切な運用、ステークホルダーとのコミュニケーション、人権尊重の職場づくり、社会貢献活動、環境経営の５つ）の全てに通底する課題でもある。

グンゼの実施している「風通し改善」の策としてユニークなのが、ＰＤＣＡの〈Ｃ：チェック〉から始め、Action、Plan、Do と進めるＣＡＰ—Ｄｏサイクルである。研修などのようなＣＳＲに関する施策の計画や行動ありきではなく、現状の問題を発見することからはじめるのだ。

グンゼでは２００５年から毎年、企業倫理、ハラスメント、風通し、環境、社会貢献活動など5項目にわたるＣＳＲアンケートを実施し、そこでの結果を活動計画に役立てている。これまで、アンケート結果を元に計画立案、実施されてきたのが「相手に伝わる『話す・聴く』セミナー」や、「風通しカフェ」と名づけられたワールド・カフェ（ワークショップ形式の対話型講座）などである。そういった活動を終えて、さらにまた〈C：チェック〉で風通しの改善が問われる。研修をやっているのにアンケート結果で改善が見られない場合は、「なぜか？」ということが検討課題になり、再度取り組まれていく。

このような粘り強い活動のお陰で、「職場の風通しがよい」のYES回答率が約5割と、年々向上している。加えて、「風通し」が他の項目とどのような相関関係があるかについても細かく分析を行い、「働きがい」や「誇り」との正の相関性や、ハラスメントの少なさとの相関も確認されている。

さらに、グンゼの特徴として、「CSR担当者と社員」という構図に縛られることなく、CSR活動で優秀な成果を上げた事業所を表彰することや、「CSR検定」を実施して「CSR博士」を認定することなどによって、全社的にCSR推進者を増やす取り組みに成功していることがあげられるだろう。これまでCSR検定には、3000人以上の社員が挑戦しており、関心の高さがうかがえる。また、「CSR活動優良事業所表彰」で具体的な事例が公表されることも他の事業所や他部署の取り組みを知り、後に続くいい機会になる。

CSR推進者の地道な努力とたゆまぬ改善が、全社員を巻き込む結果となっているという好例だろう。

2-3　全員参加型経営：サトーホールディングス

次に、サトーホールディングス（以下、サトー）の「三行提報」を使った取り組みをご紹介したい。

「三行提報」の正式名称は、「会社を良くする創意・くふう・気付いた事の提案や考えとその対策の報告」であり、全社員が毎日経営トップに対して、三行（127文字）以内でまとめて提出する。この原型は約30年前に初代社長がはじめたもので、幹部のみが手書きで提出するいわゆる日報のようなものだったが、それを徐々に提案や情報を提出する形式に変え、対象を全社員に広げた。

導入当初は提出しない社員に対して賞与をカットするなどの減点主義であった。提出しない社員には配偶者に向けて「ご主人は会社にとって大切な報告をしない」と手紙を出したというエピソードも残っている。創業者にとって三行提報はそれほど重要なものであった。

2代目の社長から「提出してくれてありがとう」という加点主義に変わり、提出者を褒めてポイントを与えることで、社員の提案への意欲が向上し、提出率もほぼ100%になった。また、手書きからパソコン入力という変化があり、それに伴って各自が提出したアイデアや情報をシステム上で共有することも可能になった。

そのおかげで、現場のリアルな情報や、製品に対してのお客様の声や改良のアイデアをデータベースで検索し活用することもできる（提案部署を問わず、該当情報を有効に活用してもらいたいため、検索結果には部署名や提出者名は伏せられている）。

現在では社員からの日々の気づきや提案だけでなく、社長や各種委員会から特定のテーマを投げかけ、社員の考えを三行提報で収集する新しい試みも行っている。

ただし三行提報は、多くの企業にありがちな「提出させっぱなし」の取り組みとは異なる。トップは専門のスタッフによって選別された数十通の提報を毎日欠かさずチェックし、自身の経営に役立てるだけでなく、必要に応じて速やかに担当部署へ指示を出し、提案者にコメントを書き、様々な現場の変化を主導する。関係部署は改善策を練り、会議で討議し、次の行動を実現していく。また、三行提報からの改善を実施した部署に対して、報奨と連動する仕組みもある。

それらの姿勢や取り組みは、経営者が変わっても、変わらずに受け継がれて来たものであり、社員への真摯なフィードバックや着実な善処策が、このような取り組みを長年にわたって継続、成功させてきた大きな要因である。

これまで三行提報によって生まれた変化は枚挙に暇がないが、たとえば昼休み時間のフレックスなど身近なことから、提報のアイデアが特許に結びついたこともある。

三行提報には、大きくわけて3つの側面がある。

第1に、「こうだったらいいのに」、「ここは変じゃない？」という社員自身の素朴な疑問や要望を発信する場。

第2に、創発インフラとしての場。ここで出てくるアイデアは、社員が現場で見つけてくるものもあれば、休日にスーパーでふと気づいた一市民、一消費者としてのものもある。そこから生まれたビジネスチャンスは数多い。

第3に、リスクマネジメントを図る場。会社にとって一見悪い情報でも、包み隠さずあげてもらうことによって次の改善策や打開策が打ち出せる。

また、トップの決断や指示も、単なる思いつきやひらめきではなく、日頃から現場の声を吸い上げて理解しているからこそ地に足がついたものになりやすく、判断が早くなるというメリットもある。

こういった貴重な意見を集約していくため、初代の社長の時代から、トップは、管理職に対して「書いた事を叱るな」と再三注意をしてきた。社員が叱られることにより、当り障りのない内容を書くようになる事を恐れたためだ。まずは「書いてくれてありがとう」という気持ちをもち、「書いてあることをありのままに受けとる」ことが求められるのだ。「情報にフタがされないように」という姿勢は一貫しており、提出された内容をフィルタリングし、トップに提出する部隊も社長直轄で、全10人中5人が専任のスタッフである。

提出された内容を活かして実際にトップが変革を起こしていることで、社員のモチベーションが上がり、「もっと報告しよう」、「よりよい会社にしよう」という気持ちが仕事へのやりがいにつながり、全員参加型経営を実現させている。

社員は常に提報のネタ探しに躍起になっており、それが気づきやアイデアとなって会社に採用され、目に見える形で変化が起きる。そしてそれがますます「自分たちが会社を動かしている」という気持ちにさせるという好循環が生まれているのである。

2-4 KAITEKI経営の実践：三菱ケミカルホールディングス

最後に紹介するのは、グループ一丸となって組織風土改革に取り組む三菱ケミカルホールディングスだ。

三菱ケミカルホールディングスは、各地に点在していた傘下の事業会社の本社機能を2012年5月に丸の内の同じビルの中に集約させた（一部の事業会社は、東京本社の一部を移転）。その意図は、異なる事業会社に属する社員間のコミュニケーションを深め、グループ内の風通しをよくするためである。

基本的に、人事部や経理部などの共通部門については、社員間、事業会社間で境目や仕切りのないオフィスレイアウトを採用し、どこかで雑談している話し声が他の会社の社員にまで響く。そこで耳にすることからコミュニケーションが生まれ、「自分たちが以前やった先例があるよ」と教え合うこともしばしばだ。

以前ならメールや電話で行っていたり、あるいは、わざわざ旅費と時間をかけていた「会う」というコミュニケーションの密度が上がったことで、会社間での理解や協力が生まれてきた。

「一緒にできることは一緒にやる」を旗印に、広報活動をはじめとして、事業会社合同で実施することになった活動も多い。また、何かをはじめる際に決断が早くなったこともオフィスを移転したことのメリットの1つとしてあげられる。仕切りのないオフィスレイアウトで、必要な時に必要な人材を素早く集めることができるようになったからだ。

人事に関しても役員・部長クラスの異動において、ローテーションや兼務を事業会社間で行うことで、事業会社間のシナジーを生み出す方向に動いている。

これらの施策の背景の1つには、それぞれ異なった業種に属し、異なった歴史をもった複数の事業会社をホールディングスの傘下としてまとめるために、新しいコンセプトが必要になったということがある。

三菱ケミカルホールディングスは、地球と共存をする企業、すなわちKAITEKIカンパニーをめざしている。その企業活動をMOE（Management of Economics）視点、MOT（Management of Technology）視点、MOS（Management of SUSTAINABILITY）視点の3つの異なる視点からとらえ、これらのバランスを取りながら社会、地球と企業の持続可能性を向上させるKAITEKI経営を実践しようとしている。

これまで語られて来た経済や技術という経営視点に「マネジメント・オブ・サステナビリティ（MOS）」や時間という考え方を加えることで、自分たちの企業活動が「どのように地球や人類の持続可能性に貢献しているか」に結びつけるようになった。

個々の組織がつくりだしている製品や、働く社員の専門性が異なる中で、「三菱ケミカルホールディングスグループとしてどのような貢献が可能か」という共通の大きな問いを発信し、それに応えようとしていくことで、所属する全ての社員のモチベーションを、そしてグループへの求心力も高めていこうとしている。

図表7-8　風通しのよさを実現するオフィス・マネジメント

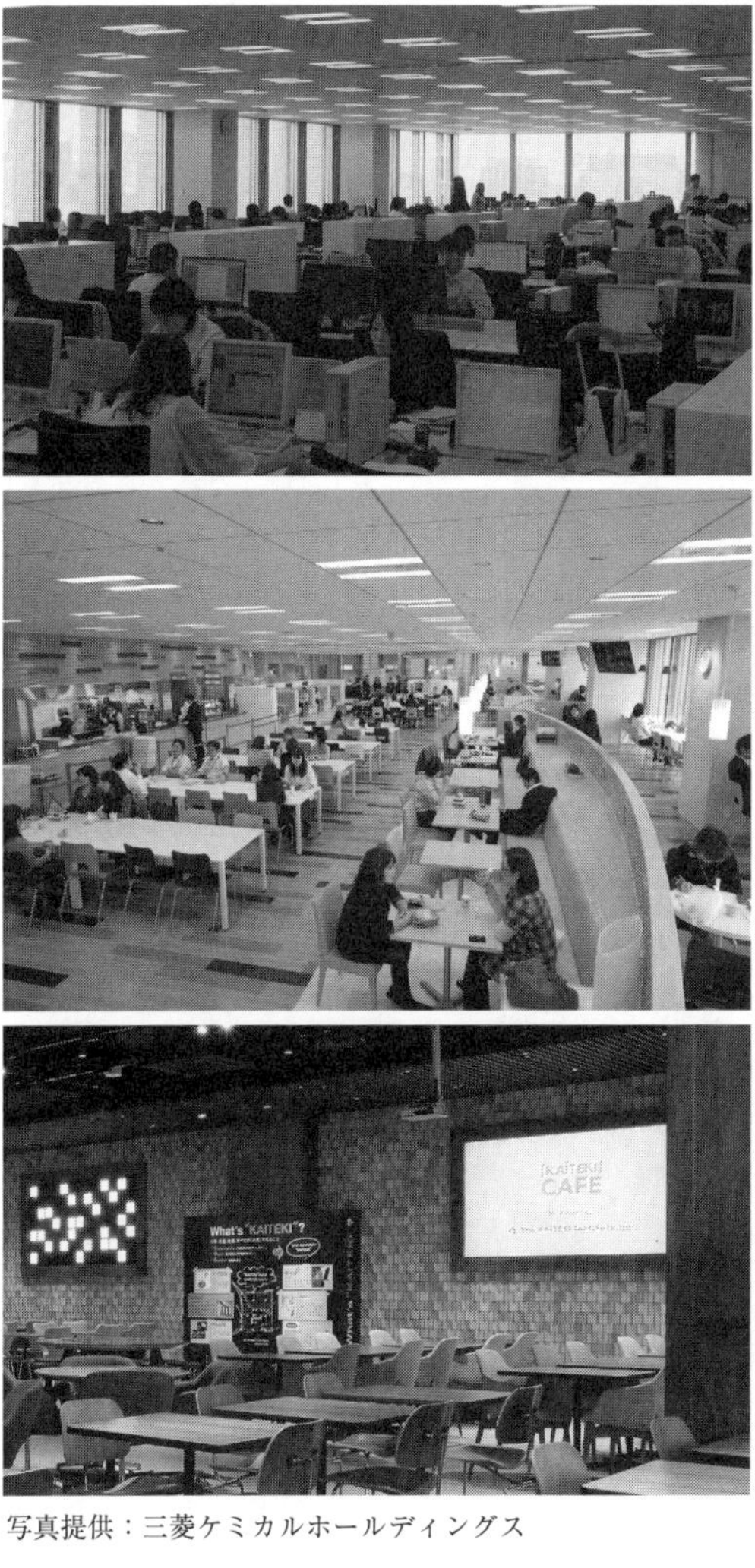

写真提供：三菱ケミカルホールディングス

そのために、人・社会・地球環境のSUSTAINABILITY向上を定量化した指標（MOS指標）を策定し、2011年からは、きめ細かなモニタリングが実施されている。社員は自分たちが行っている企業活動がどのように地球や社会に役立っているか、どこをさらに改善できるか、について自分のこととして考えるように奨励されている。

2012年4月にはKAITEKIをめざした活動をマネジメントする専門部署も立ち上がり、三菱ケミカルホールディングスグループ全体でのミッション達成へ向けた取り組みが続いている。

第3節　1人ひとりが取り組む風通し改善

前節で紹介した企業の実践事例から、「風通しのよい職場」をめざしている組織の共通点が見えてくる。マネジメント、社内推進者、社員それぞれの立場から学べる取り組みを紹介したい。

3-1　マネジメントの立場で

①　強力なリーダーシップ

何よりもまず、これらの事例を通してわかったことは、風通しのよい職場づくりにはトップの意気込みと真摯な取り組みが欠かせないということである。

サトーの例でもわかる通り、まず経営者自身が大きな労力と時間をかけ、取り組みに熱意を注いでいる。「かけ声だけで、あとは社員に任せっぱなし」では組織の風土は変わらない。まずはトップ自身が1人の個人として手本を見せることが大事になってくる。

サントリーの歴代経営者が発揮してきたリーダーシップは、強大なものであるし、三菱ケミカルホールディングスのトップが次々と展開するＫＡＩＴＥＫＩ経営に関する施策も、全グループ会社を統合するにふさわしい一貫性をもったものだ。グンゼでも、トップはもちろん、全ての役員がリーダーシップを発揮して取り組みに参加している。

風通しがよい職場の実現がどうしても自社の今後に必要だという想いの強さと覚悟がなければ、継続して着実に成果を上げていくことはできないということがわかる。

②　企業理念の確立と浸透

次に、事例で紹介した全ての企業において、しっかりとした企業理念やＣＳＲ基本計画が定められていることをあげたい。

これらを策定する際にも、別の企業でいわれていることを真似たり、聞こえのよい言葉を並べたてるのではなく、「自社らしさとは何か」、「企業の存在意義は何か」ということが創業時より一貫して受け継がれている。あるいは転機に全社をあげて話し合われるというプロセスを経て策定されている。だからこそ、でき上がった企業理念や価値が宙に浮くことなく、その後の実践に結びついているのだ。

また、地球規模での持続可能性や、人間だけではなく自然環境に配慮した理念が多いのも特徴としてあげられるだろう。人間の幸福というところから一段階高い意識をもつことによって、「自分たちがしていることが他者や地球環境にどのような影響をおよぼしているか」あるいは「およぼしうるか」ということを俯瞰して行動することや、多様性を尊重することが可能になると考える。

そしてそのことは、より倫理的な職場環境を生み出し、コミュニケーションを活発にすることによって、職場の風通しのよさをつくり上げていくことにつながる。

③　透明性の確保

風通しがよい職場とは、「誰もが「いいたいこと」をいえる場がある」ということに置き換えることができるだろう。それを阻害するものがあれば、意見が滞って上司や会社にとって都合の悪い意見は隠蔽される恐れがあり、その積み重ねがコンプライアンス違反、企業不祥事のような形として出て来るのである。

今回話をうかがった会社では、風通しを阻害するものを取り除くことに真剣に取り組んでいた。

その阻害物は「仕切り」（三菱ケミカルホールディングス）だったり、「フタ」（サトー）だったり、様々な名称で呼ばれるものではあるが、このようなものがない状態でこそ、現場から変化を起こすことができるのではないだろうか。だからこそ、風通しを阻害する可能性のあるものには常に気を配り、取り除いていくと同時に、日頃から情報の透明性を確保しておくことが大事である。

社員やステークホルダーに発言する時や報告書の内容などにおいて、よい情報だけでなく、改善すべき情報についても包み隠さず伝えるという姿勢がトップには必要だ。

3-2 社内推進者の立場で

① 仕組づくり

次に、社内推進者の役割について述べたいと思う。

今回事例を寄せていただいた4社には、いずれも職場の風通し改善のための施策を行う責任部署と専任者が置かれていた。4社はともに規模が大きい組織であり、同じことを小規模の組織で取り入れるのは、難しいことではあるだろう。しかし、専任のスタッフを置くほど、この取り組みが重要視されており、それなりの覚悟も求められるということがわかっていただけるのではないだろうか。

また、取り組みの中にも共通していることが多い。たとえば、「職場の風通し」という漠とした課題を自社で明確に定義し、どのようにすればそれが達成できるかというアクションプランに落とし込む、あるいは数値化して改善を図るなど、問題の「見える化」が行われている。

変化が実感しやすいことからはじめ、一部の社員や部署だけということではなく、全社的な取り組みがされているのも特徴だ。社員に対して公平な説明や活動を促すだけではなく、全社員を巻き込んで「推進者」の立場にしていくという試みも欠かせない。たとえばグンゼのCSR検定やCSR博士の認定などの取り組みが参考になるだろう。そして、一過性のものではなく、継続した取り組みを行っているという点も共通している。

風土は一朝一夕には変化しない。長い時間をかけて取り組んできたことの成果がじわじわと出てくるということが大半だ。時間や労力を惜しまずに粘り強く一歩一歩前に進んでいくという姿勢が、何より推進者には必要であろう。

② 自律型社員の育成

どの企業にも共通していた特徴の2つ目は、「育成したい人財像」がはっきりしているということである。

まず、「いわれたからやる」のではなく、「自分だったらこう考える」と判断し、そこから自主的に行動を起こしていける自律型の社員である。

そして、もう1つが感性の豊かな社員である。サントリーでは、「仕事ばかりしていないで感性を磨け」といって、系列の美術館、コンサートホールなどに出向くように促す。サトーにおいても、「プロとは感動することが上手な人」といわれている。

変化の早い時代、特に創造的な仕事にはそのような社員像が求められるのは当然のことといえよう。「育成したい人財像」を元にデザインされた研修内容には、座学だけではなく、社員1人ひとりが課題を自ら見つけて考察し、「どうしてそのような状況が起きているのか」、「妨げているのは何か。どうすれば改善できるか」というようなことをグループの中で考えさせ、理念と現実とのギャップを埋めていくようなものが多い。そのプロセスの中で、価値観の違う相手とコミュニケーションを通じて対話をし、ともに解決策を導いていく。

そのような対話創出の機会を創るのも推進者の大事な役割だろう。

3-3 社員1人ひとりの立場で

① 当事者意識をもつ

社員1人ひとりができることは何だろうか。

それは、自らが当事者意識をもち、自分から変わろうとすることである。ありがちなのが、「自分だけが変わっても周りが変わらなければ意味がない」と諦めてしまうことだ。その殻を打破し、理想を追うだけでなく、現状をまず受け止め、できるところから粘り強く改善活動をしていくという姿勢が必要だ。

自分ができることからはじめ、発信する。その過程で少しずつ仲間を増やして巻き込んでいき、仕組みや組織そのものも巻き込む視野があれば、最初は1人がはじめたことでも、いずれ大きな取り組みとなって物事が変化しはじめるだろう。

② コミュニケーションスキルの向上

風通しのよい職場づくりのために、1人ひとりのコミュニケーションスキルは必須である。「伝える・聴く」という両方ができてこそ、相手と通じ合うコミュニケーションができる。

伝えている「つもり」、聴いている「つもり」になっていないかというチェックや、定期的にコミュニケーションスキルのブラッシュアップをしておくことも必要だ。具体的には、コミュニケーションスキルに関する本や講座から学ぶ上司や同僚などからフィードバックを得て改善を図るなどがあげられる。

3-4 今日からの取り組み

ここまで、オープン・コミュニケーションの大切さと、それによって醸成される「風通しのよい職場」の実践事例、そこから抽出される共通点を紹介してきた。

右肩上がりの時代はとうに過ぎ、企業や社会自体が1つの方向性を指し示しにくい時代において、「ヒエラルキーのある縦社会で、上意下達の命令によって働く社員」という構造はすでに時代に取り残されている。また、多様化した価値観をもつ社員を引きつけるだけの求心力をもつことは難しくなってきている。

これからの企業には、確立された信念や価値観をもちつつも、多様な背景をもつ社員の多様な意見を尊重し、新しいアイデアや製品開発、新規事業に結びつけていくという、現実に対して柔軟性をもって取り組んでいく姿勢が必要だ。それは、当然のことながら成果産出にも結びつき、コンプライアンス違反予防などのリスクマネジメントにも大きな影響を与えるものだ。

今回事例で取り上げた企業でも、「何となく」という理由ではなく、現実的な経営戦略として職場の風通し改善に力を入れているということが分かっていただけたのではないだろうか。その組織の基盤となる企業風土醸成は、短期間で成果が出にくいものではあるが、長期的には必ず現場力の向上につながるものである。

まずは現状を認識し、少しずつでも継続して改善を続けていくことが求められる。チェックには、たとえば「職場の快適度チェック」（厚生労働省ＨＰこころの耳）などが参考になるだろう。

それぞれの立場で、できることを着実に、人を巻き込みながら継続していく。

最初は小さな変化でも、少しずつ風土が変わり、活性化していくだろう。是非今日から実践してほしい。

参考文献

・斎藤孝（２００４）『コミュニケーション力』岩波書店
・サントリーグループＣＳＲレポート２０１２ http://www.suntory.co.jp/company/CSR/report
・グンゼＣＳＲ報告書（２００５〜２０１２）http://www.gunze.co.jp/csr/csrreport
・厚生労働省 こころの耳「職場の快適度チェック」http://kokoro.mhlw.go.jp/comfort_check/
・小林喜光（２０１１）「地球と共存する経営―ＭＯＳ改革宣言―」日本経済新聞出版社
・藤田東久夫（２０１０）「たった三行で会社は変わる―変化と行動の経営―」ダイヤモンド社
・ローマン・ヤーコブソン（１９７３）川本茂雄監修『一般言語学』みすず書房
・C. E. Shannon (1948) “A Mathematical Theory of Communication,” The Bell system Techical Jarnal, July.

終章

安全・安心のリーダーシップ・イノベーション

CSRを重視する人権の基本は、相手を思いやる共感の思想をベースとしたサーバント・リーダーシップ（他者を支援するリーダーシップ）だ。組織の中では部下の成長を思いやり、助言、援助しながら彼らの目標達成をサポートすることで、組織の活性化に結びつく。

また社会に対しては、お客さま支援のリーダーシップでもある。「お客さまの喜びが自分自身の喜びにつながる」ということをよく耳にするように、顧客満足が従業員満足につながる。その結果、組織に活力を与えるパワーが生じ、組織の賦活を意味するエンパワメントにつながっていくのだ。

終章では、本書を総括する意味で、ステークホルダー重視の経営における「人にやさしい会社」について、具体的な事例をもとに考えてみたい。

キーワード
・サーバント・リーダーシップ　・共感の思想　・従業員満足
・顧客満足　・エンパワメント

第1節　部下を支援するサーバント・リーダーシップ

1-1　ビジョン実践型リーダーが改革の要

① 組織を活性化させ、成長を促進する

2008年9月15日に発生したリーマンショックから4年経った今も、日本企業はその影響からまだ立ち上がれない。逆境から甦るには、社員の指揮を高めて組織の活力を引き出すことが大切だ。

そもそも組織は、個人目標と組織目標が一体化した時にその個人の成長に結びつき、そして最も強い組織となる。そして、個人や組織は共通目標に向かって挑戦する過程でその人間または組織の成長に結びつく。だからリーダーが、部下の成長のために助言、援助しながら目標達成をサポートすることができなければ、組織の活性化はありえない。

これが、結果として組織に活力を与えるパワーを生じさせ、組織の賦活を意味するエンパワメントにつながっていくのだ。

いいかえれば、企業がめざすべきビジョンを明示し、部下が働きやすいように支援する行動力や、さらにそれを推進する率先垂範力を意味するのがサーバント・リーダーシップ（部下支援のリーダーシップ）なのだ。

　サーバント・リーダーシップとは、１９７０年にアメリカの経営学者、ロバート・グリーンリーフが提唱したリーダーシップの考え方である。直訳すれば「奉仕のリーダーシップ」ということになるが、筆者は組織の中では「部下（他者）を支援するリーダーシップ」としている。グリーンリーフがいうのは、リーダーは部下の成長のために何ができるかを常に考えながら行動するべき、ということだ。

図表終–1　サーバント・リーダが取り組むビジョンの実践

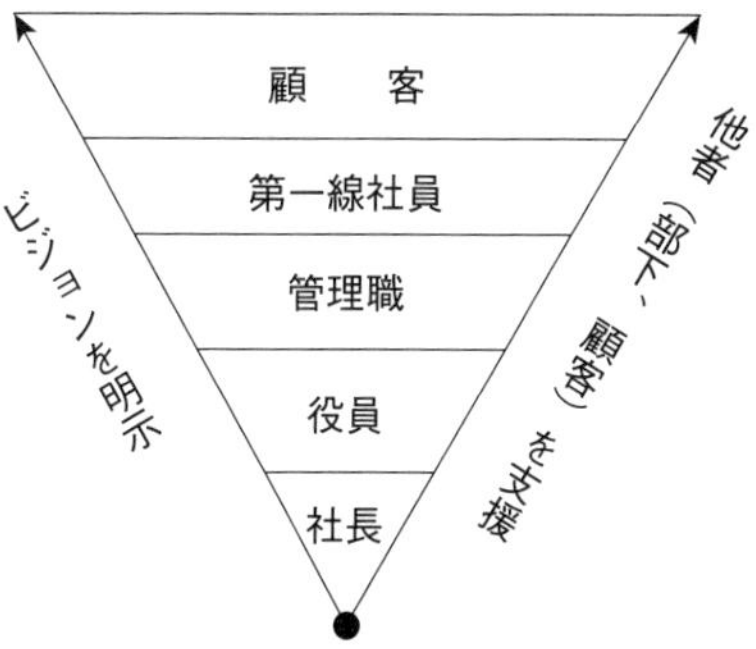

出所：Sanders（1995，訳本），p.165 をもとに加筆修正

　サーバント・リーダーシップをもう少しわかりやすくいえば、リーダーは部下の成長のために助言、援助しながら目標達成をサポートする。すなわち、「組織と個人、そして広く社会の持続可能な発展を目的として、ビジョンと実践を統合させながら、他者や他組織を導き支援するリーダーの思考と行動スタイルをもった指導者」であることが求められる。このような姿勢を筆者はサーバント・リーダーの実践としている。それを組織図で描けば、図表終–1のような逆三角形ピラミッドとなる。

　サーバント・リーダーの活動は、社員に対して明確な羅針盤を提供するだけでなく、彼らに夢やロマンを与え、また、結果的に社員と組織間における一体感の醸成にも結びつく。

② メンバーのやりがいと、お客さまの喜び

このように、サーバント・リーダーとしての要件には、部下の成長を支援するマネジメントの精神が重要となる。そうした組織では、現場第一線の社員は、リーダーからの権限委譲をもとに、常に顧客や社会の繁栄のための活動に専念することができるのだ。つまり組織全体に、上ばかり向いて仕事をする「ひらめ人間」ではなく、部下やお客さまなど他者を支援する風土ができあがり、それが企業の持続可能な発展に結びついていくのである。

そして、サーバント・リーダーの活動は、そのめざすべき方向が見えてくるので、共通目標であるビジョン達成に向けてメンバーの活力を引き出し、全員の力を集中させ統合することができる。

また、時として痛みを伴うビジョンを明示しなければならない場合もあるが、その折にも痛みが未来を切り開くメスになること、そしてそれに要する期間と痛みの度合い、さらにはその効果を明確に表現することで従業員の理解は得られるのである。

世界的にも有名な経営者では、ゼネラル・エレクトリック（GE）の会長兼最高位経営責任者であったジャック・ウェルチやIBMのトーマス・ワトソン・ジュニア、日本でも豊田章一郎、松下幸之助などのように、サクセスロードに至る道筋を明示し、組織や構成員を動機づける明確な将来像を提供した経営者は枚挙にいとまがない。

そのような企業だからこそ、メンバーがやりがいをもって働き、組織の求心力が高まるの

である。その結果、従業員満足（ES）を生み出し、さらにはお客さまの喜びをめざす顧客満足（CS）につながり、これらが善循環の活動となって持続可能な発展に結びついていくのだ。ESとCSを一体化させるサーバント・リーダーが、支持される所以がここにある。

1-2 ステークホルダーに「明るい未来」を見せる

① 成長をめざす「スターバックス・パートナー」との連携

アメリカのワシントン州シアトルでサーバント・リーダーシップを実践するリーダーがいる。スターバックスのCEO（最高経営責任者）、ハワード・シュルツがその人だ。

同社は、1971年シアトルの有名なパイク・プレイス・マーケットにて創業。当時は「スターバックス・コーヒー・ティー・スパイス」という無名の小売店であった。現在では多くの観光客がシアトル訪問の記念に立ち寄る人気の店となっている。現在、同社は全世界60カ国で1万8000店（2012年12月時点）を越える世界ナンバーワンのコーヒーショップとなっている。

現CEOのハワード・シュルツは、ノーザン・ミシガン大学を卒業後、マンハッタンのゼロックス、スウェーデンの食器メーカー、ハンマープラストを経て、1982年にスターバックスのマーケティング責任者として入社した。

1年後の1983年、仕事でイタリアのミラノを訪問した彼は、イタリア語でスタンドバー風の喫茶・ラウンジを意味する「バール」で、バリスタとよばれる年配の紳士が入れてくれた「エスプレッソ」を飲み、その味と雰囲気に感動した。まるで住み慣れた自分の家のようにカフェを楽しみ、語り合う体験が忘れられなかったのだ。

帰国後の1986年にスターバックスから独立し、ミラノのバール体験を再現すべく「イル・ジョルナーレ」というコーヒーショップの1号店を開店させた。当時34歳の若さで、100人の従業員とともに新しい船出をきったのだ。87年には、スターバックスのオーナーであるジェリー・ボールドウィンとゴードン・バウカーから同社を買収し、名前もロゴもそのまま引き継ぐこととなる。

彼のマネジメントの特徴は、ステークホルダーを重視することであった。特に従業員に対しては、創業当初から次のような2つの福利厚生施策を導入し、社員に優しい会社として有名になった。

第1は、正規従業員だけでなく、週20時間以上働くパートとその家族も対象に含んだ健康保険制度を1988年末から導入した（Schultz, 1997、訳本1998：169頁）こと。

この背景には彼の幼いころからの生い立ちが関係していた。「貧しさからの脱却」が原点と彼はいう。ニューヨークの貧民街であったブルックリン育ちの彼は、貧しい生活から保険にも入れず、父親が病気に苦しんでいる光景が脳裏に刻まれていたのだ。

第2はビーン・ストックと呼ばれる社員持ち株（ストックオプション）制度の導入である。

当時株式未上場であった同社であるが、1991年5月、コーヒー豆（ビーン）とかけたこの制度で700人以上の社員に自社株購入権が与えられたのである。

一般的には役員対象であるこの制度を一般社員にまで拡大したのは、未上場の会社としてはスターバックス以外にはなかった。全社的な業績や利益、社員の士気や労働意欲にも好影響を与えることとなった。

社員にこの制度を発表する日に青いリボンをかけた小さなパッケージが配られ、その中にビーン・ストックを説明した小冊子が入っていた。その小冊子には、全員がスターバックス「成長のパートナー」となったことが記されていた。この日以来、同社ではパートタイマーも含めて従業員を「パートナー」と呼ぶのだ。

シュルツが重視していたのはパートナーだけではない。ステークホルダーとして、そしてサプライヤーでもあるコーヒー農園で働く農民たちとも絆を大切にしている。

② 農民を支援する「C・A・F・E・プラクティス」

同社には2008年に設定されたCSR理念ともいえるシェアード・プラネットがある。この理念には以下のような3つの柱が掲げられ、グローバルレベルで展開されているが、C・A・F・E・(Coffee and Farmer Equity) プラクティスは、第1の倫理的調達の根幹ともなるものだ。

①倫理的な調達：責任をもって栽培され、倫理的に調達された高品質なコーヒーを購買し、

顧客に提供し、生産者のよりよい未来と地球環境に貢献する。
②環境面でのリーダーシップ：率先して環境負荷を低減し、気候変動対策に取り組み、同じ目標を共有する仲間を増やす。
③コミュニティへの貢献：コミュニティの一員として、パートナーが顧客とともにコミュニティの絆を深める役目を担う。

同社ではコーヒー豆に関する倫理的調達を次の2つの方向から取り組んでいる。1つは、NGOの協力を得て同社が独自にコーヒー調達に関する認証基準として策定した「C・A・F・E・プラクティス」による調達であり、2つ目はフェアトレードなどの認証コーヒーの調達である。

コーヒーの認証について、「C・A・F・E・プラクティス」のようにメーカー独自で策定したものは世界でもめずらしい。この認証基準は、ワシントンD・Cに本部を置く国際環境NGOのコンサベーション・インターナショナルの協力を得て、環境・社会・経済的な配慮を実現するために1998年に策定されたコーヒー調達に関するガイドラインである。

このC・A・F・E・プラクティスの基本的な考え方は、次の4つの領域から構成され、児童労働の禁止や労働環境の改善、土壌浸食や汚染防止など生物多様性の保全に取り組むための包括的かつ測定可能な基準も含まれている（図表終-2参照）。

①製品品質：スターバックスが取り扱う全てのコーヒーは、自社がもつ最高の品質基準を

図表終−2　スターバックスにおけるC. A. F. E. プラクティスの領域と評価の仕組み

C. A. F. E. プラクティスの領域	
①	製品品質
②	経済面での説明責任
③	社会的責任
④	環境面でのリーダーシップ

← 利害関係のない第三者機関から審査

SCS（Scientific Certification Systems：科学的認証システム）

出所：スターバックス広報資料をもとに筆者作成

満たさなければならない。

②経済面での説明責任：経済的な側面から透明性が確保されなければならない。スターバックスがコーヒー生産農家に対して支払った金額が公平に分配されているかを実証するために、サプライヤーに対して支払い証明書を提出して説明責任をはたすよう義務づけている。

③社会的責任：農民や農協団体などついて労働者の人権遵守や健全かつ適正な生活環境なども含めて、労働環境の安全性、公平性、公正性などが確保されていなければならない。また、最低賃金の保証や児童労働や強制労働の禁止などの面からの評価である。

④環境面でのリーダーシップ：ムダや浪費、汚染の管理、水資源や水質の保全、省エネ、生態系の保護、農薬・化学肥料の削減など、地球環境保全に向けた取り組みのリーダーシップや先進性に関する評価である。

スターバックスと取引のあるサプライヤーがこれらのガイドラインの4つの側面から基準を遵守しているかどうか確認するため

に、③と④には利害関係をもたない第三者機関による評価システムが導入されている。カリフォルニアに本社をもつSCS（Scientific Certification Systems：科学的認証システム）社と共同で開発した評価・認証システムによる審査がそれだ。この審査基準は、上記③と④の基本的な考え方に基づきC・A・F・E・プラクティスへの取り組みを評価・審査するものだが、数値化することで今後の継続的な改善に結びつける指標としての役割ももつ。ここでは紙面の都合で省略するが、詳細はSCSのホームページ〈http://www.scscertified.com/about_scs.php〉を参照願いたい。

最後にスターバックス本社で約30年勤務し、多くのコーヒーショップでマネジャーを経験し、現在は1号店で勤務している女性スタッフのアリソン・エドワード氏が、フェアトレードについて次のように語ってくれたのが印象的だ。

「適正なフェアトレード取引は、途上国における珈琲農家の生活支援につながるすばらしい活動であり、我々社員もそのような会社に対してみんな誇りをもっている。シュルツがめざすシェアード・プラネットの理念に共感している。その気持ちは、私自身の現場の活動においても、資源を大切にすることや、顧客満足を追求する活動を通して受け継いでいる。そのような社員の活動に対して会社は、単なる社員としてではなく、ともに企業価値を高める活動をする「パートナー」として大切に扱ってくれることに感謝しており、それに応えるためにもほかのパートナーと一体になって、活動に取り組んでいる」。

③　国家・社会に貢献する

アメリカの経営雑誌『フォーチュン』が選ぶ２０１１年ビジネス・パーソン・オブ・ザ・イヤーに、スターバックス創設者で現ＣＥＯのハワード・シュルツが選出された（図表終−3参照）。

彼が選ばれた理由は、売上と利益の面で史上最高の業績を上げ、高い理念を掲げて社会から崇拝される理想の企業をつくり上げたことはもちろんのことだが、それだけではない。Ｃ・Ａ・Ｆ・Ｅ・プラクティスにより、農民を支援するサーバント・リーダーシップを実践していること、さらにはプライベート・ファンドで雇用創出基金を設立し、ワシントンＤ・Ｃにおける現在の政治的な機能不全とも闘っていることなどによる。

彼は、「人類の幸福を追求する理想の社会をめざして強力な支持者になって欲しい」として、全米の雇用創出運動に参加するよう彼の経営者仲間に呼びかけると、１４０人

図表終−3　FORTUNE 2011年12月12日号の表紙

2011年ビジネス・パーソン・オブ・ザ・イヤーに選ばれたスターバックスCEOのハワード・シュルツ
写真提供：タイム・インク（©2011 Time Inc. All rights reserved.）

もの同志が直ちに賛同した。その中には、ペプシ、ディズニー、ホール・フーズ、J. Crew（ジェイクルー）、ＡＯＬ（アメリカンオンライン）、ニューヨーク証券取引所、ナスダックなど著名な会社や組織が含まれている。

シュルツはこの活動に強いリーダーシップを発揮しており、これにはオバマ大統領も注目して電話対談を彼に申し込んだほどである。またその数週間後には、パリでサルコジ大統領とユーロ経済の危機打開策についての意見交換もしている。このようにアメリカのみならず世界的レベルで政治・経済に多大な影響力を与えていることなども今回ビジネス・パーソン・オブ・ザ・イヤーに選ばれた大きな理由だ。

彼は電話会談でオバマ大統領に次のようにいったという。「私は民主党の誰よりもアメリカの政治・経済や将来について関心をもっている」と。

彼のモラトリアムキャンペーンは、アメリカの政治家に対するショック療法を意図したいというのが彼の本心だ。２０１１年11月時点で58歳のシュルツは、それら経営者達の一大連合を率いるリーダーとしてだけでなく、アメリカを最も象徴するＣＥＯとしての地位を築いたといえよう。

このように彼は、自らを取り巻くステークホルダーに対して、奉仕の精神でサーバント・リーダーシップを実践し、自社や農民、国家、さらには地域社会などに明るい未来を提供しようとしている。

謝辞：スターバックス、およびハワード・シュルツ氏に関する著述は、２０１１年12月、アメリカのシアトルにあるスターバックス本社、パイク・プレイス・マーケットにあるスターバックス１号店（アリソン・エドワード氏）での現地取材、２０１２年７月にスターバックスコーヒージャパン（広報部チームマネジャー、万波宏司氏、同広報部コーヒースペシャリスト、田原象二郎氏）を取材させていただいた結果によるものです。上記の方々他関係者の皆様に記して感謝申し上げます。

第2節　エンパワメント・リーダーによるイノベーション

2-1　グアテマラの農民と同じ目線で改革を進める

①　組織を勇気づける「エンパワメント」

少し難しい表現だが、エンパワメント（empowerment）という言葉がある。直訳すると賦活させる、すなわちパワー（活力）を与えるという意味であるが、やさしくいえば元気を与えて甦らせる意味で用いられる。

イノベーションを成功させるには、現場でともに働く仲間たちとの一体感が必要だ。みんなが同じバスに乗り、共通の目標をめざして進むことで組織の一体感が生まれる。そのバスの運転手ともいうべきリーダーが、組織を勇気づける意味を表すエンパワメント・リーダーだ。

ここに1つの好事例がある。

発展途上国の中米のグアテマラで、コーヒー栽培にかかわる農民の生活向上を支援し、農家の持続可能な発展をめざしてきた筒井久美子氏の活動がそれだ。彼女は伊藤忠商事の関連会社Ｕｎｅｘ（ユネックス）グアテマラで、現在は社会貢献活動担当として勤務する女性スタッフである。

岐阜大学の農学部を卒業後、彼女は地元の農業高校で講師をしていた際、学生時代から興味のあったＪＩＣＡの青年海外協力隊に応募して合格した。それから、彼女に人生の転機が訪れる。２００５年7月から07年の7月までの2年間グアテマラへ派遣され、ホームステイをしながら海外協力隊員として技術協力支援に携わることになった。

② Unexグアテマラ、林社長との出会い

筒井は、2年間の任務を終え、一度は帰国したものの、グアテマラで体験した農民との交流が忘れられない。そんなある日、現地でお世話になった大学教授からの勧めでグアテマラシティにあるサンカルロス大学農学部の大学院へ入学することとなる。

２００８年3月に入学した彼女は、大学院で農村開発について学びながら昼間は有機認定のマヤサートという会社で働いていた。その年の8月、グアテマラに住む外国人としてははじめての公務員に採用された。そこは、ＪＩＣＡ隊員時代にお世話になった同じ農牧食料省

で、その中の国レベルで農業支援に取り組む有機農業促進課に勤務することとなった。そうしていくうちに、彼女の胸の中で農民たちと一体になった生活改善や支援の活動プランがつくられていくのだ。

ある日、彼女の思いを実現するための一歩となる出会いが訪れる。

2009年12月に開催されたグアテマラ日本人会の忘年会でのUnexグアテマラ、林俊幸社長との出会いである。その席上で、以前から会社としてコーヒー栽培にかかわる農民に、何か直接支援ができないものかと考えていた彼から相談を受けたのだ。

早速、彼女の中で温めていたグアテマラにおける持続可能な農業支援による農民の生活改善について話したところ、林は大いに興味をいだき、「是非、うちの会社でその夢を叶えないか」との誘いを掛けたのだ。話はとんとん拍子で進み、2010年1月、同社に転職することとなった。

そこで有機栽培を中心とした農業の支援と農民の生活向上を意図したCSR活動に取り組むのだが、はじめのうちはそううまくはいかなかった。というのも、同社で日本人は、社長の林と彼女の2人だけであり、「ビジネスに直結しないCSR活動がなぜ必要なのか」と、社内の理解もなかなか得られなかったからだ。

③　有機農業への取り組み：信頼関係を築くことからはじまる

Unexグアテマラは、世界遺産の街、アンティグア近郊にある同社所有のサンタバーバ

図表終-4　Unex社サンタバーバラ農園にて有機農業研修中（筒井氏は後列右端）

写真提供：筒井久美子氏

ラ農園の一角に展示圃場（ほじょう：菜園）をつくった。そこで、彼女が中心となって有機農業や家庭菜園づくりを通じた零細コーヒー生産農家の生活改善、環境保全にも資する持続可能なコーヒー栽培の支援に取り組んでいる（図表終-4参照）。

各地での家庭菜園づくりについては、コーヒー栽培農家にもバイオインテンシブ有機農法による野菜栽培の方法を知ってもらい、新鮮かつ安全な野菜を庭先で収穫することにより家庭での食費削減と栄養改善につながることを狙うものだ。はじめは、各地を同僚と巡回しながらオーブンがなくても薪と鍋さえあれば焼けるバナナやニンジンケーキづくり講習会を開催する。これが人々の興味を惹き、彼らに近づくよいきっかけとなる。

現地に泊り込み、農民たちと「同じ釜の飯」を食べ（とうもろこしのトルティヤが主食）、水を飲み、出された食事をともにする。JICA隊員時代の筒井は、各家庭の食事には体調を壊して入院することもあったが、現在では、たまにお腹を壊すことがある程度にまで現地に適応している。夜は子どもたちと一緒に学び、遊びながら寝食をともにすることで、子どもたちも徐々に彼女への信頼が高まってくるのだ。

なぜこのようなことをするのかというと、彼女はJICA青年海外協力隊の体験から、農業指導や生活改善の前に彼らとの信頼関係を築くことがより大切だと感じていたからだ。彼女への取材を通じて、筆者は松下電器（現パナソニック）の創業者である松下幸之助の言葉を思い出した。幸之助は松下電器の社長時代に「商品を売る前に人を売れ（自分自身の人間性を売り込むことが大切：筆者注釈）」、と日ごろから部下に話しをしていた（松下幸之助記念館資料より）。

彼女は、村に入って彼らと一体になって生活をともにすることで彼らの生活実態を知り、ニーズや現実を直視した。その上で悩みを共有し、その解決に向けた改善策をともに考えることで、彼女自身をまず理解してもらうことからはじめたのだ。幸之助がいうようにまず彼女自身を売り込むことからはじめたといってもよい。

2-2 ともに育む姿勢で共感を得る

① 家族の一員としてともに育む

彼女の活動を別の視点から考えれば、ステークホルダーである農民を支援する意味からサーバント・リーダーシップともいえよう。彼らを支援するために何をすべきか常に自問自答し、その目的のために自分の人間性を認めてもらうことからはじめたからである。

農民たちの中に自ら溶け込み、彼らと一体になって、生活改善という共通の目標に向かってともに進んでいくリーダーの姿だ。その姿勢には「上から目線で「教える」のではなく、「ともに学ぶことで自分自身も成長」したい」という気持ちがある。

アダム・スミスの『道徳感情論』（水田洋訳、1973）に、人間社会は「自分を取り巻く利害関係者がこちらの「共感」によって喜び、なければ悲しむ」とあるように、相手を思いやる「共感の思想」が重要だ。彼女の心の中には、グアテマラの農民の生活を思いやり、共感するという感情移入がそこにある。

こうした彼女の姿勢に、農民たちも次第にこたえてくれるようになった。農民たちも彼女の共感する思いを認めてくれるようになってきたのだ。今では「KUMIがくる日だから」といって普段は食べないチキンのご馳走をつくり（もしかしたら昨日まで庭で走り回っていた鶏かと思うと申し訳なくなるという）、楽しみに待っていてくれる。事前に連絡すると彼らが気を遣ってくれるのが申し訳ないと、時には連絡せずにうかがうと、食べているものは普段の食事なため、連絡してからうかがう時との差に彼らの誠意を改めて感じさせられるという。

② 顧客満足と従業員満足の善循環スパイラル

彼女の喜びは、みんなの「ありがとう」という言葉だ。農民たちの笑顔が自分を支えてくれるという。よくサービス業ではお客さまの喜びが従業員自身の喜びだといわれ、顧客満足で有名な高級ホテルのザ・リッツ・カールトンでは、顧客満足が従業員満足を生み出すとされているが、彼女の喜びはそれと同じである。農民の喜びが彼女の喜びを生み出し、その結果、さらなる農民の喜びをめざす活動に精が出る。いわゆる満足の善循環につながり、その輪がスパイラルアップしながらどんどん大きくなっていく（図表終–5参照）。

図表終–5　顧客満足と従業員満足の善循環スパイラル

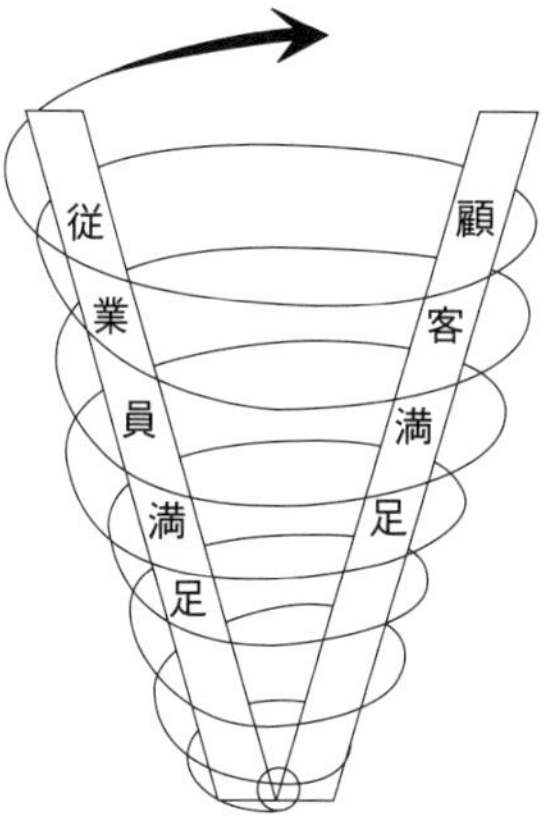

こうした努力の甲斐があって、農民の家庭菜園が見事に花開くこととなる。２０１1年には36、12年には75以上の新たな家庭菜園が誕生した。小さくても、はじめの第一歩を踏み出すことがとても重要なのだ。

このように、開発途上国の地域住民を支援しながら生活改善を図ることで、現地のサステイナビリティに結びつく。それは支援する企業の持続可能な発展とビジネスの両立にもつながっていく。今回の筒井の活動がそのことを如実に語っている。

ただ、こうした活動には、農民の意欲を高めることと、その継続性というハードルがあるのも事実だ。彼女はそれを自分の夢の実現と農民の生活向上を一体化させることで解決を図ってきた。

③　働きやすい環境をつくるエンパワメント・リーダー

最後に忘れてならないのは、彼女を支えている会社の姿勢だ。彼女の思いを実現させたUnexグアテマラの林前社長はもちろんのこと、今の瀬野社長も前任者の意志を受け継ぎ彼女をサポートしている。

企業で前任者の仕事を引き継いだ時によくあることだが、自分のカラーを出すために前任者の業務を否定しがちだ。しかし、瀬野も、部下の仕事を支援し、やる気を引き出すことで、モチベーションを高め彼女に働き甲斐を感じさせるようなマネジメントを実践している。この2人の上司も、部下を支援するサーバント・リーダーシップそのものということができる。仕事にやりがいを見いだし、部下のモチベーションがあがることとなる。部下がイキイキと仕事ができるように結びつけば、仲間たちと楽しくのびのびと仕事ができるような雰囲気づくりる、そのような仕掛けを生み出すのが、「エンパワメント・リーダー」なのだ。

彼女は最後にこのように話してくれた。「私が今日あるのは、Unexグアテマラの林前社長、今の瀬野社長をはじめ仲間たちと、そして農民の方々のおかげです」。こうした感謝の気持ちが彼女を動かし続けているといえよう。

謝辞：Ｕｎｅｘグアテマラ・瀬野大輔社長、および同社の筒井久美子氏に関する著述は、２０１２年８月現地で取材させていただいた結果によるものです。関係者の皆様に心からお礼感謝申し上げます。

＊　本研究は平成23年度文部科学省・日本学術振興会「科学研究費助成事業（学術研究助成基金助成金：２３５３０４９２）」の助成を受けたものです。記して感謝申し上げます。

参考文献

・アダム・スミス（１９７３）水田洋訳『道徳感情論』筑摩書房
・寺本義也・岡本正秋・原田保・水尾順一（２００３）『経営品質の理論』生産性出版
・Blanchard,K. & Hybels,B. & Hodges, P.（1999）*Leadership by the Book*, Blanchard Family（小林薫訳『新・リーダーシップ教本』生産性出版、２０００年）
・*Fortune*, Vol.164, No.9, Dec. 12th, 2011
・Greenleaf, R. K.（1970）*The Servant as Leader*, Robert K. Greenleaf Center
・Howard Schultz with Dori Jones Young（1997）*Pour Your Heart Into It*,（小畑照雄・大川修二訳『スターバックス成功物語』日経ＢＰ社、１９９８年）
・Howard Schultz with Joanne Gordon（2011）*Onward: How Starbucks Fought for Its Life without Losing*

Its Soul, （月沢李歌子訳『スターバックス再生物語』徳間書店、２０１１年）
・*Kaplan, D. A,* （*2011*） “THE 2011 BUSINESS PERSON OF THE YEAR: HOWARD SCHULTZ- Strong Coffee”, *Fortune*, Vol.164, No.9, Dec.12th, 2011
・Watson,T.J.Jr. （1963） *A Business and Its Beliefs*, McGraw-Hill

あとがきにかえて

実践なき理論は空虚、理論なき実践は妄動

「書くのは簡単だけど、いざ実践するとなると難しいよな」、という言葉をよく耳にする。理論だけで実践が伴わなければ無意味だ。また、理論の裏づけがない実践は海図なき航海と同じで、行く先が定まらない。

筆者らは、日本経営倫理学会と一般社団法人経営倫理実践研究センターの2つのＣＳＲ部会で議論を重ね、理論と実践の一体化をめざしてきた。

その成果でもある本書は、ＣＳＲやヘルプラインの責任者、ワーク・ライフ・バランスや男女共同参画の責任者など、実務経験が豊富な企業の実務出身者が数多く参加している。加えて、大学や学会、法曹界で理論的研究をした学者が議論を重ねながらまとめ上げた、現場で役立つ「実践の書」である。しかも本書の性格上、男女共同参画の賜であり、そして海外の研究者の参加などグローバル化といったダイバーシティにも配慮している。

さて、執筆に当たっては、多くの企業に取材をさせていただいた。ご多用の中、多大なご協力をいただいたことに対し執筆者を代表して感謝申し上げたい。

また、日本経営倫理学会の20周年記念事業として高橋浩夫学会長および理事会から、またＢＥＲＣの15周年記念事業としても鳥原理事長からも記念出版の許可をいただいた。記してお礼申し上げる。

最後に、本書の公刊を快諾賜った白桃書房社長の大矢栄一郎氏、および企画から刊行まで、根気よくかつ適切な助言をいただいた平千枝子様にも感謝申し上げる次第である。

社員や顧客、そして地域社会と一体化しながら「人にやさしい会社」が成長する姿を見ていただき、新しい時代における企業活動のヒントとして参考に願えれば幸甚である。

２０１３年3月吉日

執筆者を代表して

田中宏司・水尾順一

『日本経営倫理学会誌』第18号（2011年）、「普遍的CSR活動の効果と具体的なマネジメントに関する考察」『日本経営倫理学会誌』第19号（2012年）、"Features and problems of the strategic CSR activities and the management to be required," *Journal of Management Science*, Vol3, ICBM, 2012

上原修（うえはら　おさむ）　第6章第2節

現在、特定非営利活動法人日本サプライマネジメント協会TM理事長、仏パリ商科大学院ESSECビジネススクール特任教授、米アリゾナ州立大学大学院CAPS Research（戦略購買研究所）代表主席研究員。㈱アルファパーチェス常務執行役員・購買本部長を経て現職。

【主要著書】『枯渇性資源の安定調達戦略』（日刊工業新聞社、2011年）、『グローバル戦略調達経営』（日本規格協会、2008年）、『購買・調達の実際』（日本経済新聞、2007年）

SHRESTHA Bhupal Man（シュレスタ・ブパール・マン）　第6章第3節

現在、千葉商科大学サービス創造学部非常勤講師、㈱GMTインターナショナル常務取締役。

【主要論文】「インドにおけるCSR活動のケース・スタディー―タタ、リライアンスとヒンドゥスタン・ユニリーバの事例―」『経営教育研究』第13巻第2号（日本経営教育学会、2010年）、「インド企業と国連グローバル・コンパクト」『アジア経営研究』No.16、（アジア経営学会、2010年）、「インド企業のCSR報告書と社会的パフォーマンス―日本と英国企業との比較を中心に―」『アジア経営研究』No.17、（アジア経営学会、2011年）

佐伯隆博（さえき　たかひろ）　第7章第1節

現在、アコム㈱、埼玉大学大学院経済科学研究科博士後期課程、経営倫理士。三菱UFJニコス㈱を経て現職。

【主要論文】「クレジットカード市場におけるリボルビング拡大モデルの構築―アメリカ、日本におけるクレジットカード業界の現状と歴史的経緯から考える―」消費者金融サービス研究振興協会（現：パーソナルファイナンス学会）主催「第4回懸賞論文」入賞（2004年）、「パーソナルファイナンス会社の社会貢献活動と今後―東日本大震災を契機に考える―」『パーソナルファイナンス学会年報』No.12（2011年）

村松邦子（むらまつ　くにこ）　第7章第2節・第3節

現在、ウェルネス・システム研究所所長、経営倫理実践研究センター主任研究員、経営倫理士。日本TIで広報部部長、企業倫理・ダイバーシティ推進責任者を歴任。

【主要論文】「価値共有型行動基準の展開」『技術倫理研究』No.4（2007年）、「男女共同参画と経営倫理」『経営倫理』No.66（2012年）

取材・編集協力：一般社団法人経営倫理実践研究センター専務理事　**手島祥行**

（2013年3月31日現在）

桑山三恵子（くわやま　みえこ）　第4章第2節・第3節

現在、一橋大学大学院法学研究科特任教授、経営倫理実践研究センター主任研究員、駒澤大学経済学部非常勤講師、国際戦略経営研究学会理事。㈱資生堂CSR部部長、㈳日本経団連社会的責任経営部会ワーキング委員等を経て現職。

【主要著書・論文】『社会から信頼される企業』（中央経済社、2004年、分担執筆）、「CSRの視点による東日本大震災後の消費者の意識・価値観、消費者行動の分析」『日本経営倫理学会誌』Vol.20（2013年、共著）、「資生堂のCSR―ステークホルダーの信頼を高めるために―コミュニケーションの視点から」『標準化と品質管理』Vol.58 No.10（2005年）

大泉英隆（おおいずみ　ひでたか）　第5章第1節

現在、東日本旅客鉄道㈱東京支社東京電車線技術センター。（前職）　東京支社　電気部企画課。

【主要著書・論文】「日本企業の社会貢献活動に関する一考察」『高千穂論叢』第38巻第4号（2003年）、『やわらかい内部統制』（日本規格協会、2007年、分担執筆）、『経営倫理用語辞典』（白桃書房、2008年、分担執筆）

山田雅穂（やまだ　みほ）　第5章第2節

現在、中央大学総合政策学部特任助教。2008年3月法政大学大学院人間社会研究科人間福祉専攻博士後期課程修了、博士（人間福祉）。

【主要論文】「介護サービス提供主体の多様化の機能および継続性に求められる条件整備―コムスン事件の事例検討を通して―」『社会福祉学』Vol.51-4（2011年）、「継続的CSRとしての障害者雇用を実現する理念と方策―ステークホルダーとしての従業員を焦点に―」『日本経営倫理学会誌』第18号（2011年）、「障害者雇用におけるISO26000の役割と活用の意義―ステークホルダーエンゲージメントと社会的責任の組織への統合から―」『大原社会問題研究所雑誌』No.637（2011年）

高浦康有（たかうら　やすなり）　第5章第3節

現在、東北大学大学院経済学研究科准教授（経営経済学専攻・経営学原理担当）。研究領域：企業倫理、企業とNPOの協働関係、障害マネジメント。

【主要著書・論文】「中途障害者の雇用管理に関する理論モデルの構築：米国ADA法制の“合理的配慮”アプローチと障害管理プログラムの検討」『日本経営倫理学会誌』第17号（2010年）、「障害マネジメントの多様性マネジメントへの戦略的包摂：国内IT系企業の在宅就労支援ケースの考察」［経営学論集　第82集］『リーマン・ショック後の企業経営と経営学』（千倉書房、2012年）、「『新しい公共』における企業の役割―東日本大震災の被災地支援におけるNPOとの協働―」『変貌する日本型経営』（中央経済社、2013年、分担執筆）

吉田哲朗（よしだ　てつろう）　第6章第1節

現在、都内信託銀行勤務、運用部主任ファンドマネージャー。証券会社、投資顧問会社等を経て現職。NPO法人SIF-Japan運営委員、上智大学大学院地球環境学研究科後期博士課程。
【主要論文】「普遍的CSR活動の概念・機能とその動態的マネジメントに関する考察」

加藤美香保(かとう　みかほ)　第2章第1節・第2節

現在、弁護士。弁護士法人リバーシティ法律事務所所属。2008年より、千葉商科大学大学院客員准教授（非常勤）。

【主要著書】『図解入門ビジネス　最新事業承継の対策と進め方がよ～くわかる本』（秀和システム、2008年、共著)、『図解入門ビジネス 最新 著作権の基本と仕組みがよ～くわかる本』（秀和システム、2009年、共著)、『図解 すぐに使える！ 契約書式文例集』（秀和システム、2011年、共著）

松本邦明(まつもと　くにあき)　第2章第3節

現在、経営倫理実践研究センター常務理事・主幹研究員、日本経営倫理学会常任理事。

【主要著書】『経営倫理』（同文舘、2003年)、『経営倫理マネジメントシステム入門』（日本技能教育開発センター、2004年)、『実践！コンプライアンス』（PHP研究所、2009年）

星野邦夫(ほしの　くにお)　第2章第4節

現在、経営倫理実践研究センター主任研究員、日本経営倫理士協会理事。帝人㈱コンプライアンス・リスクマネジメント室統括マネジャーを経て現職。

【主要著書】『社会全体として公益通報者保護制度等の更なる整備推進に向けた提言』（内閣府国民生活局、2008年、分担執筆）

蟻生俊夫(ありう　としお)　第3章第1節

現在、一般財団法人電力中央研究所社会経済研究所上席研究員、白鷗大学経営学部兼任講師、日本経営倫理学会理事、CSRイニシアチブ委員会事務局長など。

【主要著書】『CSRイニシアチブ』（日本規格協会、2005年、共編著)、『やさしいCSRイニシアチブ』（日本規格協会、2007年、共編著)、『CSRマネジメント』（生産性出版、2004年、分担執筆）

井上昌美(いのうえ　まさみ)　第3章第2節

現在、大分大学産学官連携推進機構准教授。2011年筑波大学大学院ビジネス科学研究科企業科学専攻（博士後期課程）修了、博士（経営学)。

【主要論文】「ステークホルダーからの信頼の向上に繋がるCSRコミュニケーションに関する考察」『広報研究』第11号（2007年、第2回日本広報学会研究奨励賞受賞論文)、「従業員のCSR行動への促進要因に関する研究―コンプライアンス行動とボランティア行動について―」『サステイナブルマネジメント』第10巻第2号（2011年）

小池裕子(こいけ　ひろこ)　第3章第3節、第4章第1節

現在、英国国立ウェールズ大学経営大学院東京校教授。欧州系金融機関にてアナリスト兼ファンドマネージャー、マーケティング本部長等を経て現職。

【主要論文】「長時間労働の問題に関する一考察」『日本経営倫理学会誌』第15号（2008年)、「ワーク・ライフ・バランス施策と生産性の関係―パネルデータを用いた実証分析―」『日本経営倫理学会誌』第18号（2011年)、「昇進のジェンダー格差に関する一考察」『日本経営倫理学会誌』第19号（2012年）

▨編著者紹介

田中宏司(たなか　ひろじ)　序章

現在、東京交通短期大学学長・教授、経営倫理実践研究センター理事・首席研究員。1959年中央大学法学部・1968年同経済学部卒業。1954～90年日本銀行、1970年ミシガン州立大学留学（日銀派遣)、ケミカル信託銀行を経て、2002～06年立教大学大学院教授、早稲田大学大学院・関東学院大学・日本大学等兼任講師を歴任。経済産業省・日本規格協会「ISO/SR国内委員会」「ISO26000JIS化本委員会」委員等歴任。

【主要著書】『CSRマネジメント』（生産性出版、2004年、編著)、『CSRの基礎知識』（日本規格会、2005年)、『コンプライアンス経営[新版]』（生産性出版、2005年)、『CSRハンドブック』（PHP研究所、2009年、監修)、『実践！コンプライアンス』（PHP研究所、2009年)

水尾順一(みずお　じゅんいち)　終章

現在、駿河台大学経済学部教授、東京工業大学大学院兼任講師。1970年神戸商科大学卒業。㈱資生堂を経て1999年駿河台大学へ奉職、現在に至る。博士（経営学：専修大学)。1979年中小企業診断士資格取得、経営倫理実践研究センター上席研究員、日本経営倫理学会常任理事、2010年ロンドン大学客員研究員。2008～09年度経済産業省BOPビジネス研究会等（座長、委員）など。

【主要著書】『マーケティング倫理』（中央経済社、2000年)、『セルフ・ガバナンスの経営倫理』（千倉書房、2003年)、『ビジョナリー・コーポレートブランド』（白桃書房、2003年、編著)、『CSRマネジメント』（生産性出版、2004年、編著)、『CSRで経営力を高める』（東洋経済新報社、2005年)、『逆境経営7つの法則』（朝日新書、2009年)

▨執筆者紹介（掲載順）

清水正道(しみず　まさみち)　第1章第1節

現在、淑徳大学経営学部教授、日本広報学会常任理事、日本パブリックリレーションズ協会理事。富国生命保険㈶、日本能率協会を経て現職。

【主要著書】『会社員のためのCSR経営入門』（第一法規、2008年)、『CC戦略の理論と実践』（同友館、2008年、共著)、『環境コミュニケーション』（同友館、2010年、共著)

明石雅史(あかし　まさふみ)　第1章2節

現在、明石広報事務所。元ユニチカ㈱、象印マホービン㈱広報室長、ポラス㈱執行役員を経て現職。

斉藤全彦(さいとう　まさひこ)　第1章第3節

現在、英国国立ウェールズ大学経営大学院准教授、NPO法人日本景観フォーラム理事長。日本コカ・コーラ㈱を経て駿河台大学、松蔭大学兼任講師。日本景観学会理事。

【主要著書】『CSRイニシアチブ』（日本規格協会、2005年、分担執筆)、『CSRとコーポレートガバナンスがわかる事典』（創成社、2007年、分担執筆)、『経営倫理用語事典』（白桃書房、2008年、分担執筆)

■人《ひと》にやさしい会社《かいしゃ》
—安全・安心、絆の経営—

■発行日——2013 年 4 月 26 日　初版発行　〈検印省略〉

■編著者——田中宏司《たなかひろじ》・水尾順一《みずおじゅんいち》

■発行者——大矢栄一郎

■発行所——株式会社　白桃書房《はくとうしょぼう》
〒101-0021　東京都千代田区外神田 5-1-15
☎03-3836-4781　Ⓕ03-3836-9370　振替 00100-4-20192
http://www.hakutou.co.jp/

■印刷・製本——シナノパブリッシングプレス

ISBN 978-4-561-21611-7 C3034